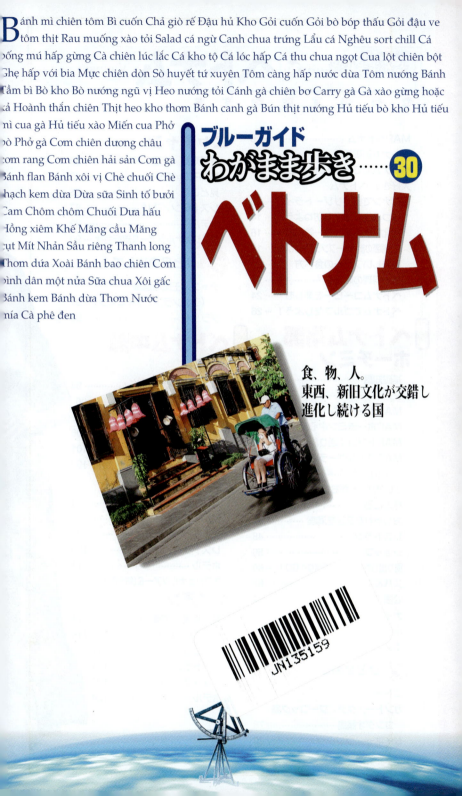

ブルーガイド わがまま歩き ㉚ ベトナム Vietnam

CONTENTS

- MAPベトナム …………………… 6
- ベトナム基礎知識 ……………… 7
- ベトナムでできる10のこと …… 8
- 大好き！ベトナム
  - ダナンで極上リゾートライフ … 10
  - 8つの世界遺産を訪ねよう … 14
  - 南北縦断の旅・統一鉄道編 … 16
  - 南北縦断の旅・オープンツアーバス編 … 18
  - 美味しいフォーの食べ方 …… 20
  - 郷土料理の味比べ …………… 22
  - ベトナムコーヒーを楽しむ … 24
  - ベトナムでゴルフをしよう！… 26

ベトナム南部 ホーチミン

- 基礎知識 ……………………… 28
- 交通 …………………………… 30
- MAPホーチミン ……………… 34
- MAPホーチミン中心部 ……… 36
- MAPドンコイ通り周辺 ……… 38
- MAPファムグーラオ通り／
  - チョロン …………………… 40
- 古いアパートがおしゃれビルに … 41
- 見どころ ……………………… 42
- おしゃれな2区を満喫 ………… 47
- レストラン …………………… 48
- ショップ ……………………… 56
- 掘り出し物探しに市場巡りへGO！… 60
- スパ＆マッサージ …………… 62
- 公園 …………………………… 64
- ナイトライフ ………………… 65
- ホテル ………………………… 68
- オプショナルツアー＆旅行会社 … 73

ひと足のばして！

- ミトー ………………………… 76
- カントー／クチ／フーコック島／
  - コンダオ諸島 ……………… 78
- ムイネー／ヴンタウ ………… 80

ニャチャン

- 基礎知識／交通 ……………… 82
- MAPニャチャン ……………… 83
- 見どころ ……………………… 85
- レストラン／スパ …………… 87
- ホテル ………………………… 89
- オプショナルツアー＆旅行会社 … 90

ひと足のばして！

- チャンパ王国の遺跡
  - （ファンラン・クイニョン）… 91
- ダラット ……………………… 92

ベトナム中部 フエ

- 基礎知識／交通 ……………… 94
- MAPフエ主要部 ……………… 96
- 見どころ ……………………… 97
- レストラン …………………… 100
- ホテル ………………………… 101
- オプショナルツアー＆旅行会社 … 102

ダナン

- 基礎知識／交通 ……………… 104
- MAPダナン …………………… 105
- 見どころ ……………………… 107
- レストラン／ショップ ……… 109
- ホテル ………………………… 111
- オプショナルツアー＆旅行会社 … 112

ホイアン

- 基礎知識／交通 ……………… 114
- MAPホイアン ………………… 115
- 見どころ ……………………… 117
- レストラン …………………… 121
- ショップ ……………………… 123
- ホテル ………………………… 124

町歩き携帯版
切りとり超ワイドマップ
ホーチミン ハノイ

🥖 **ひと足のばして！**

フォンニャ・ケバン国立公園／
　非武装地帯（DMZ） ………… 103
バーナー高原 ……………………… 113
ミーソン遺跡 ……………………… 126

ベトナム北部 ハノイ

基礎知識 …………………………… 128
交通 ………………………………… 130
MAPハノイ ………………………… 134
MAPハノイ中心部 ………………… 136
MAP旧市街／
　ホアンキエム湖 ………………… 138
見どころ …………………………… 140
ハノイ旧市街『36通り』を歩く …… 145
レストラン ………………………… 146
ショップ …………………………… 154
スパ＆マッサージ ………………… 158
伝統芸能・水上人形劇 …………… 160
ナイトスポット …………………… 162
ホテル ……………………………… 163
オプショナルツアー＆旅行会社 … 168

🥖 **ひと足のばして！**

ニンビン …………………………… 170
バチャン …………………………… 171
サパ ………………………………… 172
ハイフォン ………………………… 173

ハロン湾

基礎知識／交通 …………………… 174
MAPハロン湾 ……………………… 175
ツアーガイド ……………………… 178

トラベルインフォメーション 日本編

行き先・日数・時期を決める …… 180
ツアー利用か？　個人旅行か？ … 181
ウェブサイトで情報収集 ………… 182
現地で役立つアプリ ……………… 183
出発日検討カレンダー …………… 184
フライトを選ぶ …………………… 186
ホテルを探す＆予約する ………… 188
オプショナルツアーを申し込む … 190
パスポートと保険の用意 ………… 191
ビザ（査証）を取得する ………… 192
旅先の通信手段を確保する ……… 194
服装と持ち物チェック …………… 195
現地で必要なお金の用意 ………… 196
ベトナムを知ろう ………………… 197
空港に行く ………………………… 198

トラベルインフォメーション ベトナム編

ベトナム入国＆出国ガイド ……… 206
ノイバイ国際空港案内 …………… 208
タンソンニャット国際空港案内 … 210
国内交通
　飛行機 …………………………… 212
　鉄道 ……………………………… 214
　長距離バス ……………………… 216
街中の移動 ………………………… 218
現地で役立つお金の話 …………… 220

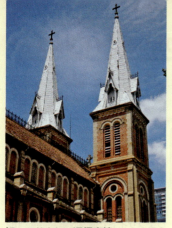

知っておきたい通信事情 ……… 222	10〜11月のホイアンは洪水にご注意 … 123
ベトナム豆知識 ……………… 224	おすすめ散策コース・ハノイ編 … 133
現地でのトラブル …………… 226	ハノイの歴史 ………………… 134
健康管理は万全に …………… 228	週末の歩行者天国 …………… 144
ベトナムの歴史 ……………… 230	ベトナムは地ビールが多い。
ベトナム語講座 ……………… 232	その土地の味を飲み干そう！ … 147
インデックス ………………… 234	庶民的な店が集まる旧市街の中の屋台街 … 153
WeB TRAVELで《新しい旅のスタイル》	カフェ＋お土産＋情報源＝安南パーラー … 154
のオーダーメイド旅行 …… 238	乗り降り自由なオープンデッキバス … 155
日本＆ベトナムお役立ち電話帳 … 239	奇跡の宝石・スタールビー
	ベトナムは世界有数の産地の1つ … 157
	不快な経験をしないために
	マッサージに関する注意事項 … 159
	ハノイには日系ホテルがたくさん
	出張者だけでなく旅行者にも人気 … 167
	クルーズ以外のハロンの楽しみ方 … 178
	「救急車は来ない」と覚悟 …… 191
	あると便利な小道具たち ……… 195
	週刊誌と多額の外貨に注意 …… 206
	空港周辺のおすすめスポット … 210
	防犯のプロからの助言 ……… 226
	日本人医師からの助言 ……… 228

ワンポイントアドバイス ONE POINT ADVICE

＊旅行会社、現地の専門家、そして現地在住の日本人からのアドバイスを掲載しました。

- おすすめ散策コース・ホーチミン編 … 33
- 南部流のフォーの食べ方講座 … 53
- 今も残るフランス文化の面影 … 54
- 日系コンビニは心強い存在 …… 59
- 「安くて快適」なドミ宿が増えている … 72
- 日本にも縁が深い英雄ゆかりの地 … 96
- フエは奥が深い …………………… 99
- フエに来たら皇帝気分で宮廷料理を体験しよう ……………………… 100
- 日越交流の場 さくらフレンズカフェ … 110
- 総合チケットを使う際の注意 … 117
- ホイアンの3大名物をご賞味あれ！ … 121

街角ワンショット

＊インスタグラムなどSNSに投稿したくなる、写真映えするスポットを取り上げています。

- 外から中までピンク一色！ …… 44
- アオザイ女性を探せ！ ………… 46
- いちばんきれいな夜景は川の対岸から … 67
- ランタンに彩られる夜のホイアン … 119
- インスタ映えする世界最長の壁画 … 134
- 普段着の街を見たいなら早朝散歩 … 162

体験！

＊実際にベトナムを旅行した読者の体験談、および現地在住日本人の体験談を集めました。

- 109番の路線バスはとっても便利！ … 31
- 路線バスでチョロンへ ………… 45
- 日本人安宿対決 ………………… 71
- 4つの島をアイランドホッピング … 85
- 寝台バスでニャチャンへ ……… 86
- 帝廟巡りのボートトリップに参加 … 98
- 火を噴くドラゴンブリッジを目撃 … 107

在住者おすすめの 　　ミーアン地区に泊まる ……… 108	ノービザで入国のはずが、 　　空港で青ざめた！ ……………… 193
空港・市内間の移動で冷や汗 … 131	空港で緊急アップグレード ……… 207
レンタバイクでタイ湖を一周 … 143	空港内のカプセルホテル ………… 208
ブンチャーオバマに行ってみた … 148	遅延のときにこう対応した ……… 212
フレンチコロニアルの名建築 … 151	グラブタクシーで楽々移動 ……… 219
予想以上に快適だった	クレジットカードトラブル集 …… 221
香港経由便 ………………… 186	スマホの活用で旅が楽しく …… 222
家族旅行でコンドミニアムに滞在 … 188	ベトナム人のお宅を訪問 ………… 225

この本の使い方

●通貨記号

VNDはベトナム・ドン。1000VNDは約4.8円、1円は約208VND。（2018年8月現在）

●地図記号

- H…ホテル
- R…レストラン
- S…ショップ
- N…ナイトスポット
- 〒…郵便局
- ✝…キリスト教会
- 卍…仏教寺院
- ☪…モスク
- ✈…空港
- ✚…病院
- ❶…観光案内所
- ✕…警察
- ⛳…ゴルフ場
- ━━━━ 鉄道
- 🚏…バス停

- ●この色の建物はホテル
- ●この色の建物はショッピングセンター
- ●この色の建物は主な見どころ

巻頭切りとり地図、
赤わくと青わく＝表と裏の法則

切りとり地図は、表面が地図の周囲が赤枠（ホーチミン）、裏面が地図の周囲が青枠（ハノイ）になっています。それぞれの観光ポイントやお店の記事中で、

●切りとり-14、p.39-K

↑ここが赤だと表面地図の14の位置に目指す物件があります。また、39ページのKの位置にも目指す物件があることを示します。

●切りとり-34、p.139-G

↑ここが青だと裏面地図の34の位置に目指す物件があります。また、139ページのGの位置にも目指す物件があることを示します。

◎料金、営業時間、電話番号、交通機関の時刻などの各種データは、2018年5〜8月現在のものです。また、各ホテルの宿泊料金は室料（税別。VND表示のデータは編集時にUS$に換算）の最低料金です。取材後の変更も予想されますので、ご旅行の前に旅行会社などでご確認いただくか、現地でお確かめください。

◎レストラン、ショップ、ホテルの記事中のデータの略記号は次の通り：交 交通、住 住所、☎ 電話番号、FAX FAX番号、営 営業時間、定 定休日。その他の略記号については、主な紹介ページの欄外に詳細を説明しています。

ベトナム基礎知識

国名●ベトナム社会主義共和国。英語表記はSocialist Republic of Viet Nam（SRV）
建国●1945年9月2日
首都●ハノイ
面積●約32万9241km²（九州を除いた日本の面積とほぼ同じ）
人口●約9500万人（2018年）
言語●公用語はベトナム語。北部・中部・南部で発音に違いがある。外国語で最も通用するのは英語。
気候●地域によって気候は大きく異なる。北部を除きほぼ乾季と雨季の2季に分かれている。北部は四季に似た気候の変化があり、夏には30℃以上になる一方、冬は10℃以下になることもある。南部は年間を通して最高気温が30℃前後の日が続く。中部は2〜7月が乾季で、南部は12〜4月が乾季。
民族●多民族国家で人口の約90％をキン族が占め、残りの10％は53の少数民族で構成されている。
政治体制●社会主義
行政区部●5つの中央直轄都市（ハノイ、ハイフォン、ダナン、ホーチミン、カントー）と58の省
宗教●日本と同じ大乗仏教が約80％。次に多いのがカトリックで約10％。それ以外にベトナム独自の新興宗教もある。
電圧●220V。日本は100Vなので、電気製品を使用する際には変圧器が必要となる場合がある。
日本との時差●マイナス2時間。日本が正午ならばベトナムは午前10時。
日本との距離●日本から直線距離で約3600km。ホーチミン、ハノイともに所要時間は直行便で約5〜6時間。
通貨●ドン（Vietnam Dong＝VND）。500、1000、2000、5000、1万、2万、5万、10万、20万、50万VNDの10種類の紙幣が流通している。コインは一時鋳造されていたが、今はほとんど流通していない。
チップ●基本的にチップは不要だが、マッサージでは1時間あたり10万VND程度のチップが必要。
税金●VAT（付加価値税）と呼ばれる消費税に相当するものがあり、税率は10％。税込み表示が一般的だが、ホテルや高級レストランでは表示価格に加算されて請求されることが多い。

■ベトナムドン換算レート（2018年8月現在）
1万VND＝約50円、100円＝約2万VNDと覚えておこう
【VND→円】
1000VND＝4.8円　1万VND＝48円　10万VND＝480円
100万VND＝4800円　200万VND＝9600円
【円→ドン】
100円＝2万800VND　1000円＝20万8000VND
5000円＝103万9000VND　1万円＝207万8000VND

■紙幣

■国花

ベトナムの国花はハス

ベトナムでできる10のこと

■ **特集**
郷土料理の味比べ→p.22

本場のフォーは必ず味わいたい。南北での味の違いも楽しもう

■ **レストラン情報**
ホーチミン→p.48
ハノイ→p.146

■ **ショップ情報**
ホーチミン→p.56
ハノイ→p.154

近代的なビルが立ち並ぶオフィス街の真ん中で、こんなクラシックカーを見かけることもある

■ **ベトナムを代表する4大ビーチリゾート**
フーコック島→p.79
ムイネー→p.80
ニャチャン→p.82
ダナン→p.10、p.104

ベトナムのビーチでよく見かけるお椀の舟。竹を編んで作るもので、今でも漁に使われている

1 本場のベトナム料理は驚くほど美味しい

　ベトナム料理は日本人の舌にあう繊細な味付けです。日本にも美味しいベトナム料理店を出すレストランはたくさんありますが、本場のベトナム料理は、その種類の多さ、味付けの多彩さで、一枚も二枚も上をいっています。「ベトナム料理？　日本でも食べているし、よく知っているよ」という人でも、ベトナムに来ると「ああ、これが本当のベトナム料理だったのか！」、と目からウロコが落ちるような発見があることでしょう。また、地方ごとに名物料理、地酒・地ビールがあるので、食べ比べ・飲み比べをしてみましょう。

2 バラエティ豊かな雑貨がたくさん

　手先の器用なベトナム人の繊細な刺繍がほどこされた洋服、少数民族が織る独特の柄に彩られたカバン、日本の漆とは違った原色系の色使いが鮮やかな漆器、遊び心満点の小物類……。ベトナム雑貨は「アジアでいちばん洗練されている」、という人も少なくありません。日本でもベトナム雑貨は買えますが、現地ではバラエティの豊かさが違います。オーダーメイドがお安くできるのも魅力です。

3 物価が安いから財布を気にせず楽しめる

　ベトナムを旅行していると「え、本当にこんなに安くていいの？」という言葉が、一日に何回も出てきます。一部には日本と変わらないくらいの値段のものもありますが、物価水準はだいたい日本の1／5～1／2程度。高級ホテルに泊まり、思う存分美味しいベトナム料理を食べ、スパ三昧、買い物三昧をお楽しみください。

4 いろいろなコントラストが織りなす風情

　東洋的な木造の建物とフレンチコロニアル様式の建物が混在する町並み。天秤棒を担いで歩いているおばさんの隣を、最新のスポーツカーが走り抜け、賑やかな市場のすぐ近くの路地には、時間が止まったような静かなカフェがある……、東洋と西洋、昔と今、静と動。そんなコントラストが、街に独特の異国情緒を醸し出しています。

5 随所に個性豊かなビーチリゾートがある

　南北に細長いベトナムは3000kmを超える海岸線を持っており、いろいろなタイプのビーチリゾートがあります。家族旅行なら街に近くて便利なリゾート、カップルなら静かな隠れ家リゾート、行動派ならマリンスポーツが楽しめるリゾートなど、好みに合ったビーチリゾートが見つかることでしょう。

◆ベトナムには感動がいっぱい！

6 「アジアらしい活気」と「快適なインフラ」

道路を埋め尽くして走るバイクの群れに象徴される街の喧騒の中に身を置くと、こちらまで元気が出てくるような気になるから不思議です。そういうアジアらしい活気を十分に残しながら、近年は、快適に旅行ができるインフラも急速に整ってきました。国際的に有名なホテルチェーンも続々と進出しており、安心して滞在することができます。

国際的にも評価が高いホテルが増えている。中でもザ・レベリー・サイゴン（写真）は、世界的に有名な旅行雑誌『コンデナスト・トラベラー』誌の「読者が選ぶ世界のベストホテル50」において、第4位に選ばれた

7 北部・中部・南部と違う特徴が楽しめる

北部にある首都・ハノイは、文化と歴史の街。中部にあるダナンは、海に面していて、街全体がリゾートのような雰囲気です。南部にあるホーチミンは、食事や買物などエンターテインメントが楽しめる大都市。北部・中部・南部で、街の雰囲気も料理の味も変わります。また街を一歩出ると、「まるで別の国に来たみたい」と感じる人もいるほど、素朴な田園地帯が広がっています。ベトナム訪問を重ねるたびに、ベトナムの新しい魅力を発見することでしょう。

■待望の都市鉄道も営業開始間近か

現在、ハノイとホーチミンの両都市で、都市鉄道の開業準備が進められている。ハノイは2019年中に、ホーチミンでは2020年中に、それぞれ最初の都市鉄道が営業開始を予定している。鉄道ができると、街歩きはもっと楽になることだろう。

8 合計8つの世界遺産がある

ベトナムにある世界遺産は8つ。決して多くはありませんが、ぜひ訪れておきたい遺産が含まれています。奇岩奇峰を眺めながらリバークルーズを楽しむチャンアン渓谷、海の桂林と呼ばれるハロン湾、ベトナム最後の王朝が置かれたフエの王宮と帝廟群、300年前の古い町並みを残すホイアン旧市街の4つは、必見です。

都市部から少し郊外に足をのばすと、のんびりした田園風景が広がっている

■特集
個性豊かな8つの世界遺産を訪ねよう→p.14

9 直行便で5〜6時間。ビザ不要。気楽に訪問

日本の4都市（東京、名古屋、大阪、福岡）から、ベトナムの3都市（北部のハノイ、中部のダナン、南部のホーチミン）に直行便が就航しており、飛行時間は5〜6時間。意外と近いのです。しかもビザが不要なので「ちょっと休みが取れたから、この週末、ベトナムに行こうか」と気軽に訪問できてしまいます。シーズンによっては、2泊3日、航空券とホテル代込みで3万円台のツアーも催行されています。

2014年に世界遺産に登録されたチャンアン渓谷は、ハロン湾と並ぶベトナム北部の人気観光地だ

10 治安が良いので安心して滞在できる

スリやひったくりはあるものの、身体に危害が及ぶ犯罪はまれです。また政治的に安定しており、テロなども滅多にありません。アジアの主要都市の中でも、ベトナム各都市の治安の良さは、かなり上位にくるといっていいでしょう。さらに、ベトナム人は世界でもトップクラスの親日国で、日本人だとわかると通常以上に親切にしてもらえることも少なくありません。

■2018年もベトナムは親日度世界一

電通が毎年行っている「ジャパンブランド調査」の「日本に対する好意度ランキング」で、ベトナムは2014年〜2018年の5年間、2016年に2位に落ちたのを除くと毎年1位を獲得している。

東南アジアで注目度ナンバーワンビーチ

ダナンで極上リゾートライフ

今、世界でもっとも注目されているビーチリゾートの1つといっていいダナン。ダナンからホイアンにかけて、数kmにわたって続く白砂のビーチには、個性的なリゾートホテルが次々とオープンしている。そんな中から、6つのおすすめリゾートを紹介しよう。

白砂がまぶしいプルクラリゾートダナンのプライベートビーチ

フュージョン マイア ダナン
Fusion Maia Danang

map p.105-B

　客室はすべてプライベートプール付きヴィラで、女性とカップルに支持が高い。滞在中1日2回までのスパトリートメントは宿泊費に含まれており、さらに、スパに空きさえあれば、3回目以降のトリートメントも追加料金なしで受けられる。もう1つの特徴は、「いつでも、どこでも」食べられる朝食。時間帯の制限はなく、たとえ夕方であっても大丈夫。レストランや自分の部屋、またはプライベートビーチでも、希望の場所にサーブしてくれる。

- 交 ダナン中心部から車で15分
- 住 Trường Sa, Phường Mỹ Khê, Q. Ngũ Hành Sơn, Đà Nẵng
- ☎ 0236-3967999
- 料 ⓢⓣ $457〜　部 87
- HP http://fusionresorts.com/fusionmaiadanang
- E-mail info@fusionresorts.com

充実したスパサービスとどこでも食べられる朝食が人気

①プールヴィラ。中庭のプールから優しい光が入ってくる。
②リゾートは東向きに建っているので、大海原の向こうから昇る日の出が楽しめる。

プルクラ リゾート ダナン
Pulchra Resorts Danang

map p.105-B

　日本人にとって嬉しい日系リゾート。日本人スタッフが駐在しているので言葉の心配がいらず、きめ細かなサービスを受けることができる。敷地内に31棟あるヴィラはどれも広々しており、いちばん小さなプールラグーンヴィラでもなんと286㎡もある。リゾートのデザインもユニーク。かつてベトナム中部から南部で隆盛を誇り、ミーソン遺跡を残した海洋民族・チャンパの意匠を取り入れており、異国情緒たっぷりだ。日本人スタッフが常駐。

- 交 ダナン中心部から車で20分
- 住 Trường Sa, Phường Hòa Hải, Q. Ngũ Hành Sơn, Đà Nẵng
- ☎ 0236-3920823
- 料 ⓢⓣ $300〜（ハイシーズンは$460〜）
- 部 31 ヴィラ
- HP http://www.pulchraresorts.com/index.php/ja/
- E-mail danang.jp@pulchraresorts.com

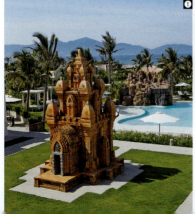

チャンパ王国をモチーフにした日系リゾート

①レセプションやレストランがあるメインパビリオンと、メインプールの間に建っている、チャムの塔のモニュメント。②2ベッドルームヴィラの室内。875㎡あり大人6人まで宿泊可能。

天才プロデューサーが手がけた癒しの王国

①町から離れた緑豊かな半島にある ②スパは独立したヴィラで受ける ③波打ち際の岩の上に建つシーサイドプールヴィラ ④リゾートのいちばん高いところにあるシトロンレストランは、まるで空中に浮かんでいるよう ⑤ヴィラのテラスからは南シナ海が一望できる

インターコンチネンタル ダナン サン ペニンシュラ リゾート
Inter Continental Danang Sun Peninsula Resort

map p.105-B

　ダナン郊外の山深い半島の中にある豪華リゾート。山腹を利用して建てられた、開放的なヴィラは全室オーシャンビューだ。目の前を何もさえぎるものがなく、部屋にいながらにして、海と森との一体感を満喫できる。山腹からビーチへは、熱帯林の緑の中をロープウェイで移動というのも驚く。建物や部屋は、ベトナムの伝統的な様式に、現代的なスタイルを加味したユニークなものだ。レストランやスパも別世界気分を演出。世界で数々の有名リゾートを手がけた天才建築家であるビル・ベンスリーのセンスが、隅々まで生かされている。

交 ダナン中心部から車で 30 分
住 Bãi Bắc Sơn Trà, Đà Nẵng
電 0236-3938888
料 Ⓢ Ⓣ $375〜　部 196
HP http://danang.intercontinental.com/ja
E-mail Reservations.ICDanang@ihg.com

ナマン リトリート
Naman Retreat　map p.105-B

竹の香りと波の音に包まれ
体の緊張がほぐれていく

　竹を使ったユニークな建築を取り入れた高級リゾート。低層階のホテル棟とヴィラがあり、後者はすべてプライベートプール付きだ。1日1回のスパを含め、ヨガやジムなど、ホテル内のアクティビティはすべて宿泊料金に込み。ダナン、ホイアンへの無料シャトルバスもある。

- 交 ダナン中心部から車で25分
- 住 Trường Sa, Q. Ngũ Hành Sơn, Đà Nẵng
- ☎ 0236-3959888
- 料 ⑤①$339〜　部113
- HP https://www.namanretreat.com/jp/retreat/
- E-mail info@namanretreat.com

最高クラスのビーチフロントヴィラ（左）／いちばん安いプールヴィラでもこの豪華さ（上）

グランブリオ オーシャン リゾート ダナン
Grandvrio Ocean Resort Danang　map p.105-B

海外では日本流のもてなしが
いっそう心にしみる

　日本のルートインググループが2017年にオープンした大型リゾート。日系だけあって日本人スタッフがいるのに加え、大浴場を備えている。キッズルーム、子供用プールもあり、家族連れに好評だ。姉妹ホテルとして、同年オープンのグランブリオ シティ ダナンもある。

- 交 ダナン中心部から車で25分
- 住 Trường Sa, Phường Hòa Hải, Q. Ngũ Hành Sơn, Đà Nẵng
- ☎ 0235-3788994
- 料 ⑤①$267〜
- 部150（56棟のヴィラを含む）
- HP https://www.grandvriooceanresortcitydanang.com/
- E-mail info@routeinnvietnam.com

2ベッドルームヴィラは120㎡もあり、一軒家にいるかのような気分で楽しめる。

プルマン ダナン ビーチ リゾート
Pullman Danang Beach Resort　map p.105-F

木をたっぷり使ったデザイン
と手頃な値段が魅力

　ロビーに一歩足を踏み入れると、目の前には広大なプライベートビーチが一望できて、一瞬にしてリゾート気分に。宿泊は低層階のビルタイプが中心だが、11棟の独立コテージもある。フローリングの床をはじめ、木を多用したインテリアで落ち着いた雰囲気だ。

- 交 ダナン中心部から車で15分
- 住 Trường Sa, Q. Ngũ Hành Sơn, Đà Nẵng
- ☎ 0236-3958888
- 料 ⑤①$191
- 部186、11ヴィラ
- HP http://www.pullman-danang.com/
- E-mail info@pullman-danang.com

プライベートビーチでは、カヤックやジェットスキーなどの各種マリンスポーツが楽しめる。

大好き！ベトナム

自然の造形と歴史の神秘
個性豊かな8つの世界遺産を訪ねよう

現在、ベトナムには合計8つの世界遺産がある。特に、中部には4つの世界遺産が集まり、「世界遺産街道」という言葉もあるほど。それらを通してベトナムならではの魅力に触れてみよう。

The World Heritage in Vietnam

複合遺産 世界遺産登録年 2014年

文化と自然を兼ね備えたベトナム初の複合遺産
Trang An Landscape Complex
❶チャンアン景観の複合体 →p.170

　2014年に世界遺産登録されたベトナムでいちばん新しい世界遺産。ハノイから南へ車で2時間ほどのニンビン省にある。奇岩が林立する渓谷を移動しながら洞窟巡りをするチャンアンと、そのエリアにある遺跡群の両方が高く評価されて、複合遺産としての登録となった。ニンビン省には古都・ホアルーもあり、従来「海のハロン湾」として人気だったタムコック渓谷も近い。

文化遺産 世界遺産登録年 2010年

ハノイ1000年の歴史を物語る
Thanh Long Imperial Citadel
❷タンロン遺跡 →p.142

　2004年に、発掘現場から阿倍仲麻呂が赴任していた「安南都護府」と思われる遺跡が見つかり、日本でも大きな話題になったタンロン遺跡。タンロンというのはハノイの旧名で、この遺跡には1000年を超えるハノイの歴史が重層的に記録されている点が高く評価された。

文化遺産 世界遺産登録年 2011年

東南アジア最大級だった巨石の城
Citadel of the Ho Dynasty
❸ホー朝城址 →map p.6-B

　1400年に成立したものの、わずか7年間という短命の王朝だったホー朝が、多数の巨石を使ってわずか3カ月という短期間で完成させたのがこの城だ。当時の東南アジアでは最先端の築城技術が発揮された。今は、一部の門や城壁が残るのみ。

| 自然遺産 | 世界遺産登録年　1994年 |

海面に林立する数千の奇岩
Ha Long Bay
❹ハロン湾 →p.174

「海の桂林」とも呼ばれるベトナム随一の景勝地。エメラルドグリーンの海面に大小2000もの奇岩がそびえ立ち、墨絵のような風景を織りなしている。そんなハロン湾の魅力を満喫するなら、1泊2日以上のクルーズがおすすめだ（→p.176）。奇岩の向こうに沈む夕日、岩の向こうに昇る月明かりなど、まさに幻想的な情景を体験できる。

| 文化遺産 | 世界遺産登録年　1993年 |

激動のベトナム現代史の舞台
Complex of Hue Monuments
❻フエの建造物群 →p.94

最後の王朝・グエン朝の都がおかれたフエ。旧市街にある王宮と郊外に点在する帝廟群が、ベトナム最初の世界遺産に登録された。王宮では正門の午門、そして太和殿は必見。無形世界遺産に登録されているフエの宮廷音楽と舞踊を王宮内で見ることができる。郊外の帝廟では、ミンマン、カイディン、トゥドゥックの3つが人気だ。

| 自然遺産 | 世界遺産登録年　2002年 |

自然が生み出す洞窟と地底川が圧巻
Phong Nha-Ke Bang National Park
❺フォンニャ・ケバン国立公園 →p.103

世界最長ともいわれる地底川を持つ巨大な洞窟群。大小300もの洞窟があるといわれ、その中でもっとも規模が大きい2つの洞窟が公開されている。大自然の神秘を体験したい。その全貌は明らかになっておらず、今でも新しい巨大洞窟が発見されている。

| 文化遺産 | 世界遺産登録年　1999年 |

ゆったりとした時が流れる港町
Hoi An Ancient Town
❼ホイアンの旧市街 →p.114

15〜19世紀頃、海のシルクロードの重要拠点として栄えたホイアン。数百年前の伝統的な家屋が残る町並みには、特別な時間が流れている。16世紀には日本人町も作られていたという、日本とも縁のある町だ。毎月旧暦の14日の晩には、町中の電灯を消して提灯だけが町を照らす夜祭りが行われ、多くの観光客の人気を集めている。

| 文化遺産 | 世界遺産登録年　1999年 |

山懐深くに眠るチャンパ王国の聖地
My Son Sanctuary
❽ミーソン遺跡 →p.126

緑深い山奥に、忽然と姿を現す数十基のレンガ造りの遺跡群。4世紀頃から900年にわたって栄えた海洋民族・チャンパ王国の聖地で、ベトナム版アンコールワットともいわれる。王国の栄枯盛衰を反映し、様式や装飾にはさまざまな変化が見られて興味深い。

大好き！ベトナム　8つの世界遺産を訪ねよう

大好き！ベトナム

南北縦断の旅・統一鉄道編

首都・ハノイと、国内最大の都市・ホーチミンを結ぶ南北統一鉄道。全長1726kmの路線は、千変万化する車窓からの風景が美しいことで有名だ。イギリスの新聞『デイリー・テレグラフ』が発表した「2018年版・アジアの最も美しい鉄道トップ10」にもランクインしたほど。旅情あふれる鉄道の旅を楽しんでみよう。（→p.214参照）

駅	区間距離	備考
ハノイ Hà Nội		ハノイ駅
	115km	
ニンビン Ninh Bình		世界遺産・チャンアン渓谷への最寄り駅
	407km	
ドンホイ Đồng Hới		世界遺産フォンニャ・ケバンへの最寄り駅
	166km	
フエ Huế		フエ駅
	103km	
ダナン Đà Nẵng		ダナン駅
	305km	
ディウチ Diêu Trì		ビーチリゾート・クイニョンへの最寄り駅
	219km	
ニャチャン Nha Trang		ニャチャン駅
	93km	
タップチャム Tháp Chàm		チャムの街・ファンランへの最寄り駅
	318km	
サイゴン Sài Gòn（ホーチミン）	全長1726km	サイゴン駅

ハイヴァン峠を越えるこの区間は全路線のハイライト

※路線図には主要駅のみ掲載しました

徹底ガイド　　これが南北統一鉄道だ！

※以下は最速のSE1およびSE2の例

❶発券も改札もすべて電子化されている

　鉄道の切符はQRコードになっている。改札口では、QRコードが印刷された紙を改札機にかざすと入構できる仕組みだ。紙に印刷せず、スマホなどの画面にQRコードを呼び出し、それを改札機にかざすのでもよい。乗車開始は始発駅なら30分前から。主要駅では英語のアナウンスもある。列車は、かなり正確に運行されているので、途中駅から乗る場合も、早めに駅に着いておこう。

❶改札口の電光掲示板　❷各車両に車掌が１人つく　❸改札口

❷４人１部屋のコンパートメントがおすすめ

　夜行列車の場合、いちばん快適なのは４人１部屋のコンパートメントだ。部屋にはコンセントがあり、エアコンの温度の調節が可能で、鍵もかけられる。各ベッドにはベッドライトがついている。上段より下段のベッドのほうが値段は高いが、日本の列車に比べて揺れが大きいので、下段がおすすめだ。基本的に男女相部屋なので要注意。日中の移動ならソフトシートも快適だ。

❶４人部屋のコンパートメント　❷ソフトシートの車内　❸ソフトシート

❸食事は無料。食堂車も連結されている

　日本のように駅弁はないが、長時間の旅でも食べるのに不自由はしない。食事の時刻になると乗務員が無料の弁当を配りに来てくれる。ただし残念ながら量的にも質的にも今ひとつ。車内販売が回ってくるので、そこで追加調達しよう。食堂車も連結されており、麺類など軽食を出している。それ以外にも、停車時間の長い駅では、プラットフォームにある売店に買いに出ることができる。

❶無料で配られる弁当　❷食堂車　❸カップ麺が配られることも

❹車内設備の改善も進んでいる

　長旅となると気になるのはトイレ。列車によって、また同じ列車でも車両によってバラツキはあるが、年々めざましく改善されている。基本的にすべて水洗式。便座も、以前は和式のものしかなかったが、洋式のトイレも増えてきた。ただし、トイレットペーパーがない場合が多いので、用意しておこう。洗面所、給湯器も各車両についている。喫煙するときはデッキへ。

トイレ　　洗面所

大好き！ベトナム

南北縦断の旅・統一鉄道編

大好き！ベトナム

南北縦断の旅・オープンツアーバス編

ベトナムは全国津々浦々までツアーバスがカバーしている。中でもバジェット派の旅行者に人気なのが、ハノイとホーチミン間の主要都市を結んで運行しているオープンツアーバスだ。好きな町で途中下車しながら進むという自由な旅が楽しめる。多数の会社が運行しているが、その最老舗であるシンツーリストのバスを紹介しよう。（→p.216参照）

ハノイを出発！ 集合は発車時刻の30分前

休憩所には各社の長距離バスが並ぶ

最長区間のハノイ・フエ間は一晩かけて走る

昼行便でも長距離区間は寝台バスを使うことがある

これが寝台バス

685km
100km
フエ
ダナン
ホイアン
30km
530km
140km
160km
ダラット
ニャチャン
310km
250km
ホーチミン
ムイネー
250km

ニャチャンの朝焼け

ホーチミンに到着！

●ハノイ・ホーチミン間を運行している主なバス会社
ホアンロン社（Hoang Long）
HP http://hoanglongasia.com/
マイリンエクスプレス社（Mai Linh Express）
http://www.mailinhexpress.vn/
●バスの比較・予約ができる主なウェブサイト
イージーブックドットコム社（Easybook.com）
HP https://www.easybook.com/en-vn

徹底ガイド これがオープンツアーバスだ！

❶寝台バスと座席バスがある

夜行および長距離区間の場合は寝台バスで運行されている。3列独立式の上下2段ベッドだ。どの席も運賃は同じなので、早めに予約をして下段の窓際をゲットしよう。フルフラットとはいかないが、座席バスよりは眠りやすい。ただし身長が175センチを超える人だと足元が窮屈。

寝台バス

座席バス

❷寝台バスは土足禁止。手荷物は最小限に

寝台バスに乗車するときにビニール袋を渡される。車内は土足禁止なので、靴はこれに入れて各自管理する。寝台バス車内には荷物置き場がないので、車内に持ち込むのは、小さなポーチ程度にしておき、それ以外の荷物はトランクに預かってもらおう。車内にはWi-Fiが備わっているが、総じて動きは遅い。

トランク預けの荷物は引換券をくれる

車内は禁煙・禁アルコール

❸座席の予約はなるべく2日前までに

乗車券を購入するときは、最初の区間の乗車日時だけを決めればよい。何日か滞在し、「そろそろ次の街へ行きたいな」と思ったら、次の区間の予約を入れる。2日前までの予約が求められるが、空席さえあれば前日でも予約可能だ。乗車券の有効期限は1ヵ月で、それまでに終着点に到着する必要がある。

シンツーリスト・ハノイ事務所（下）

シンツーリスト・ホーチミン事務所（上）

❹休憩は2～3時間に1回程度

寝台バス、座席バスともに、車内にトイレはないが、2～3時間に1回程度、ベトナム式のドライブインで10分程度のトイレ休憩をとる。どの区間も1回は30分程度の長めの休憩があり、食事をすることが可能だ。同じ場所に似たバスがたくさん止まるので、自分のバスを見失わないようにしよう。

大型のドライブイン

1区間に1本、無料の水が配られる

❺ルートの組み合わせは自由自在

全線通しで乗る必要はなく、一部区間だけでももちろん乗車できる。ホーチミン・ニャチャン間は、ムイネーを経由する海ルートと、ダラットを経由する山ルートの2つの選択肢がある。ダラットに行く道は、山間を走るので景色はいいが、道の整備状況はやや悪く、車酔いする人にはつらいかも。

山越えのバスはやや小型

山間ルートでの休憩所

大好き！ベトナム

ベトナム人に習う・美味しいフォーの食べ方

今や日本でも簡単に食べられるようになったベトナムのフォー。しかし、「ベトナムの国民食」といわれるだけあって、実は奥が深い。ベトナム人の真似をして、一歩上をいくフォーを味わってみよう。

●そもそもフォーとは

フォーとはベトナムを代表する麺料理で、発祥はハノイまたはナムディンとされる。麺の上に牛肉または鶏肉をトッピングして食べるのが一般的。シーフードや豚肉をトッピングすることはマレだ。

全国的に食べられるフォーだが、南と北では「これが同じ料理か」と思うほど異なる。ハノイでは、肉以外にはネギを入れる程度のシンプルな形だが、ホーチミンでは、いろいろな種類の香菜を加え、さらにチリ味やミソ味のタレを加えて食べることが多い。

フォーボー（牛肉入りフォー）

フォーガー（鶏肉入りフォー）

手際よく作業する店員。注文するとすぐに出てくる

南部のフォー屋には調味料が置いてある

野菜を加えるのが南部のフォーの特徴

人気のフォー屋は朝から晩までにぎわっている

街角でフォーの屋台もよく見かける

●知っておきたい小ワザ集

ベトナム人は、自分の好みの味へのこだわりが強く、お店の人に細かく注文をつける人が多い。以下、その一部を紹介するので、フォーのオーダーメイドに挑戦してみよう。

1. 脂抜きスープにする

美容を気にする女性で注文する人の多いのが、スープの脂を取ってもらうヌック・チョン（nước trong）だ。完全な脂抜きにはならないが、スープの表面に浮いた脂をとってもらうと、さっぱりとした味わいになる。逆に脂を増やしたいときはヌック・ベオ（nước béo）だ。

2. 野菜を湯通しする

南部のフォーは、モヤシや香草などの野菜類が一緒に出てくる。これらは料金に込み。基本的に生で出てくるが、「生野菜は心配」という人は、これを軽く湯通ししてもらおう。そのときにはラウ・チュン（rau trụng）と頼む。モヤシは、最初から湯通ししたものを出す店も多い。

3. 牛肉を組み合わせる

フォーにのせる牛肉の種類は多い。複数の肉を組み合わせて出してもらうことも可能だ。例えば「タイ・チン」と言えばいい。肉の量が倍になるわけではなく「ハーフ＆ハーフ」なので、料金は1種類の場合と同じ。ただし「全部のせ」（đặc biệt）は別で値段が上がる。

●技ありフォー4選

五目フォー
（フォーダックビエット phở đặc biệt）

迷ったときにはこれを頼もう。全種類の牛肉がトッピングされる特選フォーだ。フォータップカム（phở thập cẩm）ともいう。

月見フォー
（チュンガー trứng gà）

trứng gà（鶏卵）はサイドメニューの一つ。注文すると、フォーの丼とは別のお椀に入って出してくれる。これを月見にして麺に絡ませて食べる。

ビーフシチュー風フォー
（フォーボーコー phở bò kho）

中にはトロトロに煮込まれた牛肉やニンジンが入っている。フォーボーソットヴァン（phở bò sốt vang）ともいう。

あんかけ風フォー
（フォーアップチャオ phở áp chảo）

パリパリに揚げたフォーの上に、あんかけ風の具材がのってくる。ずっしりと食べごたえがある一品。

●知っておきたい基本用語

●フォーボー　phở bò　牛肉のフォー

　牛肉（bò）のフォーは、上にのせる肉の種類を選んで注文する。以下、その一部を紹介する。注文時には一部を省略することも多く、例えば「フォーボータイ」は「ボータイ」または「フォータイ」でも通じる。

●フォーボータイ　phở bò tái　生の牛肉

　「生」といっても、上から熱いスープをかけて出してくれるので、出てきたときは半生状態になっている。

●フォーボーチン　phở bò chín　牛肉のチャーシュー

　フォーボータイと並んで一般的なメニュー。完全に火が通ったチャーシュー風の牛肉のスライスがのって出てくる。

●フォーボーガン　phở bò gân　牛すじ

　牛すじはしっかり煮込まれて出てくるので、柔らかい。

●フォーユイボー　phở đuôi bò　オックステール（牛の尻尾）

　ダックビエットと並んで、その店でいちばん高い値段がつくのが、このユイボーだ。

●フォーボーヴィエン　phở bò viên　牛の肉団子

　フォーの上にのった肉団子を食べると、中から肉汁の甘みが出てくる。

●フォーガー　phở gà　鶏肉のフォー

　鶏肉のフォーの場合、上にのって出てくる肉は一種類のみ。

●トーローン／トーニョー　tô lớn/nhỏ　大盛り／小盛り

　トーは丼の意味。

郷土料理の味比べ

大好き！ベトナム

原料から調理法まで多岐にわたるベトナムの料理。
北から南まで、その土地土地に根付いた自慢の料理を食べ歩こう。

[ハノイ]
Nem Rán/Chả Giò
ネム・ザン／チャー・ヨー
揚げ春巻き。中の具は地方によっても異なる。北部ではネム・ザン、南部ではチャー・ヨーという。

[ハノイ]
Chả Cá Lã Vọng
チャー・カー・ラー・ヴォン
ターメリックで色付けした白身魚をディープフライし、ディル、細ネギ、ピーナッツなどを混ぜて食べる。ハノイのとあるレストランが考案し、ハノイ名物料理となった。

[ハノイ]
Phở Bò
フォー・ボー
ベトナム米麺の代表フォーはハノイが本場。ハノイのフォーは肉と玉ねぎ、ネギだけというシンプルなものが多く、スープもじっくり煮込んでいるため意外とこってりしている。南部のフォーのスープはあっさりしている。牛肉のフォーがよく食べられているが、鶏肉のフォーもある。

[ホイアン]
Cao Lầu
カオ・ラウ
ホイアンの郷土料理。太くて噛みごたえのある米麺は、ここでしか味わえない。濃い味付けで、麺を汁に絡めて食べる汁なし麺。

[ホーチミン]
Bún Thịt Nướng
ブン・ティット・ヌーン
甘く味付けされたミンチの豚肉や炭焼きの豚肉、香草、細めのブンにヌクマムベースのタレをかけて食べる。揚げ春巻きをトッピングにすることが多い。

[ホーチミン]
Bánh Xèo
バイン・セオ
ベトナム風お好み焼き。米粉と緑豆の粉をココナッツミルクで溶き、ターメリックで色付けしている。クレープのように薄く焼くので、周りはパリパリ、なかはモチモチとして美味しい。具は豚肉、エビ、モヤシが定番。グリーンリーフ、からし菜などに包んでタレにつけて食べる。南部、中部で多く食べられている。

[ミトー]
Hủ Tiếu
フー・ティウ
コシのある米麺、フーティウ。豚骨、スルメなどからスープをとり、豚肉やエビなどをトッピング。南部ならではの甘い味付けが特徴。汁なしのフー・ティウ・コーもある。

【ハノイ】
Bún Chả
ブン・チャー
細めのブンを使ったつけ麺。小さく切ったニンジン、青いパパイヤが入った甘酸っぱいヌクマムベースのつけダレにミニハンバーグ、炭火で焼いた肉と香草と一緒に食べる。

【フエ】
Bún Bò Huế
ブン・ボー・フエ
太麺のブンを使ったフエのピリ辛麺。豚骨と牛肉ベースのスープに太麺が絡み、病みつきに。牛肉のほか、数種の練り物が入り、バナナの茎や香草を入れて食べる。

【ハイフォン】
Bánh Đa Cua
バイン・ダー・クア
カラメル色の平麺、バイン・ダーを使ったカニスープ麺。スープはカニをすりつぶしただしが効いていて、美味。北部のハイフォン名物。

ダナン

ホイアン

【フエ】
Cơm Sen
コム・セン
蓮の実入りの五目ご飯。ホクホクとした蓮の実がおいしい。蓮の葉で包んで蒸すため、ご飯に蓮のいい香りが移る。

【ダナン】
Mì Quảng
ミー・クアン
中部クアンナム地方の名物麺。少なめの汁に小麦粉から作られる太めの麺、豚肉、エビ、ピーナッツなどが入り、ゴマせんべいを割り入れて食べる。

ホーチミン

【ホーチミン】
Gỏi Cuốn
ゴイ・クオン
生春巻き。エビ、豚肉、ニラ、ビーフン、香草などをライスペーパーで巻き、ピーナッツ入り味噌ダレで食べる。南部に多いが、ベトナム全国で食べられる。

大好き！ベトナム　郷土料理の味比べ

大好き！ベトナム

ベトナムコーヒーを楽しむ

ベトナムはコーヒー豆の生産量が世界第2位というコーヒー大国。カフェ文化は市民の生活に根付いていて、数多くのカフェがある。そんなベトナムコーヒーの特徴と、カフェの4つのトレンドを紹介しよう。

豆の種類が違う

コーヒー豆には、大きく分けるとアラビカ種とロブスタ種の2つがある。アラビカ種は日本をはじめ広く飲まれているもの。一方、ベトナムで主に栽培されているのはロブスタ種。日本では「飲用に適さない」といわれているが、その濃い味がベトナムコーヒーの特徴になっている。最近はベトナム産アラビカ種も流通するようになってきた。

とにかく甘い

ベトナムでミルクコーヒーを頼むと、牛乳ではなく、練乳入りの激甘のコーヒーが出てくる。ブラックコーヒーも砂糖がたっぷり入っている。甘すぎるのが苦手な人は、không đường（砂糖抜き）と注文しよう。ミルクコーヒーの場合は、sữa tươi（生の牛乳）といえば、練乳ではなく牛乳が入った甘くないものを出してくれる。

風味付きのロースト

ベトナムコーヒーの特徴的な味は、豆だけでなく、「バター＋深煎り」という、独特のロースト方法にも秘密がある。ベトナムコーヒーの甘い香りは、ローストする際にバターや、時にはバニラエッセンスなどを加えているからだ。これ以外にもヘーゼルナッツ、チョコレートなど、さまざまなフレーバーコーヒーが売られている。

南の流儀・北の流儀

中部以北でアイスコーヒーを頼むと、熱いコーヒーの入った小さなカップとアイスキューブが別々に出てくることがある。これは北の流儀で、好みの量の氷を入れて飲む。氷がたっぷりのグラスにコーヒーを入れて出してくれるのが南の流儀。また、ミルクコーヒーはホーチミンではcà phê sữa、ハノイではcà phê nâuと言い方が異なる。

変わり種もある

bạc xỉu（バックシウ）は、ミルクたっぷりの「ベトナム版カフェオレ」で、通常のミルクコーヒーより優しい味だ。日本でも飲めるようになったcà phê trứng（エッグミルクコーヒー）は、「飲むティラミス」と形容される味と食感。cà phê cốt dừa（ココナッツミルクコーヒー）は、ちょっと癖のある味が慣れると病みつきになる。

これでカンタン！指さし注文ベトナム語

ホットブラックコーヒー	cà phê đen nóng
アイスブラックコーヒー	cà phê đen đá
ホットミルクコーヒー	cà phê sữa nóng（南）/ cà phê nâu nóng（北）
アイスミルクコーヒー	cà phê sữa đá（南）/ cà phê nâu đá（北）
砂糖抜き	không đường　砂糖少な目　ít đường

こだわり系

　ペーパーフィルター、サイフォン、プレスなど、複数の抽出方法から自分の好みのものを選べ、メニューには、コーヒー豆の種類だけでなく、産地、標高、生産者の名前まで書いてあるなど、味を売りにするカフェが増えている。1杯10万VNDする店も。

コーヒー豆の産地の情報も細かく書いてある

コーヒーバリスタがいて、好みを細かく聞いてくれる

こだわり系のカフェは高級感がある店が多い

チェーン系

　安定した味とサービスを提供するチェーン店がベトナムにもたくさんある。有名なのはチュングエン、ハイランズ、コーヒーハウス、フックロンなど。それぞれ独自の特色を打ち出している。ケーキなど軽食メニューも充実。2万9000VND〜。

フックロン。1968年創業。コーヒー豆販売店として有名

チュングエンレジェンド。老舗コーヒーチェーン。種類が豊富

ハイランズコーヒー。バゲットサンドやケーキも人気だ

ノスタルジック系

　中心部を少し外れると、昔ながらの雰囲気を残している小さなカフェがたくさんある。コーヒーを提供するだけのシンプルな店が中心。ハノイ発祥で店舗を増やしているコンカフェのように、チェーン展開する店も出てきた。値段の相場は2万VND〜。

レトロな店内で人気を集めるコンカフェ。チェーン展開している

こういうカフェは大通りから一歩入った小さな通りに多い

かつてのベトナム庶民の生活を再現した店内

外資系

　カフェ激戦国のベトナムに外資系も進出している。スターバックス（2013年〜）、コーヒービーン＆ティーリーフ（2008年〜）など。マクドナルド（2014年〜）も、店内にマックカフェがあり、カフェとしても利用されている。スターバックスが4万2000VND〜。

スターバックス。ベトナム全土で店舗を増やしつつある

アメリカ発祥のコーヒービーン＆ティーリーフ。紅茶もおいしい

マクドナルド店内のマックカフェ。味は本格的

大好き！ベトナム　ベトナムコーヒーを楽しむ

大好き！ベトナム

ベトナムで
ゴルフをしよう！

ベトナムでも最近、ゴルフ場が増えており、現地在住者だけでなく、ゴルフ目当てでベトナムに来る旅行者も少なくない。気候や習慣の違いなどを踏まえて、ベトナムでゴルフを楽しむためのポイントを紹介しよう。

Point 1
旅行会社のツアーで申込みを

現地の日系旅行会社が販売している、ゴルフ場までの送迎付きパッケージサービスを利用するのがおすすめ。料金は平日で$100くらいから。どのコースも混み合うので、早めに予約をしておきたい。

クラブハウスにはロッカー、レストラン、ゴルフショップなど、日本と同様の設備がある

Point 2
ツアー料金に
どこまで含まれるか要確認

ツアー会社によって、どこまでが基本料金に含まれるかはまちまち。キャディ代やカート代は込みなのか、別料金なのか。クラブを持ち込んだ場合に、運搬料が発生するのかどうかなど、細かく確認しておこう。

暑いのでカートを使って移動するのがおすすめだ

Point 3
クラブやシューズの
レンタルもOK

使い慣れた道具を持ち込んでもいいが、クラブやシューズは現地のレンタルを利用して身軽に楽しむこともできる。左利きの人は、左利き用クラブがあるかどうか事前に確認を。ハードスパイクは禁止のところが多い。

Point 4
暑い季節は
早朝のラウンドがおすすめ

徒歩でのラウンドが一般的なベトナムでは、暑い季節につく日中のラウンドは熱中症の危険がある。早朝スタートでラウンドするのがおすすめ。また日傘や帽子も忘れずに。カートを利用したい場合は、前日までに予約をしておきたい。

Point 5
ラウンド途中の休憩なし。
事前に食事を

日本とは違い、インとアウトの間の休憩はなく、18ホール通してプレーする。事前に必ず食事をしておきたい。途中の売店で果物や軽食が売っている場合もある。またラウンド中には、こまめな水分補給を心がけよう。

Point 6
専属キャディで贅沢にプレー！

ベトナムでは1人のプレーヤーに1人のキャディがつくことが多く、贅沢な気分が味わえる。ラウンドが終わったら、20～30万VNDのチップを渡すのをお忘れなく。

ベトナムの主なゴルフ場

ホーチミン近郊	ソンベーゴルフリゾート Song Be Golf Resort	map p.76-B

http://www.songbegolf.com/

ヴンタウ	ブラフスホーチャムストリップ The Bluffs Ho Tram Strip	map p.6-F

http://thebluffshotram.com/

ファンティエット	オーシャンドゥーンズゴルフクラブ Ocean Dunes Golf Club	map p.6-F

http://ocean-dunes-resort.phan-thiet-hotels.com/en/

ダラット	ダラットパレスゴルフクラブ Dalat Palace Golf Club	map p.6-F

http://www.dalatpalacegolf.com/index.php/en/

ダナン	モンゴメリーリンクス Montgomerie Links Vietnam	map p.105-B

http://www.montgomerielinks.com/

ハノイ近郊	キングスアイランドゴルフリゾート King's Island Golf Resort	map p.6-B

http://brgkingsislandgolf.vn/

SOUTH VIETNAM
ベトナム南部

激変を繰り返したベトナムで今も変貌を続けるホーチミン。
インドシナ最大級の大河メコンの息吹が流れ込む
南部最大の穀倉地帯に人々の生きる力がみなぎる。
エネルギッシュな光景に力が沸いてくるだろう。

オススメ 旅のポイント

いつ？
乾季前半の11〜1月がおすすめ。3月後半からは酷暑。

何日？
滞在日数は2泊3日を基本に。

何する？
メコンデルタのジャングルクルーズは定番ツアー。

ホーチミン
Hồ Chí Minh map p.6-F

ベトナムの経済をリードするホーチミンは、日々成長を続けるエネルギッシュな町。フランス統治時代の古い洋館と近未来的な高層ビルが同居する独特の景観は、実に象徴的。行くたびに新しい発見がある町、それがホーチミンだ。

市外局番 028

●インフォメーション
日本国総領事館
map●切りとり-8、p.36-F
住 261 Điện Biên Phủ, Q. 3
☎ 39333510
開 8:30〜12:00、13:00〜17:15
休 土・日曜、祝日 ※休館日についてはウェブサイトで確認を。
HP http://www.hcmcgj.vn.emb-japan.go.jp

ホーチミン市内中心部。各所で工事が行われていて、街の景観は日に日に変わっていく

基礎知識 活気あふれるベトナム最大の都市

■**ベトナム全土の美味が集まっている**
ベトナム最大の都市・ホーチミンでは、南部だけでなく、全国各地の料理が食べられ、そのレベルも高い。

■**伝統と洗練を兼ね備えた雑貨の数々**
新しいものを取り込むのに積極的なホーチミンの人たち。伝統に国外のトレンドを加味した雑貨が次々と生まれている。

■**ベンタイン市場は見ているだけで楽しい**
店舗数は1500軒以上、5000人を超える人が働き、毎日数万人が訪れるという巨大市場は、買い物をしなくても必見！

■**隠れ家カフェでまったり過ごす**
喧騒の大通りを離れ、路地の奥や古いアパートに入ると静かなカフェがある。ゆっくりと流れる時間を楽しみたい。

■**夜はディナークルーズで夜景を満喫**
夜になるとサイゴン川には、様々なクルーズ船が行き来する。ホーチミンの夜景を楽しみながら夕食に舌鼓。

■**ひと足のばしてジャングルクルーズに参加**
世界有数の大河・メコン川を訪れるツアーの起点はホーチミンだ。雄大な風景と人々の素朴な暮らしに触れてみよう。

■**3大コロニアルホテルに泊まろう**
マジェスティック、グランド、コンチネンタルと、3つのコロニアルホテルがあるのがホーチミンの魅力の1つだ。

町並み 見どころはドンコイ通り周辺に集中

1976年に南北が統一されるまでは「サイゴン」という名で、「東洋のパリ」「東洋の真珠」と称されたホーチミン。観光名所やホテル、レストランは、東の動・植物園から西のデタム通りまでの2km四方ほどの狭いエリアに集中している。

■ドンコイ通り周辺
ドンコイ通りは聖母マリア教会からサイゴン川に至る約1kmの並木通り。高級ホテル、有名レストラン、人気雑貨店など、ガイドブックで紹介されているものの約半数が、この通りを中心とするエリアにある。

■グエンフエ通り周辺
ドンコイ通りと並行して走る大通り。人民委員会庁舎からサイゴン川までの広々とした通りの両側には、ホテルやレストラン、ショップが林立する。中央部は歩行者天国で、夜にはコンサートなどのイベントも開催され、夜遅くまで賑わう。

■ベンタイン市場周辺
ベンタイン市場周辺は庶民的な雰囲気をもつエリアだ。料金の手頃な中級ホテルも多い。地下鉄1号線の建設が進んでおり、市場の南側は工事中となっている(2018年8月現在)。

■レロイ通り
市民劇場とベンタイン市場を結び、旅行者向けの店が建ち並ぶ大通りがレロイ通りだ。この下を地下鉄が通るため、通りの中央部は大規模な工事が行われている(2018年8月現在)。

■デタム通り周辺
デタム通りを中心としたエリアは、アジアでも指折りの活気を見せる旅行者街だ。ミニホテル、格安旅行会社など、バックパッカーを対象に商売をする店がビッシリと建ち並び、深夜までにぎわう。

■チョロン
約50万人の華人が住む東南アジア最大級の中華街。ドンコイ通りから西へ約6km行ったところにある。ビンタイ市場(2018年8月現在改修工事のため仮設店舗で営業中)を中心に、中華系の寺院が点在し、ホーチミン市中心部とは一味違った雰囲気を持っている。

■2区(タオディエン地区)
豪邸が建ち並び、ホーチミンの高級住宅街として知られる2区のタオディエン地区。レベルの高いレストラン、カフェなどが増えており、旅行者が訪れても楽しめる。市内中心部からタクシーで20分ほどだ。

● サイゴンとホーチミン

ホーチミン市のある一帯は、17世紀以前はクメール人の土地であった。そこにベトナム人が入植を始めたのが1623年といわれる。旧名はサイゴン。1698年にはベトナム人による行政機能もできたという。この年から数えて300年目にあたる1998年には「サイゴン-ホーチミン市誕生300年」を祝って、市内で多数の記念行事が行われた。1955年以降はベトナム共和国(南ベトナム)の首都として繁栄。1975年のベトナム戦争集結後に、ホーチミン市と改称された。しかし今も、「サイゴン駅」「サイゴン港」など、街の随所で「サイゴン」という旧名が使われている。

朝夕のラッシュ時は車とバイクが道路を埋め尽くす

チョロンのランドマーク的存在のチャタム教会

■気温と降水量

ホーチミン	1月	2月	3月	4月	5月	6月	7月	8月	9月	10月	11月	12月
平均温度(℃)	26.1	27.1	28.4	29.5	28.7	27.7	27.3	27.4	27.1	27.0	26.6	25.9
平均低温(℃)	21.0	21.7	23.3	24.4	24.4	23.9	23.8	23.8	23.3	23.3	22.8	21.6
平均高温(℃)	31.3	32.5	33.5	34.7	33.1	31.6	30.9	31.0	30.9	30.8	30.4	30.3
降水量	13.0	2.0	10.0	50.0	212.0	298.0	289.0	266.0	318.0	259.0	109.0	42.0

●タンソンニャット国際空港から市内中心部へ

●評判のよいタクシー会社

マイリン　Mai Linh Taxi

ヴィナサン　Vinesun Taxi

国際線ターミナルのタクシー乗り場

タンソンニャット空港内の定額制タクシー受け付けカウンター

■メータータクシー

　タンソンニャット国際空港から市内中心部へは、国際線・国内線ともにタクシーの利用が一般的だ。国際線のタクシー乗り場は到着ロビーを出て左手にある。国内線は到着ロビーを出た正面だ。タクシーはすべてメーター制で、市内中心部までの運賃は15万VND程度。トラブルが少ないと評判なのは以下の会社。
マイリン　Mai Linh Taxi
ヴィナサン　Vinasun Taxi

■定額タクシー

　空港構内にブースを構えて、タクシーチケットを売っている会社がある。メータータクシーに比べて割高だが、事前に料金を払うため安心だ。料金は25万VND前後。車種や目的地によって料金が変動する。

■路線バス

　荷物が少ない場合は109番の路線バスが利用価値大。国際線、国内線どちらにも乗車場がある。途中のバス停で停車しながら市内中心部に向かう。終着点は9月23日公園バスターミナル。所要約40分、運賃は2万VND。

　空港と市内中心部を循環しているシャトルバス49番も便利だ。運賃は4万VND。主なバス停は次の通り。タンソンニャット国際空港→聖母マリア教会→市民劇場→ハムギ通りバスターミナル→ファムグーラオ通り→タンディン教会→タンソンニャット国際空港。

■送迎サービス

　多くのホテルでは空港への出迎えサービスを行っている。料金はホテルによってさまざまだが、安いところでもタクシー利用の場合の2倍程度にはなる。ホテルニッコーサイゴンの場合、片道で1人$50〜。日系の旅行会社に日本語ガイド付きの送迎サービスを頼んだ場合は往復で1人$40〜。同時間帯に到着する他の旅行者との混載になる。

■配車サービス

　グラブなどの配車サービスで車を呼ぶこともできるが、到着ターミナルは車が多く、ベトナム語ができないと運転手と会えない可能性があるので、慣れている人以外はおすすめしない。

■空港からタクシーを利用するときの注意点

　空港構内に入る車両を利用する場合、運賃とは別に1万VNDの入構料がかかる。

　ベトナム語はカタカナ発音では通じないので、行き先は紙に書いて渡すのが安全だ。タクシーに乗る前にタクシー会社の係員から行き先を聞かれるので、空港を出る前に用意しておこう。タクシーに乗る前に係員が名刺大の紙に、行き先を書きこんで渡してくれる。これは下車するまで持っておこう。

　在ホーチミン日本国総領事館では、「ぼったくりタクシー防止カード」を作成し、ウェブサイト上で公開しているので、これをプリントアウトして活用しよう。

●市内中心部からタンソンニャット国際空港へ

■メータータクシー

市内中心部から空港に向かう場合も、タクシーの利用が一般的だ。運転手に国際線か、国内線かをしっかり伝えよう。タクシーは宿泊しているホテルに呼んでもらうのが安心。早朝に空港に向かう場合は前日のうちに予約をしておこう。市内中心部から空港までの運賃は往路と同じで15万VND程度。

■配車サービス

市内中心部から空港に向かう場合は、グラブなどの配車サービスも選択肢になる。ホテルまで迎えに来てもらおう。空港までの運賃は8万VND程度〜。

■路線バス

109番の路線バスで空港に向かう場合、始発点になる9月23日公園バスターミナルまで行き、そこから乗るのが安心だ。所要約40分、運賃は2万VND。

49番の循環シャトルバスで空港に向かう場合、ドンコイ通りの市民劇場前、ベンタイン市場近くのハムギ通りバスターミナル、ファムグーラオ通りとデタム通りの交差点近くのバス停などが便利だ。運賃は4万VND。

■送迎サービス

旅行会社に往復の送迎サービスを頼んだ場合は、指定した時刻にホテルまで迎えに来てくれる。

国際線ターミナル。到着ロビーは1階、出発ロビーは3階。国内線ターミナルとの間は徒歩による移動となる

国際線出発ターミナルの入口。ここから先に入れるのは乗客のみだ

体験！109番の路線バスはとっても便利！

空港からブイヴィエン通りのホテルまで、109番の路線バスを使ってとても便利でした。
帰国時も空港まで同じバスを利用。小雨が降っていたのですが、ホテルからファムグーラオ通りにあるバス乗り場までは徒歩3分程度だったので、傘なしでも問題なしでした。
（YYさん）

1 国際線の到着ターミナルに出ると、すぐ目の前にチケット販売スタンドがありました。スタッフは英語が上手 2 行き先を伝えると、到着地を書き込んだチケットをくれます。運賃は前払いで2万VND 3 車内は無料のWi-Fiが使えましたので、「ベトナムに着いたよ〜」という連絡を車内からLINEで送りました 4 車内はエアコンも効いていて快適 5 終点の9月23日公園バスターミナルに到着

●市内交通

●評判のよいタクシー会社
マイリン　☎38383838
Mai Linh Taxi
ヴィナサン　☎38272727
Vinasun Taxi

●長距離バスターミナル
ミエンドン・バスターミナル　☎38984441
Bến Xe Miền Đông
map p.35-D
　ダナン、フエなど中部、北部方面行きとラオス行きの国際バス。
ミエンタイ・バスターミナル　☎37510524
Bến Xe Miền Tây
map p.34-I
　カントー、チャウドックなどメコンデルタ方面行き。

ミエンドン・バスターミナル

路線バスのバス停。看板にバスの路線番号、行き先などが表示してある

バスの車体にも行き先や路線番号が表示されている。乗車は前のドアから

■タクシー
　市街中心部には流しのタクシーがたくさん走っている。初乗り料金は各社異なるが、おおむね1万VND程度。市街中心部の移動なら3〜5万VNDあれば足りる。
　安心して乗れると定評なのは、マイリン、ヴィナサンの2社だ。しかし、これら大手タクシー会社のロゴやカラーリングを巧妙に似せた悪徳タクシーが多いので要注意。

●タクシー運賃の目安

市民劇場→ベンタイン市場	2万5000VND
市民劇場→デタム通り(1区)	3万5000VND
市民劇場→戦争証跡博物館(3区)	3万VND
市民劇場→ヴィンギエム寺(3区)	5万VND
市民劇場→ビンタイ市場(チョロン)	11万VND
市民劇場→2区(タオディエン地区)	10万VND

■配車サービス
　従来のタクシーやバイクタクシーを駆逐する勢いで増えているのが配車サービス(→p.183)だ。車種は7人乗り、4人乗り、2ドアの小型車、バイクと豊富。うまく使えばタクシーの半額程度で移動することが可能だ。

■電気バス
　2017年からオープンタイプの小型電気バスが市内中心部を走っており、旅行者に人気だ。複数の路線があり、ドンコイ通り、パリ広場(聖母マリア教会と中央郵便局がある)、グエンフエ通り、動・植物園、9月23日公園などを回っている。
　運行しているのはタクシー会社のマイリンで、バスの車体はタクシーと同じコーポレートカラーの緑だ。
●運行時間：月〜金曜9:00〜20:00、土・日曜8:00〜21:00
●運行間隔：30分間隔
●運賃：1回1万2000VND。このほか、4時間券4万VND、1日券12万VNDなど、複数の運賃設定がある。貸し切りも可能。チケットは乗車時に運転手から購入する。
●問い合わせ先：マイリン社　HP https://mailinh.vn/

■路線バス
　主要な通りをほとんどカバーしている路線バス。運賃は18kmまでが5000VNDで、ホーチミン市内中心部の移動ならこれで足りる。チケットは車内で車掌から購入する。18kmを超えると運賃は6000VND。
　路線バスの経路は複雑で、地元のベトナム人ですら自分がよく利用する路線以外は把握していないほどだ。ところが「BUS MAP」というアプリが出てきて、路線バスが使いやすくなった。ぜひインストールしておこう(→p.183)。

● 使いやすい路線

路線番号	主な経路	時間
1	Bến Thành- Bến xe Chợ Lớn	30〜40分
	路線バス体験をしてみたい初心者におすすめの路線。ハムギ通りのバスターミナルからチョロンのビンタイ市場のすぐ近くに行く。始発から終点なのでわかりやすい。	
13	Công Viên 23/9 - Bến xe Củ Chi	約1時間40分
	9月23日公園バスターミナルからクチまで行く約36kmの長距離路線。小旅行気分が味わえる。運賃6000VND。ただしクチのトンネルへは、終点からタクシーでの移動が必要。	
19	Bến Thành - Suối Tiên - Đại Học Quốc Gia	約1時間20分
	郊外にある奇妙なテーマパーク、スイティエン公園に行くのならこのバス。タクシーで行くと40万VNDはかかるところを、6000VNDで行けるのだからお得だ。	

■チャーターカー

　料金は1日$40〜100で、車種やルートによって異なる。運転手は英語が話せないので、旅行会社経由で手配し、日本語ガイドをつけてもらうのがいいだろう。

　チャーターできる車は、4人乗りのセダンからマイクロバスまで幅広い。長時間の利用または遠隔地に行く場合は、通常のタクシーをチャーターするという方法もある。料金交渉が必要だが、メーターで乗るより安くしてくれることが多い。

■レンタバイク

　バイクを借りたいときは、デタム通り周辺に行くといい。「Motorbike for rent」という看板が多数出ている。料金は1日10万VND〜。

■バイクタクシー

　街を歩いていると、流しのバイクタクシーから声をかけられるが、料金交渉が必要な上、トラブルも多い。配車サービスのバイクタクシーの利用がおすすめ。

■シクロ

　料金トラブルなどの被害が非常に多いので、体験乗車ができる市内観光ツアーに参加するのがいちばん安全。(→p.218参照)

ベトナム映画には必ずといっていいほど登場するシクロ。異国情緒あふれる情景

旅行者が集まるファムグーラオ通り周辺にはバイクや自転車のレンタルショップが多い

広々とした8人乗りワゴンタイプの車

ワンポイントアドバイス ONE POINT ADVICE

おすすめ散策コース・ホーチミン編

　車に乗って移動しているばかりでは、見えない顔があります。現地旅行会社スタッフに、おすすめの散策コースを教えてもらいました。
　まずは、聖母マリア教会と中央郵便局があるパリ広場から歩き始めましょう。川に向かってドンコイ通りを歩くと、左手にコンチネンタルホテルと市民劇場の優美な姿が見えてきます。市民劇場の前で右折すると、すぐにグエンフエ通りに出ます。右手にはホーおじさんの銅像と、その後ろにあるホーチミン人民委員会庁舎が見えます。当地を代表する名建築の1つで、ここは記念撮影のメッカ。写真を撮り終わったら、人民委員会庁舎を正面に見ながら左折してレタントン通りに入りましょう。ここにはお洒落なショップが軒を連ねているショッピングストリートです。ここを数分歩くとコースの終点、ベンタイン市場の北門に到着します。

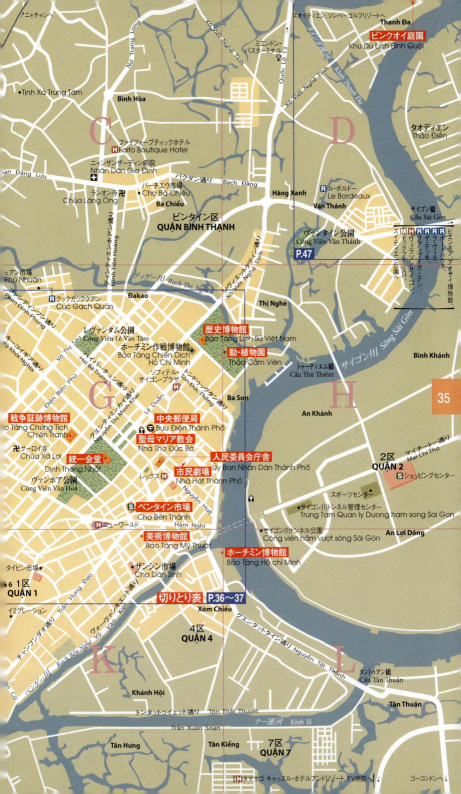

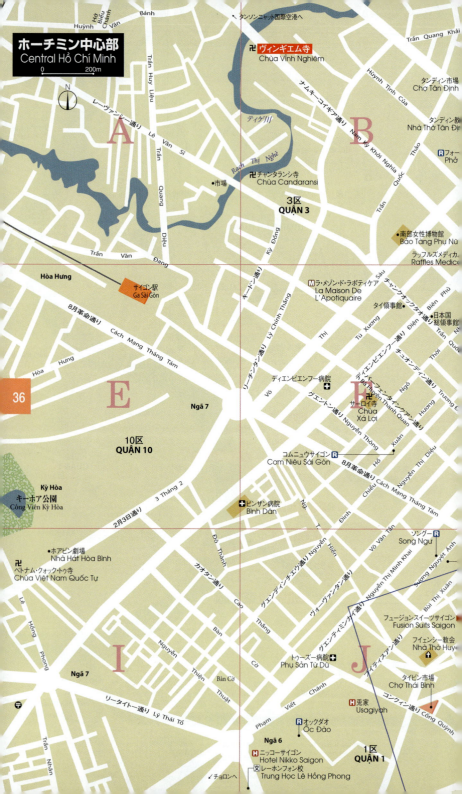

注目！　廃墟アパートがおしゃれビルに大変身

グエンフエ通り42番地のアパート

「グエンフエ通りにある廃墟のような古いアパートが、若いベトナム人に人気なんだよ」という話をよく耳にするので、さっそくチェックしてみた。その建物に名前は特になく「Chung Cư 42 Nguyễn Huệ（グエンフエ通り42番地のアパート）」と呼ばれていた。map●切りとり-15、p.39-G

エレベータを降りたところには、お店の宣伝がいっぱい

テラス席からの眺めは抜群！

廊下ではお店が思い思いにPRをしている

レストランの中はこんな感じ

グエンフエ書店という大きな書店の左側に入口がある。エレベータは有料で1往復3000VND

いかにも時代を感じさせる階段

ファッション系のお店は、ベトナム人の若い人向けで、日本人のセンスには「ちょっと合わないかな」というのが正直なところ。でも、レストランはベトナム料理から西洋料理まで幅広く、使ってみるのもおもしろい。

●その他のおしゃれ系・古アパート

リートゥーチョン通り26番地のアパート
Chung Cư 26 Lý Tự Trọng, Q.1

ドンコイ通り沿いなので入りやすい。入口はリートゥーチョン通り側。庭園風の内装が特徴の1st. Garden Caféや人気チェーンのCộng Capheなどが入っている。

トンタットダム通り14番地のアパート
Chung Cư 14 Tôn Thất Đạm, Q.1

住んでいる人も多いが、かなり廃墟化が進んでいて、入るのには勇気がいるかも。中は広く20軒ほどのショップ、飲食店が入っている。地元っ子の撮影名所になっている。

見どころ ● ドンコイ通り周辺

中央郵便局
Bưu Điện Thành Phố
🚶 ドンコイ通り周辺（人民委員会庁舎から徒歩3分）
🏠 2 Công Xã Paris, Q.1
☎ 38221677
🕒 7:30～19:00（土・日曜は18:30）
休 なし 🅒 ★★

白大理石の装飾が随所に配された、クラシックなエントランス

聖母マリア教会
Nhà Thờ Đức Bà
🚶 ドンコイ通り周辺（人民委員会庁舎から徒歩3分）
🏠 1 Công Xã Paris, Q.1　☎ 38294822
📝 2018年8月現在、改修工事中のため観光客は立ち入り不可。土・日曜に行われているミサのときも、入場できるのは信者のみ。🅒 ★

2018年9月現在の様子

市民劇場
Nhà Hát Thành Phố
🚶 ドンコイ通り周辺（人民委員会庁舎から徒歩3分）
🏠 7 Công Trường Lam Sơn, Q.1
☎ 38299976
🕒 演目により異なる
💴 演目により異なる
🅒 ★（観光用に内部公開していない）

人民委員会庁舎
Ủy Ban Nhân Dân Thành Phố
🚶 ドンコイ通り周辺（聖母マリア教会から徒歩3分）
🏠 86 Lê Thánh Tôn, Q.1　🅒 ★

人民委員会庁舎の内部

ホーチミンの市外局番 ☎028

中央郵便局
map ● 切りとり-9, p.38-B

ホーチミン市内では最大規模の郵便局

フランス統治時代の1891年に建てられたホーチミンを代表する名建築の1つ。パリのオルセー駅（現在のオルセー美術館）をモデルにしたといわれている。内部は体育館のように広大で、アーチ状の高天井に圧倒される。現役の郵便局として使われているほか、土産物屋なども併設している。

聖母マリア教会
map ● 切りとり-9, p.38-B

教会前には聖母マリア像が建つ

1877年から3年の歳月をかけて作られ、1880年4月11日に完成した。使われているレンガは、フランスのマルセーユから運んできたものだ。壁面の一部のレンガを抜いて通風孔にしており、それが美しい模様になっている点に注目したい。教会の前にある聖母マリア像が名前の由来だ。

市民劇場
map ● 切りとり-14, p.39-G

人気のアオショー（→p.65）はここで行われる

フランス統治時代の1898年にオペラハウスとして建てられた。南ベトナム国が存在した1955年から1975年の間は国会議事堂として使用され、その後、再び劇場になるという激動の歴史を体験している。現在の建物を彩る彫刻類は、1998年のサイゴン300周年を記念して、建設当時の形に復元されたもの。

人民委員会庁舎
map ● 切りとり-9, p.38-F

目抜き通りの1つ、グエンフエ大通りの突き当たりにそびえる

サイゴン市（現・ホーチミン市）の市庁舎として、1902年から1908年までの6年間をかけて作られた。現在はホーチミン市の人民委員会庁舎として使われており、観光向けには公開していない。その優美な外観は格好の記念撮影スポットになっている。ライトアップされる夜も美しい。

🅒 =見学時間の目安　★=外からの見学のみ、★★=内部も見学できるが時間はかからない、★★★=30分以上かけてじっくり見学　🚻 =トイレ

見どころ ● 歴史を学ぶ

戦争証跡博物館
map●切りとり-8、p.37-G

映画の中の出来事ではない、ベトナムの人々にとっての「現実の戦争」が克明に記録されている

ベトナム戦争に関していちばん充実している博物館。実際に使用された戦車や戦闘機などの兵器を配置した屋外展示と、戦争に関する膨大な資料を集めた室内展示からなる。戦争当時から今に至るまでベトナムを撮り続けている写真家・石川文洋氏の特設コーナーが設けられている。

統一会堂
map●切りとり-9、p.38-E

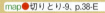
大統領家族の居住スペースや会議室、宴会室などがある

南ベトナム時代には、大統領官邸として使われていた建物で、1975年4月30日、解放軍の戦車がこの敷地内に突入したことにより、ベトナム戦争が終結を迎えた歴史的な場所だ。建物は100以上の部屋を持つ広大で豪華な造り。地下には司令室や暗号解読室がほぼ当時のままの姿で残されている。

ホーチミン市博物館
map●切りとり-14、p.38-F

コロニアル建築の建物。内部の古いタイルや階段などにも注目

対フランスおよび対アメリカ、2つの戦争に関する資料をまとめた博物館で、かつては革命博物館という名称だった。ベトナムの民俗や文化に関する展示もある。この建物は、1886年にフランス官僚の邸宅として建てられたもので、コロニアル様式の白亜の建物は美しく一見の価値あり。

ホーチミン博物館
map●切りとり-20、p.37-L

2階の回廊は町を一望する絶景ポイント

「ホーおじさん記念館」という愛称でも知られる。建国の父・ホー・チ・ミンの激動の生涯を、各時代の写真や愛用品とともに紹介している。建物は19世紀後半に造られた元船会社のもの。1911年、彼が21歳の時に、ここから商船に乗ってフランス留学へ旅立ったというエピソードに由来している。

戦争証跡博物館
Bảo Tàng Chứng Tích Chiến Tranh
交 ドンコイ通り周辺（人民委員会庁舎から徒歩7分）
住 28 Võ Văn Tần, Q. 3
☎ 39306664
開 7:30〜12:00、13:30〜17:00
休 なし 料 大人：4万VND、子供：1万5000VND
C ★★★

3階建ての館内の展示内容は充実している

統一会堂
Dinh Thống Nhất
交 ドンコイ通り周辺（人民委員会庁舎から徒歩5分）
住 135 Nam Kỳ Khởi Nghĩa, Q. 1
☎ 38223652
開 7:30〜11:00、13:00〜16:00
休 なし ※特別な行事がある時は入場できない場合がある
料 大人：4万VND、子供：1万VND
C ★★★

屋上のヘリポートには、戦時中の爆弾投下地点が描かれている

ホーチミン市博物館
Bảo Tàng Thành Phố Hồ Chí Minh
交 ドンコイ通り周辺（人民委員会庁舎から徒歩5分）
住 65 Lý Tự Trọng, Q.1 ☎ 38299741
開 7:30〜18:00 休 なし
料 1万5000VND
C ★★

ホーチミン博物館
Bảo Tàng Hồ Chí Minh
交 4区（人民委員会庁舎から車で5分）
住 1 Nguyễn Tất Thành, Q.4
☎ 38255740
開 7:30〜11:30、13:30〜17:00
休 月曜 料 無料
C ★★★

見どころ●中心部その他

美術博物館
Bảo Tàng Mỹ Thuật
🚇 ドンコイ通り周辺（人民委員会庁舎から徒歩15分）
🏠 97A Phó Đức Chính, Q.1
☎ 38294441　🕐 9:00〜17:00
休 月曜　💰 1万VND
⭐⭐ ♿

歴史博物館
Bảo Tàng Lịch Sử Việt Nam
🚇 ドンコイ通り周辺（人民委員会庁舎から車で5分）
🏠 2 Nguyễn Bỉnh Khiêm, Q.1
☎ 38298146
🕐 7:30〜11:00、13:30〜17:00
休 月曜　💰 1万5000VND
⭐⭐⭐ ♿

博物館の中庭では団体旅行者向けに水上人形劇を上演することもある

サイゴンスカイデッキ
Saigon Sky Deck
🚇 ドンコイ通り周辺（人民委員会庁舎から車で5分）
🏠 49F Bitexco Financial Tower, 36 Hồ Tùng Mậu, Q.1
☎ 39156156
🕐 9:30〜21:30（金・土曜は10:00〜22:00）
休 なし　💰 20万VND

美術博物館
map●切りとり-14、p.37-K

元はフランス統治時代の華僑の邸宅

　歴史的な陶磁器、古美術品から、ベトナム人アーティストの現代美術まで、幅広い美術品を展示するホーチミンでは唯一の博物館。テーマを決めた特別展も適宜開催されている。20世紀初頭に華僑の邸宅として作られた建物は見事で、室内の装飾や模様入りのタイルなど、建物自体も見ていて楽しい。

歴史博物館
map●切りとり-5、p.37-D

アンコール遺跡から出土したクメール様式の石像も展示されている

　原始時代から20世紀にいたるまでのベトナムの歴史を一気に学ぶことができる。収蔵品は、古代の青銅製銅鼓から19世紀の皇帝の装束まで新旧さまざまで、国宝級の逸品も多い。建物自体も、フランス統治下に建てられた歴史的価値の高いもの。館内は撮影禁止。動・植物園の敷地内にある。

サイゴンスカイデッキ
map●切りとり-15、p.39-L

右側に突き出ているのが展望台。その上はヘリポート

　ホーチミンで2番目に高い、ビテクスコファイナンシャルタワーの49階にある展望デッキ。360度の眺望を楽しむことができる。夕日や夜景を見るにもおすすめだ。食事も一緒に楽しみたい場合は、この上の50〜52階にカフェやレストランがある。こちらは飲食代のみで入場料は不要。

街角ワンショット

外から中まですべてピンク一色！

　「ピンクの教会」という愛称で、インスタ女子に大人気なのがタンディン教会。数年前に外壁を塗り直し、鮮やかなピンク色になった。この色が人気で記念撮影に訪れる人が後を絶たず、一躍人気スポットになった。敷地内に入れるのは教会の行事があるときのみ。

タンディン教会　Nhà thờ Tân Định
🏠 289 Hai Bà Trưng, Q.3　map●切りとり-3、p.36-B

見どころ●チョロン（中華街）

ティエンハウ廟　map p.40-D

境内は線香の香りが漂う

天井からぶら下がる多数の巨大な渦巻き型の線香で有名なお寺。この線香の火が消えるまでの間は、ずっと祈りを捧げていることに相当するといわれている。18世紀に建てられ、今に至るまでチョロンに住む華人たちの信仰を集めている。ティエンハウ（天后）とは、航海の安全を守る女神のこと。

ギアアンホイクアン廟　map p.40-D

三国志の関羽を祀っている

ティエンハウ廟の並びを100mほど行ったところにあり、こちらは商売繁盛の神を祀っている華僑系の寺院。時が止まったかのような静けさが漂うティエンハウ廟に比べて、商いの神様らしく派手でにぎやかな印象だ。こちらも渦巻き型の線香がたくさん吊るされている。1872年建立。

チャタム教会　map p.40-C

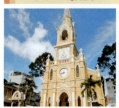
教会は、あくまでも信者にとっての信仰の場。見学は外からが望ましい

チョロンの目抜き通り、チャンフンダオ通りの西端にあるカトリック教会。中国風の朱色の門には漢字で「天主堂」と書かれてあり、ステンドグラスやキリスト像のある西洋風の建物との微妙なミスマッチ感が、この町らしさを物語っている。門をくぐると、正面には聖母マリア像の立つ噴水がある。

ティエンハウ廟
Chùa Bà Thiên Hậu
交 チョロン周辺（人民委員会庁舎から車で15分）
住 710 Nguyễn Trãi, Q.5
☎ 38555322　開 6:30〜17:30
休 なし　★★

華僑の間で航海の神として慕われる天后を祀る寺

ギアアンホイクアン廟
Chùa Nghĩa An Hội Quán
交 チョロン周辺（人民委員会庁舎から車で15分）
住 678 Nguyễn Trãi, Q.5
☎ 38538775
開 6:00〜18:00　休 なし　★★

商売の神、関羽を祀る廟

チャタム教会
Nhà Thờ Cha Tam
交 チョロン周辺（人民委員会庁舎から車で15分）
住 25 Học Lạc, Q.5　☎ 38560274
開 7:30〜11:30、14:00〜20:00
休 なし（日曜はミサで見学不可）
★

体験！路線バスでチョロンへ

路線バスに乗ってみました！
まずはベンタイン市場近く、ハムギ通り沿いのバス停へ。きょろきょろしていると、おじさんが寄ってきて英語で「どこに行くの？」。チョロンだというと、1番のバスの乗り場を教えてくれました。
乗車すると、中年女性の車掌さんがやってきて乗車券を購入。車内はエアコンが効いていて快適です。窓際の席に座って外を眺めていると、20分くらいで徐々に漢字の看板が目立つようになってきました。終点はチョロンバスターミナルというところです。
バスを降りると、市内中心部とは違う雑然とした活気が待っていました。

見どころ ● 郊外

ヴィンギエム寺
Chùa Vĩnh Nghiêm
🚌 市街北部（人民委員会庁舎から車で7分） 🏠 339 Nam Kỳ Khởi Nghĩa, Q.3 ☎ 38483153 🕐 7:00〜11:00、13:00〜18:00（旧暦1日と15日のみ6:30〜22:00頃） 休 なし
📷 ★★ 🚻

ヴィンギエム寺の本堂

ザックラム寺
Chùa Giác Lâm
🚌 市街北西部（人民委員会庁舎から車で15分） 🏠 118 Lạc Long Quân, Q. Tân Bình ☎ 38653933 🕐 7:00〜11:00、14:00〜19:00 休 なし
📷 ★★ 🚻

ホーチミン最古の寺院

アオザイ博物館
Bảo Tàng Áo Dài
🚌 9区（人民委員会庁舎から車で40分） 🏠 206/19/30 Long Thuận, Phường Long Phước, Q. 9
☎ 0914726948 🕐 8:30〜17:30（月休） 休 月曜 料 10万VND
HP http://www.baotangaodaiviet nam.com/

ヴィンギエム寺　map ●切りとり-2、p.36-B

七重の塔。旧正月には塔の周りで祭りが開かれ大変にぎわう

日本に留学していたベトナム人僧侶が1964年に開山した、ベトナム南部では最大の仏教寺院。境内には、地上約40mの高さを誇る「七重の塔」と「平和の鐘」がある。鐘は日本の曹洞宗の寺から寄贈されたもので、ベトナム戦争の休戦・恒久を祈り設置された。境内内には精進料理を出す食堂がある。

ザックラム寺　map p.34-E

周囲の街並みを一望できる

1744年に開かれた、ホーチミン市内最古のベトナム仏教寺院。寺院内には数百年前の仏像や調度品が数多く保存されており、まるで時が止まったかのようにひっそりとした空気に包まれている。また、門の近くにある七重の塔は、登ることも可。ただし2018年9月現在、塔の2階以上は一時閉鎖中。

アオザイ博物館　map p.35-D外

アオザイ姿のガイドが案内してくれる

ベトナムを代表するデザイナーで、アオザイ研究家でもあるシー・ホアン氏が開設した、ベトナムで唯一のアオザイ専門博物館。展示館では、創生期から今にいたる変遷を物語るアオザイの実物が置かれている。2万平方メートルの敷地の中には休憩所もあり、ゆっくりと時間をかけて訪れたい。

街角ワンショット

アオザイ女性を探せ！

アオザイを着た女性を見たいなら、中央郵便局の前に行ってみよう。ここが人気の記念撮影スポットになっているのだ。午前中、特に週末はアオザイ女性に会える確率が高くなる。制服である白いアオザイを着た女子高生を目撃できる可能性が高いのは月曜日だ。月曜日が着用推奨日になっている場合が多いからだ。一般企業でも、月曜日をアオザイ着用日にしているところがある。

おしゃれな2区を満喫

ホーチミンの高級住宅街として知られる2区のタオディエン（Thảo Điền）地区。活気あふれる市内中心部とは違った、落ち着いた雰囲気が楽しめると、人気も年々上昇中で、2区に泊まりたいという旅行者も増えているという。そんな2区のおすすめスポットを現地在住者に聞いてみた。

人気の店は比較的広い範囲に点在しているので、行く前に目的の店を決めておこう。

ドンコイ通り周辺からタオディエン地区まではタクシーで20分少々、料金は12万VND前後だ。

目当ての店がない場合は、タオディエン地区の中で、いちばんにぎやかなスアントゥイ（Xuân Thủy）通りにあるファミリーマート（11 Xuân Thủy, Q.2）を起点に歩き始めてみるといいだろう。

泊 川に面したリゾートホテル
map p.35-D外

泊まるなら「ここしかない！」と断言します。川沿いの瀟洒な洋館を使ったこのリゾートホテルは、口コミサイトでも常に上位。（旅行代理店勤務・YNさん）

ヴィラソンサイゴン　Villa Song Saigon
住 197/2 Nguyễn Văn Hưởng, Q.2
℡ 37446090　HP https://villasong.com/

喫 船を眺めながらカフェタイム
map p.35-D外

川に面したオープンテラスの席に座っていると、聞こえてくるのは行き交う船の音だけ。ここに来ると時間の経つのを忘れます。（IT企業勤務・NSさん）

ボートハウス　Boat House
交 2区（人民委員会庁舎から車で20分）　住 40 Lily, APSC 36 Thảo Điền, Q.2　℡ 37446790　営 7:00〜23:00　定 なし　予算 ★★

食 緑の中で絶品ベトナム料理
map p.35-D外

緑いっぱいの庭の中にあるお店です。大きなガラス窓から木々を眺めながら頂く料理は格別。夜はガーデン席もおすすめ。予約必須。（広告代理店勤務・AWさん）

クアンブイガーデン　Qua Bui Garden
住 55 Ngô Quang Huy, Q.2
℡ 38989088　営 8:00〜23:00

癒 庭を眺めながらヴィラでスパ
map p.35-D外

静かな環境で受けるスパは、心身ともに癒やされる度合いが深い気がします。全部で4店舗ある人気店だけに施術師も粒ぞろい。（人材会社勤務・KSさん）

モックフーンスパ　Mộc Hương Spa
住 61 Xuân Thủy, Q.2　℡ 35191052
営 9:00〜22:00

レストラン　必ず行きたい正統派ベトナム料理

［ドンコイ］ベトナムハウス　Vietnam House　［創作ベトナム料理］

map●切りとり-15, p.39-G

ベトナム料理に革新を起こした国際派有名シェフの店

この店のシェフであるルーク・グエン氏は世界的に有名な料理人。彼の手にかかると、よく知っているはずのベトナム料理が新しい味わいに生まれ変わるから驚きだ。セットディナーは93万8000VNDと高いが値段以上の価値を感じる。夜は要予約。

- 交 ドンコイ通り周辺（人民委員会庁舎から徒歩5分）
- 住 93-95-97 Đồng Khởi, Q.1　☎ 38222226
- 営 11:30～15:00、17:30～23:00　定 なし　予 要　予算 ★★★

［1区］ベップニャースークアン　Bếp Nhà Xứ Quảng　［中部ベトナム料理］

map●切りとり-4, p.37-C

ベトナム版・料理の鉄人に選ばれた有名シェフの店

この店のおすすめは、サラダ、グリルなど4種類の鶏料理が1つの大きな皿に盛り合わされたガーレンマム（gà lên mâm）。3人分くらいの分量で60万VND。中部料理が得意で、ホイアンの名物麺カオラウ（Cao Lau）9万VNDも美味しい。

- 交 1区北部（人民委員会庁舎から車で10分）
- 住 144 Hai Bà Trưng, Q.1　☎ 38272709
- 営 11:00～23:00　定 なし　予 要　予算 ★★★

［ドンコイ］エスエイチガーデン　SH Garden　［高級ベトナム料理］

map●切りとり-14, p.39-G

ホーチミンの中心部を見下ろす気持ちのいいルーフトップレストラン

グエンフエ通りを見下ろす抜群の立地と丁寧に作られた料理の味で人気がある。1品20万VND前後～。夜はアオザイ姿のスタッフによる伝統音楽の生演奏が行われる。ドンコイ通り（26 Đồng Khởi）に2号店がある。日本語メニューあり。夜は要予約。

- 交 ドンコイ通り周辺（人民委員会庁舎から徒歩2分）
- 住 98 Nguyễn Huệ, Q.1　☎ 38211001　営 10:00～23:30　定 なし
- 予 ディナーは予約が望ましい　予算 ★★★

［ドンコイ］ギースアン　Nghi Xuân　［フエ料理］

map●切りとり-10, p.39-D

路地裏にたたずむ重厚な建物で繊細な味付けのフエ料理が楽しめる

素材の旨味を引き出した繊細な味付けで、日本人の支持が高い名店。一品の量が少な目なので、少人数で行ってもいろいろな料理が味わえる。おすすめはタケノコのサラダと蓮の実ご飯。昼・夜ともにセットメニューがある。予算は1人30万VND程度。

- 交 ドンコイ通り周辺（人民委員会庁舎から徒歩5分）
- 住 5/9 Nguyễn Siêu, Q.1　☎ 38230699　営 11:00～22:00
- 定 なし　予 不要　予算 ★★★

ホーチミンの市外局番☎028　予 予約　予算 予算の目安　★＝$5以下　★★＝$5～$15　★★★＝$15以上

レストラン ● にぎやかに楽しむ

ドンコイ　ニャハンゴン　Nhà Hàng Ngon　ベトナム屋台料理

安くて美味しい！と評判の
緑豊かな庶民派レストラン

map ● 切りとり-9, p.38-B

　屋台料理からベトナム全土の名物料理、さらには中華、タイ、韓国、日本料理までカバーした豊富なメニューが魅力。一軒家を使った店は屋内席とガーデン席が選べる。1品10万VND程度の手頃な値段とカジュアルな雰囲気で人気を集めている老舗だ。

- 交 ドンコイ通り周辺（人民委員会庁舎から徒歩5分）　住 160 Pasteur, Q.1
- ☎ 38277131　Email quananngon@hcm.vnn.vn　営 10:30〜22:30
- 定 なし　予 要　予算 ★★

ドンコイ　ビュッフェホットポットホアンイエン　Buffet Hotpot Hoàng Yến　鍋＆ビュッフェ

ベトナム人に大人気の老舗で
鍋の食べ放題

map ● 切りとり-15, p.39-H

　ホアンイエンはホーチミンでも指折りの老舗レストラングループ。一品料理の店と、ベトナム鍋の食べ放題（ビュッフェ）の店がある。後者はベトナム語がわからなくても注文でき、いろいろな料理が味わえるので人気。料金は1人26万9000VND〜。

- 交 ドンコイ通り周辺（人民委員会庁舎から徒歩10分）
- 住 Me Linh Point Tower 2F, 2 Ngô Đức Kế, Q.1　☎ 22102311
- 営 11:00〜14:00, 18:00〜22:00　定 なし　予 不要　予算 ★★★

ドンコイ　ラップアンドロール　Wrap & Roll　春巻き専門店

「生春巻き」以外にも
十数種類の「巻き」「包み」料理がある

map ● 切りとり-10, p.39-H

　名前の通り「巻いて包んで食べるトナム料理」専門のチェーン店。ベトナムには生春巻き1つとっても、カラシ菜の生春巻き（cuốn diếp）、キノコの生春巻き（gỏi cuốn nấm）など、見た目も味も異なる春巻きがある。一皿5万VND程度と値段も手頃だ。

- 交 ドンコイ通り周辺（人民委員会庁舎から徒歩5分）
- 住 62 Hai Bà Trưng, Q.1　☎ 38222166　営 11:00〜22:30
- 定 なし　予 不要　予算 ★★

3区　コムニュウサイゴン　Cơm Niêu Sài Gòn　ベトナム中部料理

空飛ぶおこげご飯の有名店は
ベトナム全土の料理が味わえる

map ● 切りとり-13, p.36-F

　土鍋で炊いたおこげご飯（コムダップ）を、空中に投げるパフォーマンスで有名な老舗。中部ベトナム料理を中心に、ベトナム全土の料理約300種類が揃う。3区に2号店（27 Tú Xương, Q.3）、2区に3号店（75 Xuân Thuỷ, Q.2）がある。

- 交 3区（人民委員会庁舎から車で15分）
- 住 59 Hồ Xuân Hương, Q.3　☎ 39302888　営 10:00〜22:00
- 定 なし　予 不要　予算 ★★

レストラン●レトロな雰囲気で楽しむ

1区　シークレットハウス　Secret house
ベトナム家庭料理

map●切りとり-19, p.37-K

田舎の親戚の家に来たような
アットホームな雰囲気

ベトナムの田舎にある民家を思わせる店の作りは、懐かしい気持ちにさせてくれる。メニューにも家庭的な料理が並ぶ。シークレットガーデン（158 Bis / 40-41 Pasteur, Q. 1）など、人気店を経営するグループが新しく開いた店で味も確かだ。要予約。

交 ベンタイン市場周辺（人民委員会庁舎から車で10分）
住 55/2 Lê Thị Hồng Gấm, Q.1　☎ 0911877008　営 8:00〜22:00
定 なし　予 要　予算 ★★

1区　クックガッククアン　Cục Gạch Quán
ベトナム家庭料理

map p.35-G

静かな住宅街の中にあり
店内では時間がゆっくり流れる

気鋭の建築家が内装を手がけただけあって、古い民家を模して作られた建物自体がアートだ。料理の種類は豊富で、何を食べてもハズレがない。1号店の向かいに2号店がある。ブラピ夫妻も来たことでも有名になった。夜は要予約。

交 1区北部（人民委員会庁舎から車で10分）　住 10 Đặng Tất, Q.1
☎ 38480144　営 10:30〜22:30　定 なし　予 要
予算 ★★★

ドンコイ　フーンライ　Hương Lài
ベトナム家庭料理

map●切りとり-9, p.38-B

素朴で美味しい料理と、
若者たちの温かい笑顔

日本人経営だが、ベトナム人からも「ここの料理は美味しい」と高い評価を得ている老舗。ここで働いているのは、元・孤児など恵まれない若者たちで、彼らの温かい接客もこの店の魅力だ。コースは3種類で15万VND〜。メニューは日本語つき。

交 ドンコイ通り周辺（人民委員会庁舎から徒歩2分）
住 38 Lý Tự Trọng, Q.1　☎ 38226814
営 12:00〜15:00、18:00〜22:00　定 なし　予 要　予算 ★★

1区　クアンブイオリジナル　Quan Bui Original
ベトナム料理

map●切りとり-10, p.37-H

伝統的な味を守りながらも
新しい味わいを演出

調理法に一工夫したオリジナルメニューが人気で、中でも鶏肉をハチミツソースでソテーしたハニーチキン（gà fillet sốt mật ong）8万9000VNDや、牛肉のカシューナッツソテー12万9000VNDは、ぜひ味わいたい。市内で4つの店舗を展開。

交 レタイントン通り周辺（人民委員会庁舎から徒歩10分）
住 17/A Ngô Văn Năm, Q.1　☎ 38291515
営 8:00〜23:00　定 なし　予算 ★★★

レストラン ● 庶民に愛される老舗

| ドンコイ | **タンニエン** *Thanh Niên* | ビュッフェベトナム料理 |

夕食のビュッフェがおすすめ
老舗だけにどの料理も味は上々

map ● 切りとり-9、p.37-G

　ここのおすすめは夕食のビュッフェ(食べ放題)だ。屋台料理など庶民的なものを中心に50品以上が並ぶ。ひとり27万9000VND。一品料理では土鍋の炊き込みご飯が絶品。大小さまざまな屋内席と庭園風の屋外席がある。1989年創業の老舗。

- ドンコイ通り周辺(人民委員会庁舎から徒歩5分)
- 11 Nguyễn Văn Chiê, Q.1　38225909　7:00〜22:00
- なし　予 不要　予算 ★★★

| ドンコイ | **ドンニャン** *Đồng Nhân* | 大衆ベトナム料理 |

おかずの種類が豊富で美味しい
50年以上続く大衆食堂

map ● 切りとり-14、p.39-K

　ベトナム人がよく利用するのがコムビンヤン(Cơm Bình Dân)と総称される大衆食堂。店頭におかずが並び、食べたいものを指さすると、ご飯と一緒に盛り付けてくれる店だ。その中でもここは1960年代から続く有名店。7万VNDもあれば満腹だ。

- ドンコイ通り周辺(人民委員会庁舎から徒歩10分)
- 11 Tôn Thất Thiệp, Q.1　38225328　10:00〜14:00、18:00〜20:00
- なし　予 不要　予算 ★　＊カード不可

| レタイントン | **ナムヤオ** *Nam Giao* | 庶民派フエ料理 |

路地の奥にある目立たない店だが、
地元の人は誰でも知っている名店

map ● 切りとり-14、p.38-I

　庶民的なフエ料理がおいしいと定評がある。中でも人気はシジミのせご飯のコムヘン(Cơm Hến)で、6万VND。牛肉のせピリ辛麺のブンボーフエ(Bún Bò Huế)も美味しい。店構えは小さいが20年以上前から続く老舗だ。

- レタイントン通り周辺(人民委員会庁舎から車で5分)
- 136/15 Lê Thánh Tôn, Q.1　38250261　7:00〜22:00
- なし　予 不要　予算 ★　＊カード不可

| 3区 | **コムガートゥオンハイ** *Cơm Gà Thượng Hải* | 鶏飯 |

おかずなしでも食べられるほど
しっかり味がついた鶏飯

map ● 切りとり-8、p.37-G

　鶏肉が美味しいベトナムでぜひ味わいたいのが鶏飯だ。たくさんの店がある中、この店の鶏飯(丼1つ2万VND)は、ダシがきいてそのまま食べられるほど、味がついている。蒸し鶏、焼き鶏など、好みのおかずを選んで一緒にいただく。

- 3区(人民委員会庁舎から車で10分)　21-23 Võ Văn Tấn, Q.3
- 39303031　10:00〜22:30　定 なし　予 不要
- 予算 ★

レストラン ● 南部ベトナムの名物料理

1区　バインセオ46A　*Bánh Xèo 46A*　［ベトナム風お好み焼き］

map●切りとり-3, p.37-C

路地裏にお客さんがあふれる
南部名物バインセオの専門店

　バインセオは、北部では一般的ではないので、ぜひホーチミンで食べておきたい。ここは路地の中にある屋台のような店だが、実は20年以上前から「市内でいちばんおいしいバインセオの店」といわれている。1枚8万VND〜。

- 交 1区北部（人民委員会庁舎から徒歩5分）
- 住 46A Đinh Công Tráng, Q.1　☎ 38241110
- 営 9:30〜14:00, 16:00〜21:00　定 なし　予算 ★★　＊カード不可

レタイントン　ルオンソン　*Lương Sơn*　［ベトナム焼き肉］

map●切りとり-10, p.39-C

ヤギのおっぱい肉は絶品
ダチョウ、ワニなど珍しい焼き肉を

　この店でぜひ味わいたいのは、ヤギのおっぱい肉（vú dê nướng）の炭火焼き。柔らかい肉と、癖のある腐乳のタレとの相性は抜群だ。1皿18万VND。牛、豚など普通の焼き肉もあるが、ここではダチョウやワニなど珍しい焼き肉を楽しみたい。

- 交 レタイントン通り周辺（人民委員会庁舎から徒歩10分）
- 住 31 Lý Tự Trọng, Q.1　☎ 38251330　営 10:00〜22:00
- 定 なし　予 不要　予算 ★★★

1区　クアン94　*Quán 94*　［カニ料理］

map●切りとり-4, p.37-C

1人1000円程度で
カニ尽くしの食事が楽しめる

　甲羅の柔らかいカニを1匹丸ごと揚げたソフトシェルクラブの天ぷら（cua lột chiên bơ）は、ジューシーなカニ味噌が病みつきになる看板料理。1皿4個入りで25万VND。焼き飯、春雨、揚げ春巻き、どれもカニ肉がたっぷり入っている。

- 交 1区北部（人民委員会庁舎から車で10分）　住 94 Đinh Tiên Hoàng, Q.1
- ☎ 38258633　営 10:00〜22:30　定 なし　予 要
- 予算 ★★　＊カード不可

1区　オックダオ　*Ốc Đảo*　［貝料理］

map●切りとり-17, p.36-J

路地の奥にある
市内で最大級の貝料理屋

　ホーチミンに来たらぜひ味わいたいのがシーフード。ここは「貝料理が豊富で美味しい」と地元民の間では有名で、その大きさと賑わいぶりに驚く。おすすめは大ぶりのカキで1個2万5000VND。生、塩焼き、チーズのせグリルと、料理法が選べる。

- 交 デタム通り周辺（人民委員会庁舎から車で10分）
- 住 Hẻm 212B Nguyễn Trãi, Q.1　☎ 0909437033
- 営 10:00〜22:30　定 なし　予 不要　予算 ★★　＊カード不可

ホーチミンの市外局番☎028　予 予約　予算 予算の目安　★ $5以下　★★ $5〜15　★★★ $15以上

レストラン●フォー専門店

3区　フォーホア　*Phở Hòa*　〈老舗のフォー〉

**あっさり味のスープが美味しい
もっとも有名なフォーの専門店**

map●切りとり-3, p.36-B

　地元の人からの支持が高い老舗。スープはあっさり味だが、ダシが効いている。並盛りが7万VND、大盛りと特製（đặc biệt）が8万VND。鶏肉のフォーと牛肉のフォーがあり、牛肉は9種類の中から選ぶことができる。

- 交 3区（人民委員会庁舎から車で10分）
- 住 260C Pasteur, Q.3　☎ 38297943　営 5:00～23:30
- 定 なし　予 不要　予算 ★

ドンコイ　フォー24 ドンコイ店　*Phở 24 Đồng Khởi*　〈フォー専門チェーン〉

**清潔、涼しい、美味しい
安心して入れるチェーン店**

map●切りとり-15, p.39-G

　チェーン店だが味もよく「ここのフォーがいちばん美味しい」というベトナム人も少なくない。丼のサイズは大中小と3種類あり、値段は中サイズが4万9000VNDと手頃だ。どの店も清潔で、エアコンが効いていて快適。市内に店舗多数。

- 交 ドンコイ通り周辺（人民委員会庁舎から徒歩2分）
- 住 85 Đồng Khởi, Q.1　☎ 38257505　営 6:00～22:00
- 定 なし　予 不要　予算 ★

デタム　フォーハイティン　*Phở Hai Thiên*　〈変わり種フォー〉

**珍しいフォーならココ！
40種類以上のフォーが食べられる**

map●切りとり-19, p.40-B

　海鮮フォー、豚肉のフォー、フォーの鍋など、普通の店にはない珍しいフォーを出している。フォーの麺も普通の白い麺以外に、野菜を混ぜて作った色付きのものがある。材料にもこだわりがあり、天然の素材だけを使っている。1杯6万5000VND～。

- 交 デタム通り周辺（人民委員会庁舎から車で10分）
- 住 14 Bùi Viện, Q.1　☎ 0908787980　営 7:00～23:00
- 定 なし　予 不要　予算 ★

ワンポイントアドバイス ONE POINT ADVICE

南部流の フォーの食べ方講座

　シンプルな北部のフォーと違い、南部ではフォーを食べる前に、いろいろ手を加えて自分流の味付けにして食べます。

　まずフォーが運ばれてきたら、机の上に置かれているチャイン（chanh）というベトナム版のライムを絞って加えましょう。

　次に野菜を入れます。モヤシは生のままでも美味しいですが、湯通し（rau trung）してもらうこともできます。香草は、茎についているものは葉だけをむしり、食べやすい大きさにちぎって入れましょう。

　それが終わったらタレ。タレには甘い味噌ダレ（茶色）と辛いチリダレ（赤色）の2種類がある。自分の好みに合わせて加えます。

　最後によくかき混ぜてからいただきます。もちろん自分が苦手なものは、入れる必要はありません。こうして自分流の味に仕立ててから食べるのが南部の流儀なのです。

レストラン●フランス料理

郊外　ラ・ヴィラ　La Villa　｜高級フランス料理

閑静な住宅街にあるフレンチの名店
わざわざ足を運ぶ価値あり

map p.35-D外

高級住宅街として知られる2区のタオディエン地区にたたずむ優雅なヴィラを使った高級フレンチ。ランチセットが89万VNDと値段ははるが、南仏プロヴァンスの熟練シェフによる味、そして雰囲気、サービスを考えると納得だ。

🚗 2区（人民委員会庁舎から車で20分）　🏠 14 Ngô Quang Huy, Thao Dien, Q.2　☎ 38982082　🕐 11:45～13:30（ラストオーダー）、18:30～21:30（ラストオーダー）　定 日曜休　予 要　予算 ★★★

郊外　ル・ボルドー　Le Bordeaux　｜高級フランス料理

味も雰囲気もサービスも、
すべてが納得のレベル

map p.35-D

ホーチミンのフレンチレストランの中でも代表格の老舗店。オーナーはフランス人で、必要な素材は本場から取り寄せるという本物志向。メインディッシュは1品55万VND～。ワインも豊富に取り揃えている。

🚗 市街北東部（人民委員会庁舎から車で15分）　🏠 Số 72 Đường D2, Q. Bình Thạnh　☎ 38999831　🕐 11:30～13:30、18:30～21:30　定 日・月曜のランチ　予 不要　予算 ★★★

ドンコイ　ティコズ・サイゴン　Ty Coz Saigon　｜庶民派フランス料理

安くておいしいカジュアルフレンチ
日替わりシェフのおすすめ料理に注目

map●切りとり-9、p.38-B

路地の中の民家を使った小さな店だが、フランス人の兄弟がオーナーで味は本格的。オーナーが出て来て、黒板を使ってその日のおすすめメニューの説明をしてくれる。ランチは30万VND程度、ディナーでも60万VND程度で楽しめる。

🚗 ドンコイ通り周辺（人民委員会庁舎から徒歩10分）
🏠 178/4 Pasteur, Q.1　☎ 38222457　🕐 11:00～14:00、18:00～22:00
定 月曜休　予 不要　予算 ★★★

ワンポイントアドバイス　ONE POINT ADVICE

今も残るフランス文化の面影

1887年から1945年までフランス領インドシナの一部として、フランスの統治下にあったベトナム。フランス語を語源とするベトナム語は1000語程度あるといわれます。例えば「駅」はga（越）＝gare（仏）、チーズはpho mai（越）＝fromage（仏）など。

コーヒーもフランス人が持ち込みました。金属製フィルターは、フランスの抽出器具を応用したものです。冷蔵庫が普及していなかったベトナムで、フランス流のカフェオレを飲むために、常温で保存可能なコンデンスミルクを代用したのが、今も残っています。

ベトナムの具材をフランスパンにはさんだバゲットサンドのバインミー、定番デザートのバインフラン（北部ではケムカラメル）など、フランスの文化を自国の食文化に取り入れているところに、実利的でたくましいベトナム人気質を見ることができます。

ホーチミンの市外局番☎028

レストラン ● 南国のスイーツ

ドンコイ　ケムバクダン　Kem Bạch Đằng　［アイスクリーム］

ココナッツの実の中に
アイスとフルーツがいっぱい！

map ● 切りとり-14、p.38-F

　南国・ホーチミンらしさを満喫できるのが、ここの名物・ココナッツアイス（Kem Dừa）だ。ココナッツの実の中に数種類のアイスクリームやカットフルーツを入れたもの。11万VNDと値段は高いがボリュームもたっぷりだ。

- 交 ドンコイ通り周辺（人民委員会庁舎から徒歩3分）
- 住 28 Lê Lợi, Q. 1　☎ 38292707　営 8:00～23:00
- 定 なし　予 不要　予算 ★

ドンコイ　ファニー　Fanny　［アイスクリーム］

遊び心満点の創作アイスが人気
10軒以上ある全国チェーン

map ● 切りとり-14、p.39-K

　スクープアイス、パフェ、クレープなど、アイスの種類が豊富で、素材にはマンゴー、ココナッツなど、さまざまな南国の果実が使われている。中でもベトナムらしさをアイスで表現したシクロアイス9万7000VNDなどのオリジナルアイスが人気。

- 交 ドンコイ通り周辺（人民委員会庁舎から徒歩7分）
- 住 29-31 Tôn Thất Thiệp, Q. 1　☎ 38211633　営 8:00～23:00　定 なし
- 予 不要　予算 ★

ファムグーラオ　ソイチェーブイチースアン　Xôi Chè Bùi Thị Xuân　［チェー＆おこわ］

ベトナム風ぜんざい・チェーなら
1977年創業のここで決まり！

map ● 切りとり-17、p.40-A

　ベトナム風ぜんざい・チェーで有名な老舗中の老舗。いろいろな具材が入った五目チェー（Chè Thập Cẩm）が1万5000VNDと、値段も手頃だ。おこわ（Xôi）が美味しい店としても有名で、五目おこわ（Xôi Thập Tẩm）が2万5000VND。

- 交 ファムグーラオ通り周辺（人民委員会庁舎から車で7分）
- 住 111 Bùi Thị Xuân, Q.1　☎ 38332748　営 6:30～22:30
- 定 なし　予 不要　予算 ★　＊カード不可

1区　メゾン・マルゥ・チョコレート　Maison Marou Chocolate　［チョコレート］

実は国際的に評価が高い
ベトナム産チョコレート

map ● 切りとり-19、p.37-K

　質の高いチョコレートの産地として国際的に注目されているベトナム。このマルウは、中でも有名なブランドの1つ。工房を兼ねた店内は販売店とカフェになっており、チョコエクレア7万VNDなど、各種チョコレート菓子を味わうことができる。

- 交 ベンタン市場周辺（人民委員会庁舎から車で10分）
- 住 167-169 Calmette, Q. 1　☎ 37292753　営 9:00～22:00
- 定 なし　予 不要　予算 ★

ショップ●いろいろな雑貨を買いたいなら

ドンコイ　トンボ　Tombo　　　雑貨

品数豊富でお手頃値段
買い物は日本語で大丈夫

map●切りとり-15、p.39-H

　商品の種類が豊富で、日本語を話せるスタッフが常駐しているので日本人旅行者に人気がある老舗。値段も手頃で5万VND以下の小物からあるので、バラマキ土産を買うのにもうってつけだ。同じ通りの87 Đồng Khởiにもう1店舗ある。

- ドンコイ通り周辺(人民委員会庁舎から徒歩6分)
- 145 Đồng Khởi, Q.1　☎38275973
- 8:30～21:30　定なし

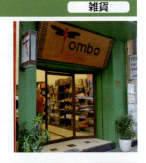

ドンコイ　ナグ　Nagu　　　雑貨

小物から洋服まで
癒し系の雑貨がいっぱい

map●切りとり-14、p.39-G

　「ナグ」という店名は日本語の「和む」が由来。日本人オーナーが始めた店だけに、ベトナム雑貨に、日本人の好みのテイストが加味されている。日本に帰ってから普段遣いにできる実用度の高い小物が豊富だ。

- ドンコイ通り周辺(人民委員会庁舎から徒歩3分)
- 155 Đồng Khởi, Q.1　☎38234001
- 8:30～21:30　定なし

ドンコイ　キト　Kito　　　雑貨

伝統と新しさが共存する
キッチュな雑貨がズラリ

map●切りとり-15、p.39-G

　ラタン＆ウールの異素材を組み合わせたバッグなど、自由な発想を取り入れたオリジナル商品が人気。トンボや菊などの伝統をモチーフにしたバチャン焼きや、アンティーク調の家具などもある。

- ドンコイ通り周辺(人民委員会庁舎から徒歩6分)
- 78B Đồng Khởi, Q.1　☎38296855　営9:00～21:00
- 定なし

ドンコイ　ユニーク　Unique　　　雑貨

緻密な刺しゅうと
キュートなデザイン

map●切りとり-15、p.39-L

　洋服やバッグ、テーブルランナーなどのファブリックが充実しており、淡い色合いの布地に女の子らしいモチーフの手刺しゅうが目を引く。人気商品はクッションや座布団カバーで、20万VND～。

- ドンコイ通り周辺(人民委員会庁舎から徒歩6分)
- 49 Đồng Khởi, Q.1　☎0914162118　営8:00～22:00
- 定なし

ショップ ● ファッションならお任せ

ドンコイ　フレームツリーバイザッカ　*Frame Tree by Zakka*　ファッション

map ●切りとり-14、p.38-F

日本人経営の老舗
オーダーの腕はピカイチ

　日本人パタンナー、スタッフがおり、細かい注文やニュアンスを伝えられるので安心だ。オーダーメードは、1日程度で仮縫いができて、そこで調整をしてから仕上げる。店の上階に工房があるので、対応は早い。

- ドンコイ通り周辺（人民委員会庁舎から徒歩5分）
- 73 Pasteur, Q.1　38245345
- 10:00〜20:00　なし

ドンコイ　チチ　*Chi Chi*　ファッション

map ●切りとり-14、p.38-F

来店者の8割が日本人
丁寧な対応で安心のオーダーメード

　アオザイ、洋服のオーダーメードができる。生地選びからデザインまで、日本語のわかるスタッフが対応してくれるので安心だ。オーダーメードは1日〜。ドンコイ通り店（77-79 Đồng Khởi）もあり、こちらはお土産物の種類が豊富だ。

- ドンコイ通り周辺（人民委員会庁舎から徒歩5分）
- 138 Pasteur, Q.1　38230856
- 8:30〜20:30　なし

ドンコイ　エムエム　*emem*　ファッション

map ●切りとり-15、p.39-H

豊富な品ぞろえの雑貨
日本語でのオーダーメード

　ベトナムコーヒーからバッグまで幅広い商品を扱う老舗。アオザイや洋服のオーダーメードは、2階に入っている姉妹店のCoCoで対応してくれる。日本語が話せるスタッフが常駐しているので、オーダーメードも安心だ。

- ドンコイ通り周辺（人民委員会庁舎から徒歩6分）
- 81 Đồng Khởi, Q.1　38273240
- 8:00〜21:30　なし

デタム　ギンコ　*Ginkgo*　ファッション

map ●切りとり-18、p.40-B

ユニークなデザインの
Tシャツに一目惚れ！

　カラフルで個性的な柄のTシャツで人気の店。1枚$30前後するが、柔らかい生地は着心地がよく、しかも長持ちする。ポロシャツやパンツもある。ホーチミン市内では54-56 Bùi Viện、10 Lê Lợi、92-96 Lê Lợiと、全部で4軒展開している。

- デタム通り周辺（人民委員会庁舎から車で10分）
- 254 Đề Thám, Q.1　62705928
- 7:00〜22:00　なし

ショップ ●一芸に秀でた専門店

ドンコイ　オーセンティック　*Authentique*

バチャン焼き

モダンなセンスが加味された
バチャン焼きで知られる老舗

map● 切りとり-15、p.39-H

　1995年の創業以来、「バチャン焼きならここ」という不動の評価を維持している老舗。伝統的な柄から、現代的なセンスのオリジナルまで、すべて手作りで、自社のカマで焼き上げられたものだ。日本への発送も可。113 Lê Thánh Tônにも店舗あり。

- ドンコイ通り周辺(人民委員会庁舎から徒歩5分)
- 71/1 Mạc Thị Bưởi, Q.1　38238811
- 9:00〜21:00　なし

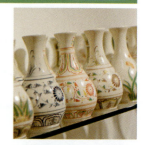

レタイントン　ハッパーズ　*Happers*

プラカゴ

定番おみやげの1つ、
プラカゴを買うならこちら

map● 切りとり-10、p.39-D

　日本人が経営するプラスチックカゴの店。デザイン、製造から販売まで一貫して自社で行っている。持ち手にカバーをつけたり、カゴの中に内張りをつけたりなど、ベトナムの市場で売っているプラカゴにはない、きめ細やかな工夫がされている。

- ドンコイ通り周辺(人民委員会庁舎から徒歩5分)
- 15A/40 Lê Thánh Tôn, Q.1　36020264
- 10:00〜19:00　なし

デタム　サパヴィレッジ　*Sapa Village*

少数民族雑貨

少数民族の民芸品では
ナンバーワンの品揃え

map● 切りとり-18、p.40-A

　店内には、北部山岳地帯にある街・サパ周辺に住むさまざまな少数民族の布を使った、色鮮やかな民芸品が100種類以上並ぶ。技術指導をした上で、現地で作られたバッグやアクセサリーは、丈夫で長年の使用にも耐えるものばかりだ。

- デタム通り周辺(人民委員会庁舎から車で12分)
- 168 Bùi Viện, Q.1　0983359341
- 8:00〜23:00　なし

ドンコイ　XQサイゴン　*XQ Saigon*

刺しゅう画

芸術品の域に達した
刺しゅう絵画をご覧あれ

map● 切りとり-14、p.38-J

　刺しゅうはベトナムを代表する工芸品の1つ。ここは熟練の職人によって制作された刺しゅう絵画の専門店で、店内はまるで美術館のようだ。モチーフになっているのはベトナムの風景や花など。オーダーメードも可能で、日本への発送にも対応。

- ドンコイ通り周辺(人民委員会庁舎から徒歩5分)
- 106 Lê Lợi, Q.1　38227725
- 8:00〜21:30　なし

ショップ ● まとめ買いならココへ

タックススーパー　Tax Supermarket　[ドンコイ] [スーパー]

map● 切りとり-15、p.39-H

アオザイ娘のクッキーなど
ベタなお土産が勢揃い

　ラッキープラザの3階にあるタックススーパーは、旅行者向けの商品が豊富だ。ノンラー（編み笠）の形をしたチョコレート、乾燥フルーツ、コーヒー、ベトナムのお酒、インスタントフォーなど、食べ物系をまとめ買いするならココ！

- 交 ドンコイ通り周辺（人民委員会庁舎から徒歩5分）
- 住 69 Đồng Khởi, Q.1　☎ 39414910
- 営 9:00〜22:00　定 なし

サイゴンスクエア　Saigon Square　[ドンコイ] [ショッピングセンター]

map● 切りとり-14、p.38-J

激安ブランド品はコピー商品。
割り切って買えば楽しい

　狭い通路の両側にTシャツ、カバン、アクセサリーなどがひしめき合って並ぶ。「値段の割に品質は悪くない」と地元民も買い物に来る。値段交渉を楽しみながら買い物しよう。ブランド品が驚くほどの安価で売られているが、もちろんコピー商品。

- 交 ドンコイ通り周辺（人民委員会庁舎から徒歩5分）
- 住 77-89 Nam Kỳ Khởi Nghĩa, Q.1　☎ 38233915
- 営 9:00〜21:00　定 なし

ラッキープラザ　Lucky Plaza　[ドンコイ] [ショッピングセンター]

map● 切りとり-15、p.39-H

手軽なお土産に迷ったら
数十軒の店が集まるココへ

　お土産物、衣料品から生活用の小物まで、いろいろな商品を扱う小さな店が集まっている。サイゴンスクエアと似た感じだが、こちらのほうが旅行者向けの商品は豊富。グエンフエ通り38番地（38 Nguyễn Huệ）にも入口がある。

- 交 ドンコイ通り周辺（人民委員会庁舎から徒歩5分）
- 住 69 Đồng Khởi, Q.1　☎ 38271155
- 営 10:00〜22:00　定 なし

ワンポイントアドバイス　ONE POINT ADVICE

日系コンビニは心強い存在

　ホーチミンではコンビニが急速に増えており、ファミリーマート（約140店）、ミニストップ（約120店）、セブンイレブン（約10店）、サークルK（約260店）など、日本でおなじみのお店もあります。
　旅行者の方に「コンビニがあって助かった！」という体験談をお伺いしました。
　「体調が悪くなったとき、日系コンビニで日本のおにぎりを発見！　これに救われました」
　「どのコンビニもイートインコーナーが広く、店内では無料のWi-Fiも使えて便利。カフェ代わりに活用していました」
　「ベトナムの飲み物は、私が苦手な甘いものが多くて困っていたのですが、日系には砂糖抜きのお茶や、スポーツ飲料が置いてあって重宝しました」
　「スマホの充電器を持って来るのを忘れたのですが、コンビニで買えました」

掘り出し物探しに
ベンタイン市場・ビンタイ市場へ

ベンタイン市場　Chợ Bến Thành

攻略法
場内は広く、迷路のように複雑。下図を参考に事前に買い物計画を立てておけば効率よく回れる。

1914年設立。1万㎡もの広い敷地内には、1500軒以上の店舗があり、そこに働く人は5000人を超える巨大市場だ。生鮮食料品からお土産物まで品揃えは幅広く、地元の人から観光客まで、毎日数万人が訪れる。
店員の多くは英語を話し、日本語で話しかけてくる人も少なくない。

map●切りとり-14、p.38-J
市内中心部（人民委員会庁舎から徒歩10分）
Lê Lợi, Q.1
38299274
6:00～19:00（店舗により異なる）

ベンタイン市場の楽しみ方

●訪れるのは午前中がおすすめ
活気があるのは午前中で、特に生鮮食料品売り場は賑わっている。午後になると場内の温度が上がるので体力的にも大変。夕方には閉店時刻前でも片付けをする店が出てくる。

●定価表示が増え、手強い値段交渉
FIXED Price（定価制）という看板を掲げる店が増えた。ただし値札はついていない商品が多く、最初の言い値はスーパーより高いことが多い。ぜひ値引きを試みたい。

●飲食街でローカルフードを味わう
市場内にある飲食街は、さまざまなローカルフードが気軽に味わえる穴場だ。

●スリに注意
混雑しているだけに、スリも出没する。カバンは前に持つなどの注意を忘れずに。

●ベンタイン市場見取り図●

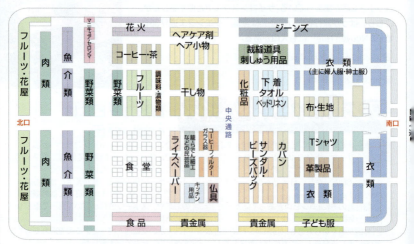

市場巡りへGO!

コーヒーはここでも人気商品

狭い通路にあふれる商品たち
ベトナム料理を手軽に味わうなら、屋台がうってつけ

地元の人と観光客の両方が訪れる

ナイトマーケットに注目！
ベンタイン市場の東側と西側には、毎夕18:00頃から夜店が出て、旅行者や地元の人に大人気。食べ物の店が中心で、おやつからドリンク、シーフード、鍋ものまで豊富なメニューがそろう。衛生面も比較的安心で、英語が話せる人も多い。つまり、ここでは安心して屋台の雰囲気が味わえるのだ。営業時間は店によって異なるが、たいてい23:00頃まで開いている。

場内の食堂街はメニュー豊富

ビンタイ市場　Chợ Bình Tây

ベンタイン市場と並ぶホーチミンの2大市場。1930年、中国・潮州出身の富豪、クアック・ダムが一大投資をして建てたといわれている。小売店が集まるベンタイン市場に対して、ビンタイ市場は卸売りが中心。市場の建物は、中国伝統家屋の「四合院」の造りで中央に中庭が設けられている。
　2018年8月現在、改修工事のために閉鎖中だが、市場内にあった店舗は、市場の前に設けられた仮設店舗で営業している。

map p.34-I
🚗 チョロン周辺（人民委員会庁舎から車で25分）　🏠 57A Tháp Mười, Q.6　☎ 38571512（市場の管理事務所）　🕕 6:00〜19:00　＊ただし2018年8月現在、改修工事のため閉鎖中。

攻略法
ローカル向けの市場ゆえ外国語は通じない。値段交渉に必要なベトナム語はメモして行こう。

改修工事中のビンタイ市場

華僑が多い場所柄、色鮮やか

掘り出し物を見つけよう

ベトナム庶民のトレードマーク、ビニールサンダル

リラックス ●本格的なスパを楽しもう

3区　ラ・メゾン・ド・ラポティケア　*La Maison De L'Apothiquaire*　スパ&エステ

map● 切りとり-7、p.36-F

プール付きの一軒家で
すべてを忘れる半日を過ごす

　フレンチヴィラを使用した老舗のビューティーサロン。ここではぜひ、ホテル送迎サービスもついた半日パッケージ（4時間270万VND～）などで癒しの時間を過ごしたい。カップル用パッケージ（4時間530万VND）も人気だ。

- 3区（人民委員会庁舎から車で5分）
- 64A Trương Định, Q.3
- 39325181
- 9:00～21:00
- なし
- 要
- http://lapothiquaire.vn/

レタイントン　インドシンスパ　*Indochine spa*　スパ&エステ

map● 切りとり-14、p.38-E

日本人経営で安心
100％天然素材の製品を使用

　ベンタイン市場近くにある日本人経営のスパで、施術前には日本語がわかるスタッフが相談にのってくれる。施術に使っているのは100％天然素材の製品だ。おすすめは4時間コースのインドシンシグネチャーパッケージで210万VND。

- ドンコイ通り周辺（人民委員会庁舎から徒歩10分）
- 69 Thủ Khoa Huân, Q.1
- 38277188
- 10:00～22:00
- なし
- 予約が望ましい
- http://www.indochine-spa.com.vn/

1区　モックフーンスパ　*Môc Hương Spa*　スパ

map● 切りとり-10、p.37-H

3人のセラピストによる
6手マッサージで極楽体験

　日本びいきのオーナーが経営するスパで、市内に4店舗展開している。多彩なメニューがある中、2人のセラピストが施術する4手マッサージ60分60万VND～、3人による6手マッサージ90分100万VNDがユニーク。料金にはチップ込み。男性可。

- レタイントン通り周辺（人民委員会庁舎から車で10分）
- 9C Tôn Đức Thắng, Q.1
- 39117118
- 10:00～22:00
- なし
- 予約が望ましい
- http://mochuongspa.com/

ドンコイ　センスパ　*Sen Spa*　スパ

map● 切りとり-15、p.39-H

すべて日本語でOK
1つのビルが丸ごと癒しの館

　1つのビルがすべてスパ施設という大型店で、1時間のフットマッサージ39万6000VNDから、6時間のパッケージ330万VNDまで、多彩なメニューがある。男女共に利用可能。50％の追加料金でジャグジーつきVIPルームが利用できる。

- ドンコイ通り周辺（人民委員会庁舎から徒歩5分）
- 26-28 Đông Du, Q.1
- 38251250
- 10:00～23:00
- なし
- 不要
- http://senspa.com.vn/

ホーチミンの市外局番 028

リラックス●フットマッサージでリフレッシュ

ドンコイ　健之家　Kien Chi Gia　フットマッサージ

現地在住日本人いち押しの実力派

map●切りとり-14、p.39-K

「マッサージ師のレベルが粒ぞろいなので安心」と、週末は順番待ちができるほどの人気店だ。メニューは70分25万VNDの1つだけだが、追加料金で35分間の延長も可能。室内は簡素だが清潔だ。足を薬湯につけてリラックスしてから施術する。

- 交 ドンコイ通り周辺（人民委員会庁舎から徒歩5分）
- 住 44 Tôn Thất Thiệp, Q.1　電 0903316733
- 営 10:30～23:00　定 なし　予 要

ドンコイ　ゴールデンロータスフットマッサージ　Golden Lotus Foot Massage　フットマッサージ

設備は高級ホテル並なのに値段はお手頃

map●切りとり-15、p.39-H

ベトナムやインドのヒーリング音楽が流れる店内で、足を中心に背中や肩ももみほぐしてくれる。コースは30分、60分、90分（37万5000VND）がある。夕方以降および週末は予約が望ましい。市内に5店舗展開している。

- 交 ドンコイ通り周辺（人民委員会庁舎から徒歩5分）
- 住 18 Hồ Huấn Nghiệp, Q.1　電 38221227
- 営 10:00～23:30　定 なし　予 要

ドンコイ　ミウミウ　miumiu　フット&ボディマッサージ

落ち着いた雰囲気、確かな施術　手頃な値段のバランスがいい

map●切りとり-15、p.39-K

日本人御用達の人気店で、現在5店舗を展開している。フットマッサージは35分、70分、90分、120分と4つの時間設定があり、料金は20万～52万VND。フット＋ボディのパッケージメニューが豊富で、2時間65万VND～。

- 交 ドンコイ通り周辺（人民委員会庁舎から徒歩10分）
- 住 84 Ngô Đức Kế, Q.1　電 22521166
- 営 09:30～23:30（入店は22:30まで）　定 なし　予 不要

1区　ナンバーワン・マッサージ　No. 1 Massage　フット&ボディマッサージ

マッサージ師は粒ぞろい　サウナ付きで1時間30万VNDはお得

map●切りとり-4、p.37-D

フット、ボディともに1時間30万VND～という良心的な価格設定で、マッサージ師は「ハズレがない」と評判。2017年オープンと新しく、広々した店内は清潔だ。シャワーとサウナ（ミスト＆ドライ）を備えている。

- 交 1区北部（人民委員会庁舎から車で10分）
- 住 36 Nguyễn Bình Khiêm, Q.1　電 39117088
- 営 9:30～23:00　定 なし　予 不要

公園 ●子供から大人まで楽しめる

郊外東部　スイティエン公園　Suối Tiên　テーマパーク

世界でもっとも奇妙な
脱力系テーマパーク

map p.35-D外

　入口にある高さ70mという巨大な顔面彫刻を手はじめに、園内にあるオブジェはツッコミどころが満載。人気のアトラクションであるワニ釣りも見逃せない。敷地は広く、プール、動物園、水族館などさまざまな施設がある。

- 市街北東部(人民委員会庁舎から車で30分)　120 Xa Lộ Hà Nội, Q.9
- 38964703、38960260　7:00〜18:00　なし
- 大人13万VND、子供8万VND　★★★

郊外西部　ダムセン公園　Công Viên Văn Đầm Sen　テーマパーク

垢抜けないところに味がある
ベトナムらしさを体験

map p.34-I

　スイティエン公園と並んで、ベトナム人の家族連れに人気があるローカルテーマパーク。広い敷地には、旧式の観覧車やジェットコースター、脱力系オブジェ、笑える動物のショーなどがあり、素朴でほっこりする空間になっている。

- 市街西部(人民委員会庁舎から車で20分)　3 Hòa Bình, Q.11　38841193、39634963　8:00〜18:00　なし　パッケージチケット大人18万VND、子供10万VND。入場料のみ大人・子供共に9万VND　★★★

1区東部　動・植物園　Thảo Cầm Viên　公園

しばし喧騒を忘れる
ヒーリングスポット

map●切りとり-5、p.37-D

　動物園には、ゾウ、キリン、シマウマなどの定番の動物たち以外に、珍しいホワイトタイガーも飼育されていて人気だ。園内には熱帯植物の温室やカフェなどもある。1864年、フランスの植物学者によって建てられた長い歴史をもつ施設。

- ドンコイ通り周辺(人民委員会庁舎から車で5分)　2 Bis Nguyễn Bình Khiêm, Q.1　38291425　7:00〜18:00 (ただし入園チケットの販売は17:00まで)　なし　大人5万VND、子供3万VND　★★★

郊外東部　ビンクオイ庭園　Khu Du Lịch Bình Quới　庭園

サイゴン川の中洲にある
ホーチミン市民の憩いの場

map p.35-D

　郊外にある広大な庭園。豊かな緑に点在するココナッツの葉でできた屋根の小屋、そして池で人が釣り糸を垂れるのんびりとした風景は、まさにメコンデルタの雰囲気。野外レストランもあり、週末にはローカル料理の食べ放題も楽しめる。

- 市街北東部(人民委員会庁舎から車で30分)
- 1147 Bình Quới, Q.Bình Thạnh　35565891、38986696
- 8:00〜21:00　なし　★★★

ホーチミンの市外局番☎028

○=見学時間の目安　★=外からの見学のみ、★★=内部も見学できるが時間はかからない、★★★=30分以上かけてじっくり見学　=トイレ

ナイトライフ ● ショーを楽しむ

1区西部　水上人形劇　Nhà Hát Múa Rối Nước Rồng Vàng

伝統芸能

水上人形劇が鑑賞できる本格的な劇場

map●切りとり-13, p.37-G

　ベトナム随一の伝統芸能・水上人形劇が、ホーチミンでも毎晩2回上演されている。上演時間は約50分。伝統音楽にのって、コミカルに動く人形たちが繰り広げるパフォーマンスは、ベトナム語がわからなくても十分楽しめる。早めの予約がおすすめ。

- 交　ドンコイ通り周辺(人民委員会庁舎から徒歩10分)
- 住　55B Nguyễn Thị Minh Khai, Q.1　電　39302196
- 開　17:00〜17:45、18:30〜19:15　休　なし
- 料　18万VDN (カメラの持ち込み料は不要)　※予約が望ましい

ドンコイ　アオショー　Ao Show

創作パフォーマンス

「シルク・ドゥ・ソレイユ」のベトナム版といわれるショー

map●切りとり-14, p.39-G

　ベトナムの伝統音楽にのって、アクロバティックな動きで、ベトナムの生活を表現するユニークなショー。演目は「アオショー」本編に加え、「テー・ダール」「ミスト」と全部で3つあって、内容も公演日も異なる。料金は63万VND〜。

- 住　市民劇場(→p.42)　電　0845181188
- 開演　8:00〜または20:30〜(公演によって異なる)　公演は不定期につき次のウェブサイトを参照のこと。
- HP　https://www.luneproduction.com/saigon-opera-house

ドンコイ　シーホアンショー　Si Hoang Show

アオザイショー

ドラマを見るようにしてアオザイの歴史がわかる

map●切りとり-15, p.39-K

　伝統楽器の演奏をバックに、アオザイの変遷がドラマ仕立てに演出されている芸術性の高いショーだ。演出はベトナムを代表するアオザイデザイナーであるシー・ホアン氏。休憩時間にはショーに登場したモデルたちが茶菓をふるまってくれる。

- 交　ドンコイ通り周辺(人民委員会庁舎から徒歩5分)
- 住　2F Saigon House, 77 Nguyễn Huệ, Q.1 (アオザイ展示場内)
- 電　0916276948　公演時間　水・木・土・日曜の20:30〜22:00

体験！ 活気あふれるブイヴィエン歩行者天国！

　バックパッカー街として有名なブイヴィエン通りが土・日曜の19時から、歩行者天国になっていると聞いて、行ってきました。(map●切りとり-18, p.40-A、B)

　とにかく人、人、人！　道の両側には屋台が並び、そこのお客さんの座る低い机や椅子が道路にあふれています。歩いていると、スルメを焼く香ばしい匂いや、貝を料理する甘い匂いが漂ってきて、食欲を刺激されました。レストランの客引きもいて「おいしいよ」「安いよ」と連呼しています。

　遊びに来ているのは、外国人旅行者が中心かと思ったら、ベトナム人の若者が多いのに驚きました。彼らの中でもブイヴィエンは「今、ホットな場所」なんだそうです。

ナイトライフ ● ディナークルーズ

ドンコイ　サイゴンプリンセス号　*Saigon Princess*　　高級

**最新かつ最高級の
ラグジュアリークルーズ**

map ● 切りとり-20, p.37-L

　250人が乗船可能な白亜の豪華客船で、まさに「川の上に浮かぶ高級レストラン」。アジア＆西欧料理の5品コースが6種類用意されている。大人130万VND、6〜12歳が65万VND、6歳未満は無料。ドレスコードがあり半ズボン、サンダルは不可。

乗場 Nha Rong埠頭（5 Nguyễn Tất Thành, Q.4）☎ 35146033
出航 19:15〜下船21:15頃　毎日
HP https://www.saigonprincess.com.vn/

ドンコイ　ボンサイレガシー号　*Bonsai Legacy*　　高級

**船内でいただく料理も
エンターテインメントも一流**

map ● 切りとり-20, p.37-L

　ボンサイ号は2003年に始まった、いちばん歴史が古い高級ディナークルーズ。2年前に新しい船での運航が開始された。料理はアジア＆西欧料理のビュッフェ。珍しい石琴の演奏もある。料金は大人$42.50、6〜12歳の子供は半額、それ以下は無料。

乗場 Nha Rong埠頭（5 Nguyễn Tất Thành, Q.4）☎ 36206265
出航 出航19:15〜下船21:15頃　毎日
HP https://www.bonsaicruise.com.vn/

ドンコイ　インドシナジャンク号　*Indochina Junk*　　スタンダード

**伝統的な木造船を再現した船で
気軽に楽しむクルーズ**

map ● 切りとり-20, p.37-L

　32万VND〜という比較的手頃な料金のディナークルーズ。週替わりのコース料理がついている。船内では伝統音楽の演奏やショーが行われる。運航開始は2005年。同社は複数のクルーズ船を持ち、ランチクルーズにも対応している。

乗場 Nha Rong埠頭（5 Nguyễn Tất Thành, Q.4）☎ 38957438
出航 19:45〜下船21:15頃　毎日
HP http://www.indochinajunk.com.vn/

ドンコイ　ベンゲー号　*Tàu Bến Nghé*　　カジュアル

**乗船料だけなら200円足らず
賑やかに楽しみたい人向け**

map ● 切りとり-20, p.37-L

　長年、庶民に親しまれている、魚の顔の形をしたクルーズ船。乗船だけなら3万5000VNDで予約は不要。レストランなので、船内では食べ物を注文しよう。中では音楽の演奏やショーが行われており、にぎやかだ。

乗場 Nha Rong埠頭（5 Nguyễn Tất Thành, Q.4）
☎ 62712121　出航 乗船18:00頃〜、出航20:00頃〜下船21:00頃
毎日

ホーチミンの市外局番 ☎028

ナイトライフ ● 夜景を楽しむ

チルスカイバー　Chill Sky Bar
ベンタイン市場周辺　ルーフトップバー

map ● 切りとり-13, p.40-B

踊りと音楽で盛り上がる
空中に浮かぶルーフトップバー

　店に足を踏み入れると、まるで空中に浮かんでいるように見える。大音量の音楽で盛り上がる若者に人気のスポット。飲み物はビール1杯18万VND、カクテルなど。食事もできる。ドレスコードがあり、短パンやサンダルは不可。予約が望ましい。

交 ファムグーラオ通り周辺（人民委員会庁舎から車で8分）
住 76 A Lê Lai, Q.1 ☎ 28272372 営 17:30～翌2:00 定 土・日曜
予 要　予算 ★

スカイブリーズバー　Sky Breeze Bar
ドンコイ　ルーフトップバー

map ● 切りとり-15, p.39-L

街の喧騒を感じながら
サイゴン川の夜景を満喫

　ホテル・マジェスティックの屋上は、定番夜景スポットの1つ。目の前のサイゴン川を行き来するクルーズ船の明かり、その背景に開発が進む郊外の様子が一部できる。お店の奥の階段を上がったところにあるテラス席は静かな特等席だ。

交 ドンコイ通り周辺（人民委員会庁舎から徒歩6分）
住 1 Đồng Khởi, Q.1（マジェスティック・サイゴン内） ☎ 38295514
営 5階24時間、8階16:00～翌1:00 定 なし 予 不要 予算 ★★

エアー360スカイラウンジ　Air 360 Sky Lounge
ベンタイン市場周辺　ルーフトップバー

map ● 切りとり-19, p.37-K

映画のロケにも使われた
若者に人気のスポット

　ベンタイン市場を見下ろすロケーションで、ホーチミン中心部の鼓動が感じられる、にぎやかなルーフトップバー。ビールが8万8000VND～、ツマミはチーズの盛り合わせ29万VNDなど各種。プールサイドのソファー席とカウンター席がある。

交 1区（人民委員会から車で5分）住 Lầu 21 Bến Thành Tower, 136-138 Lê Thị Hồng Gấm, Q.1　☎ 09-74587788　営 17:00～翌2:00
定 土・日曜 予 不要 予算 ★★

街角ワンショット

いちばんきれいな夜景は川の対岸から

　高いビルから見る夜景も素敵ですが、地元のサイゴンっ子たちの間では、サイゴン川の対岸から見る夜景が人気です。マジェスティックホテルの対岸あたり一帯は、夕暮れになると、川沿いに無数の小さなテーブルが並べられ、若いカップルからオジサンたちまで、徐々に人が集まってきます。そして、ホーチミンの中心部の夜景を見ながら、ビールを片手に宴会を繰り広げるのです。公共交通機関はないのでタクシーで。「Công viên hầm vượt sông Sài Gòn」（サイゴン川トンネル公園）と言えば通じます。

ホテル●期待を裏切らない高級ホテル

ドンコイ　ザ・レベリー・サイゴン　The Reverie Saigon　　高級

**ベトナム初の「6つ星」ホテル
隅々まで贅を凝らした異次元空間**

map●切りとり-15、p.39-L

　これまでのベトナムのホテルの概念を覆す最高級ホテル。世界的に有名な旅行雑誌で、2017年の世界ベストホテル第4位にも選ばれた。設備もサービスも群を抜いている。客室は27階から39階で、どの部屋からでも眺望は抜群だ。

交 ドンコイ通り周辺（人民委員会庁舎から徒歩4分）　住 22-36 Nguyễn Huệ & 57-69F Đồng Khởi, Q.1　☎ 38236688　FAX 38223355　料 $400〜　部 286　HP http://www.thereveriesaigon.com　E-mail info@thereveriesaigon.com

ドンコイ　シェラトン・サイゴン　Sheraton Saigon Hotel & Towers　　高級

**ドンコイ通りのど真ん中に建つ
超高層ツインタワーホテル**

map●切りとり-15、p.39-G

　ホテルは2棟に分かれており、元々、住居用だったグランドタワーにある客室は広く、クラブラウンジが利用できる。ジェットシャワーを全室に完備。家族連れには、2部屋続きにできるコネクティングルームに対応している部屋が多いのも嬉しい。

交 ドンコイ通り周辺（人民委員会庁舎から徒歩3分）　住 88 Đồng Khởi, Q.1　☎ 38272828　FAX 38272929　料 $260〜　部 470　HP http://www.starwoodhotels.com/sheraton　E-mail sheratonsaigon@sheraton.com

ドンコイ　インターコンチネンタル・アシアナ・サイゴン　InterContinental Asiana Saigon　　高級

**世界的ホテルチェーンならではの
質の高いサービス**

map●切りとり-9、p.37-H

　館内にはベトナムの絵画が飾られ、木や竹のぬくもりを生かした落ち着いた雰囲気でまとめられている。中華、イタリアンなどレストランが充実しており、中でもアフタヌーンティーは人気だ。大きな屋外プールも備えている。

交 ドンコイ通り周辺（人民委員会庁舎から徒歩8分）　住 Corner of Hai Ba Trung and Le Duan, Q.1　☎ 35209999　FAX 35209955　料 $205〜　部 305　HP http://www.ihg.com/intercontinental/hotels/jp/ja/ho-chi-minh-city/sgnha/hoteldetail　E-mail saigon@ihg.com

ドンコイ　カラベル　Caravelle Hotel　　高級

**ドンコイ通りは目の前という
最高の場所にある老舗高級ホテル**

map●切りとり-10、p.39-G

　創業は1959年で、ベトナム戦争中は日本人をはじめ、各国特派員たちが集った名門ホテル。元々の10階建ての建物に隣接して、1998年に24階建ての新館を増築して現代的なホテルとして生まれ変わった。設備、サービスともに定評がある。

交 ドンコイ通り周辺（人民委員会庁舎から徒歩3分）　住 19 Công Trường Lam Sơn, Q.1　☎ 38234999　FAX 38243999　料 $150〜　部 335　HP http://www.caravellehotel.com　E-mail hotel@caravellehotel.com

ホーチミンの市外局番☎028　　料 料金　　部 部屋数　　HP ホームページアドレス　　E-mail メールアドレス

ホテル ●「一芸あり」の個性派ホテル

ドンコイ ミストドンコイ　The Myst Dong Khoi 〔高級〕

**古き良き時代の雰囲気にひたる
今、注目のデザイナーズホテル**

map●切りとり-15、p.39-H

　2017年創業。ホテルには見えない独特の外観と、木と緑を多用したアンティークな内装で、話題の存在。昔のサイゴンにタイムスリップしたかのような雰囲気が味わえる。観葉植物の置かれたバルコニーにあるバスタブも魅力だ。

- ドンコイ通り周辺(人民委員会庁舎から徒歩8分)
- 6-8 Hồ Huấn Nghiệp, Q.1　☎35203040　$156～
- 108　HP http://www.themystdongkhoihotel.com/

1区 フュージョンスイーツサイゴン　Fusion Suits Saigon 〔高級〕

**宿泊料金込みのスパが女性に人気
フュージョングループの新顔**

map●切りとり-13、p.36-J

　「スパが宿泊料金に込み」「全室スイート仕様」「どこでも朝食がとれる」という3つの特色が人気のフュージョングループが、2016年、ホーチミンにも登場した。開放感が味わえる大きな窓、丸い天井など、部屋の内装も独特だ。

- 1区(人民委員会庁舎から車で10分)
- 3-5 Sương Nguyệt Ánh, Q.1　☎39257257　$121～
- 71　HP http://fusionresorts.com/fusionsuitessaigon/

3区 ホテル・デ・サール・サイゴン・Mギャラリー・コレクション　Hotel des Arts Saigon MGallery Collection 〔高級〕

**1930年代の富豪たちの
優雅な暮らしを体験する**

map●切りとり-9、p.37-C

　ホーチミン市が「東洋の真珠」と呼ばれた時代の上流階級の邸宅を、21世紀に蘇らせたクラシックなホテル。館内に一歩入るとそこは別世界。世界的なホテルチェーン・アコーグループ傘下で、配慮の行き届いた設備、洗練されたサービスも魅力。

- 3区(人民委員会庁舎から車で5分)
- 76-78 Nguyễn Thị Minh Khai, Q.3　☎39898888
- FAX 39859999　$193～　168　HP http://www.accorhotels.com/ja/japan/index.shtml　Email h9231@accor.com

7区 タジマサゴ キャッスル ホテル アンド リゾート　Tajmasago Castle - Hotel and Resort agoda 〔高級〕

**おとぎ話に登場する
お城のようなホテル**

map p.35-L外

　ホーチミンの新都心・7区の川沿いに建つ、部屋数わずか19のブティックリゾート。外観・内装ともに白と黒で統一。館内は広々としており、屋外プール、レストランも備わっている。観光の中心である1区まではタクシーで20～25分程度。

- 7区(人民委員会庁舎から車で30分)
- 6 Phan Văn Chương, Q.7　☎54116789　FAX なし　$232～
- 19　HP https://www.facebook.com/tajmasago/
- Email reservations@tajmasago.com

ホテル ● コロニアル調のホテル

ドンコイ　マジェスティック・サイゴン　Hotel Majestic Saigon　［高級］

ホーチミンのシンボル
正統派コロニアル式ホテル

map● 切りとり-15、p.39-L

　創業は1925年で、ホーチミンに３つあるコロニアルホテルを代表する存在。創業時からの旧館（コロニアルウィング）と、2003年に増築された新館がある。103号室は開高健が戦争特派員として滞在したことで知られ、真鍮のプレートがかかっている。

- 交 ドンコイ通り周辺（人民委員会庁舎から徒歩６分）
- 住 1 Đồng Khởi, Q.1　☎ 38295514　FAX 38295510　料 $248〜　部 175
- HP http://majesticsaigon.com/
- Email majestic@majesticsaigon.com.vn　問 なし

ドンコイ　グランド・ホテル・サイゴン　Grand Hotel Saigon　［高級］

1930年創業当時の面影を残す白亜の洋館
中庭の小さなプールは都会のオアシス

map● 切りとり-15、p.39-H

　創業当時の建物を受け継いだ旧館（エンシェントウィング）は、古いながらも手入れが行き届いており、シックな趣き。新館（ラグジュアリーウィング）も、旧館同様の内装でまとめられている。屋上のレストランは夜景が美しい穴場。

- 交 ドンコイ通り周辺（人民委員会庁舎から徒歩５分）
- 住 8 Đồng Khởi, Q.1　☎ 38230163　FAX 38235781
- 料 $177〜　部 233　HP http://www.grandhotel.vn
- Email info@grandhotel.vn　問 なし

ドンコイ　コンチネンタル・サイゴン　Hotel Continental Saigon　［高級］

1880年創業。ベトナムでもっとも
長い歴史を持つ優雅なホテル

map● 切りとり-9、p.39-G

　ここの魅力は中庭。外の喧騒が嘘のような閑静な空間となっている。設備はやや古いが、コロニアル様式の優美な建物、高い天井など、歴史あるホテルならではの魅力が体感できるだろう。宿泊客リストには各国のVIPたちが名を連ねる。

- 交 ドンコイ通り周辺（人民委員会庁舎から徒歩３分）
- 住 132-134 Đồng Khởi, Q.1　☎ 38299201　FAX 38290936
- 料 S T $131〜　部 85　HP http://www.continentalsaigon.com
- Email continentalhotel@vnn.vn

ドンコイ　パークハイアット・サイゴン　Park Hyatt Saigon Hotel　［高級］

コロニアルな雰囲気と最新の設備
リゾート感あふれるプールが人気

map● 切りとり-10、p.39-C

　2005年に建てられた新しいホテルだが、コロニアルテイストの優雅な雰囲気と、最新の設備の両方を求める旅行者に人気が高い。2015年には半年近くかけて大規模な改装工事を行い、各種設備が一新されている。レストラン、ハイティーも好評。

- 交 ドンコイ通り周辺（人民委員会庁舎から徒歩３分）
- 住 2 Công Trường Lam Sơn, Q.1　☎ 38241234　FAX 38237569
- 料 $278〜　部 244　HP https://www.hyatt.com/ja-JP/hotel/vietnam/park-hyatt-saigon/saiph　Email saigon.park@hyatt.com

ホーチミンの市外局番 ☎ 028

ホテル●日本人御用達のホテル

西部　ニッコーサイゴン　Hotel Nikko Saigon　　高級

**複数の日本人スタッフが常駐
日系ならではのサービス**

map●切りとり-17、p.36-J

客室は10階以上なのでどの部屋からも眺望は抜群。レストランは和食、中華、多国籍の3つあり、リゾート気分が味わえる屋外プールも備えている。1区中心部までは車で約20分。ドンコイ通り方面へ1日7本の無料シャトルバスを出している。

- 交 市街西部（人民委員会庁舎から車で10分）　住 235 Nguyễn Văn Cừ, Q.1
- ☎ 39257777　FAX 39257766　料 $300〜　室 334
- HP http://www.hotelnikkosaigon.com.vn
- E-mail reservation@hotelnikkosaigon.com.vn

ドンコイ　ロッテ・レジェンド・ホテル・サイゴン　Lotte Legend Hotel Saigon　高級

**リゾートの雰囲気が味わえる
日本人御用達のシティホテル**

map●切りとり-10、p.39-D

市内中心部にありながら、ゆったりとした館内、大型の屋外プールを備え、リゾート感覚での滞在が楽しめる。日本人スタッフが常駐している。吹き抜けが気持ちいいレストランでいただく、品数の豊富な朝食ビュッフェも人気だ。

- 交 ドンコイ通り周辺（人民委員会庁舎から徒歩10分）
- 住 2A-4A Tôn Đức Thắng, Q.1　☎ 38233333
- FAX 38232333　料 $180〜　室 283
- HP http://www.lottehotel.com/saigon

レタイントン　東屋　Azumaya　　エコノミー

**和朝食、露天風呂、日本語対応
人気の日系ビジネスホテル**

map●切りとり-10、p.39-D

2011年の創業以来、7年間でベトナムに10軒（カンボジアに1軒）を展開するまでになった日系ホテルチェーン。充実の和朝食、ホーチミンで唯一の露天風呂、館内はすべて日本語でOK、宿泊者割引があるフットマッサージと、充実のサービス。

- 交 ドンコイ通り周辺（人民委員会庁舎から徒歩10分）
- 住 8A/8D1-8A/9D1 Thái Văn Lung, Q.1　☎ 38246835　FAX 38246831
- 料 $43〜　室 52　HP http://www.azumayavietnam.com
- E-mail reservation@azumayavietnam.com

体験！日本人安宿対決

今、ホーチミンでは、切磋琢磨しあっている2軒の日本人経営ドミトリー宿があります。1つが「イージーステイサイゴン（以下、EZ）」で、もう1つが「兎家―うさぎや（以下、兎）」。宿泊料金は1ベッドが$12（EZ）と$10（兎）でほぼ互角。場所も近く、どちらを選ぶべきか、悩むところです。宿泊経験者に感想を聞いてみました。

「最上階にある本格的なお風呂と畳敷きの休憩室が、何といっても最高でした！」（EZ）

「朝食つきでこの値段に惹かれました。旅人歴20年のオーナーの話も面白い！」（兎）

それぞれの宿の詳細は以下のサイトをご覧ください。

- ●イージーステイサイゴン map●切りとり-18、p.40-A
http://ezstaysaigon.com/
- ●兎家（うさぎや）map●切りとり-17、p.36-J
http://usagiyah.com/

ホテル●値段は安いが評判がよい宿

デタム　タウンハウス50　Townhouse 50　エコノミー

**ドミトリーと個室がある
スタイリッシュな安宿**

map●切りとり-13、p.40-A

　2013年にオープンした「おしゃれ系ドミトリー宿」の先駆者的存在。女性専用と男女共有の2種類のドミトリー室に加え、個室も備えている。ファムグーラオ通りは徒歩圏内。タウンハウスは最初にできた50に加え23、373と合計3軒ある。

✈ デタム通り周辺（人民委員会庁舎から車で10分）🏠 50E Bùi Thị Xuân, Q.1 ☎ 39250210 💰 $11（ドミ）、個室$35〜 🛏 ドミ18ベッド＋個室6 🌐 http://townhousesaigon.com/

デタム　ギャラクシーホテル＆カプセル　Galaxy Hotel & Capsule　エコノミー

**朝食つきで1ベッド$8は安い
ロッカー、シャワーなど設備も充実**

map●切りとり-18、p.40-B

　ドミトリーのベッドは作り付けなので安定しており、部屋はカードキーで施錠、ロッカーも大きい。エレベーターを備えており、シャワー室は広い。デタム通りまで1分の路地の中にあり、便利だがうるさくないのもいい。宿泊料金には朝食が含まれる。

✈ デタム通り周辺（人民委員会庁舎から車で10分）🏠 269/19 Đề Thám, Q.1 ☎ 38386995 💰 $8（ドミ）、シングル$18、ダブル$22 🛏 ドミ32ベッド＋個室20 🌐 http://galaxyhotel269.com/en

デタム　サイゴニア　Saigonner　エコノミー

**人気の路地の中にあって
清潔感あふれる**

map●切りとり-18、p.40-A

　283番地の路地は、ファムグーラオ通りと並行する短い通りで、人気の安宿が増えている一画だ。その中でもサイゴニアは新しく値段も手頃なのでおすすめ。宿泊料には朝食も含まれる。路地にあるので夜は静か。安い部屋は窓なしなので要注意。

✈ デタム通り周辺（人民委員会庁舎から車で10分）🏠 283/2A Phạm Ngũ Lão, Q.1 ☎ 0919057887 💰 $25〜 🛏 25 🌐 http://www.saigoneerhotel.com/

ワンポイントアドバイス ONE POINT ADVICE

「安くて快適」なドミ宿が増えている

　デタム通り周辺で、近年、増えているのが「お洒落系ドミトリー宿」です。本当に「寝るだけ」のドミトリーが$3程度からあるのに対し、こちらは大体$10前後。値段の差にも関わらず、人気があるのはなぜでしょう？

　まず共通する特徴は、広いリビングルームがあることで、旅人同士の良き交流の場になっています。「$15〜20で泊まれる狭いシングルルームより、こっちが快適」という人も。

　安く長期滞在したい人向けに自炊ができるキッチン、冷蔵庫、洗濯機を備えているのもお得な点の1つです。

　内装やインテリアがおしゃれなのも、重要ポイントです。「宿泊費は安いほうがいいけど、汚い宿はイヤ」という層に受けています。

　同じ建物内に個室を併設している宿もあり、少し値段を足して、充実した共有設備とプライバシーの両方を得ることもできます。

オプショナルツアー
ホーチミン発

安くて便利な名所巡りなどの定番から、ホーチミンを基点にメコンデルタやリゾート地へ気軽に旅立てるものまで、メニューも多彩。これらを利用すれば、旅がもっと豊かになるはず！

ジャングルツアーのハイライトは手漕ぎ舟でのクルーズ

ツアー名	所要時間	内容
市内観光	4時間	聖母マリア教会、中央郵便局、統一会堂、市民劇場、人民委員会庁舎、ベンタイン市場などを訪れる。名所は狭い範囲に固まっているので、個人が徒歩でも回ることはできるが、ガイドと同行することで理解が深まり、町歩きの楽しさも増すだろう。
ミトーのジャングルクルーズ	7時間	ホーチミン発のツアーで人気ナンバーワンなのがこれ。朝、ホーチミンを出てメコンデルタの玄関口の町・ミトーに到着。メコン川の中に浮かぶ島に渡って果樹園、養蜂農家、ココナッツキャンディ工房などを歩いて回る。狭い水路を手漕ぎ舟で移動するのが大人気。(→p.76)
クチのトンネル	4時間	ベトナム戦争時にゲリラが立てこもった地下要塞として知られるクチのトンネル。立っては歩けないほど狭いトンネルの中で、人々は暮らし、子供を生み育て、そして戦ったという。ベトナム人たちの精神力の強靱さを実感できる。ツアーで訪れるのがおすすめだ。(→p.78)
ディナークルーズ	2〜3時間	発展を続けるホーチミンは、サイゴン川から見るのがいちばん。毎晩、さまざまなクルーズ船が運行されている。クルーズ単体でも申し込むことはできるが、ツアーだと往復の送迎がセットされているので安心だ。(→P.66)
奇妙なテーマパーク・スイティエン公園	4時間	近年、日本のメディアで繰り返し取り上げられ、注目が集まっているスイティエン公園は、「世界でもっとも有名なテーマパーク12選」の1つにも選ばれている。広大な園内は突っ込みどころ満載。ワニ釣りが人気だ。市内から離れているので、往復の送迎付きツアーが安心だ。路線バスでも行ける。(→P.64)
水上市場を見にカントーへ	1泊2日	ベトナム南部観光の目玉の1つが水上市場。それが開催されるのがホーチミンから車で4時間のところにあるメコンデルタの中心都市・カントーだ。ツアーでは、往復の移動、現地のホテル、そして水上市場へのクルーズの手配、すべてがセットになっているので利用価値が高い。(→p.78)
マングローブの森	8時間	ホーチミン南部のカンザーというエリアには、世界最大級のマングローブ林が広がっている(map p.6-F)。ベトナム戦争時には枯葉剤が散布されたため、壊滅的な打撃を受けたが、その後、日本のNGOなどの協力で奇跡的に再生した。交通手段が路線バスしかないので、ツアーで訪れるのが便利だ。
中華街・チョロン	4時間	東南アジアでも最大級の中華街・チョロンを訪れる。見どころが点在しているので、ガイド付きのツアーに参加すると効率よく回れるだろう。ハムギ通りのバスターミナルからチョロンのビンタイ市場が終着となる路線バスも出ている。(→P.45)

現地の旅行会社を活用しよう！ ホーチミン編

ホーチミンは日系旅行会社がドンコイ通りを中心にデスクを設けている。安いツアーが希望の場合はデタム通りへ。狭いエリアの中に数多くの旅行会社がある。ウェブサイトで予約が可能な会社もあるので、出発前に手配をしておくと現地での時間を有効に利用できる。

エイチアイエス
H.I.S.

取扱いツアー例	所要時間	目安金額
市内観光・半日	4時間	$45
アオザイ市内観光	4時間	$20
ミトーのジャングルクルーズ	7時間	$55
クチのトンネル	4時間	$45
ミトー＋クチ終日	10時間	$90

日本人スタッフが常駐し、気軽に旅の相談ができる。日本語ガイド付きの多彩なツアーを催行している。店頭で配布している旅の小冊子『スタイル』には、お役立ち情報が満載。併設しているSky Hubホーチミンラウンジは無料で休憩ができ、携帯電話の充電サービス、アオザイレンタル（$15）、ベトナムコーヒーの無料サービス、割引クーポンの配布、雑貨の販売も行っている。

map●切りとり-9、p.38-B
🚇 ドンコイ通り周辺（人民委員会庁舎から徒歩2分）
🏠 Tầng M, 233 Đồng Khởi, Q.1
☎ 38227951
⏰ 9:00〜18:00
HP http://www.hisvn.com.vn/
E-mail japanese2@hisvn.com

ティーエヌケートラベル
TNK Travel

取扱いツアー例	所要時間	目安金額
半日市内観光	4時間	$19
ホタル観賞つきジャングルクルーズ	7.5時間	$65
クチのトンネル	4時間	$35
水上マーケット日帰りツアー	10.5時間	$73

他の日系旅行会社に比べ安価で、日本語ガイド付きツアーを催行している。バックパッカー街の真ん中に店舗があり、元気のいい若い日本人スタッフが常駐。わかりやすくて可愛いイラストマップを無料で配布しているので、ぜひ入手したい。鉄道チケット、オープンツアーバスなども日本語で予約代行できる。また英語ツアーのアレンジも可。

map●切りとり-18、p.40-B
🚇 ファムグーラオ通り周辺（人民委員会庁舎から車で10分）
🏠 209 Đề Thám, Q.1 ☎ 0904201926 ⏰ 7:00〜20:00
HP http://www.tnkjapan.com/
E-mail info@tnkjapan.com

ホーチミンの市外局番☎028

シンツーリスト
Sinh Tourist

取扱いツアー例	所要時間	目安金額
ミトーとベンチェのクルーズ	8.5時間	$10
カイラン水上市場とメコンデルタ	1泊2日	$63
クチのトンネルとカオダイ教	10時間	$7
ビンチャウ温泉	6.5時間	$25

1993年創業で、全国に支店網を持つ格安ツアー会社の代表格。英語ガイド付きツアーを多数催行しているほか、ホーチミンからハノイまでのオープンツアーバス(→p.216)を毎日運行している。ベトナム系の老舗だけあって、メコンデルタ地域周遊など、ユニークなツアーもあるので注目。カンボジア行きの国際バスも扱っている。

【本店】
map● 切りとり-18、p.40-B
🚕 ファムグーラオ通り周辺(人民委員会庁舎から車で10分)
🏠 246-248 Đề Thám, Q.1　☎ 38389597　⏰ 6:30～22:30

【支店】
map● 切りとり-19、p.37-L
🚕 ファムグーラオ通り周辺(人民委員会庁舎から徒歩12分)
🏠 24-26 Phó Đức Chính, Q.1　☎ 38222892
⏰ 6:30～22:30
【両店舗共通】
HP http://www.thesinhtourist.vn/
E-mail info@thesinhtourist.vn

スケッチトラベル
Sketch Travel

取扱いツアー例	所要時間/目安金額
市内観光・半日	4時間 $20
ミトーのジャングルクルーズ	7時間 $50
ミトー+クチ終日	10時間 $75

日本人または日本語の話せるベトナム人スタッフが対応。運営はタガートラベル。

map● 切りとり-19、p.37-K
🚕 ドンコイ通り周辺(人民委員会庁舎から車で10分)　🏠 6F, Artex Saigon Bldg, 236 Nguyễn Công Trứ, Q.1　☎ 38212921　⏰ 9:00～12:30、14:00～18:00、土曜は～12:00(日曜・祝日休み)　HP https://vietnam.sketch-travel.com/

ウェンディツアー
Wendy Tour

取扱いツアー例	所要時間/目安金額
ミトー+メコン川のナイトクルーズ	8時間 $75
ローカル列車体験乗車	4時間 $52

ホタル観賞ツアー、夜のメコン川をクルーズする日帰りツアー、ローカル列車の体験乗車ツアーなど、ユニークなオプショナルツアーを催行している。日本語ガイドが同行。

map● 切りとり-14、p.38-J
🚕 ドンコイ通り周辺(人民委員会庁舎から車で5分)　🏠 12F Havana Building, 132 Hàm Nghi, Q.1　☎ 38219451　⏰ 9:00～18:00、土曜～17:00、日曜・祝日休み)　HP http://www.wendytour.com/

ジェイティービーマイバスデスク
JTB My Bus Desk

取扱いツアー例	所要時間/目安金額
半日市内観光	4時間 $30
ミトーのジャングルクルーズ	7時間 $55

日本人または日本語の話せるベトナム人スタッフがいて対応してくれる。車だけの手配(運転手および日本語ガイド付き)、日本語ガイドのみの手配も可能。

map● 切りとり-15、p.39-L
🚕 ドンコイ通り周辺(人民委員会庁舎から徒歩5分)　🏠 9 Đồng Khởi, Q.1　☎ 38277493　⏰ 9:00～17:30(土・日曜、祝日は～13:00)
HP http://www.mybus-asia.com/vietnam/
E-mail lookdesk.vn@jtbap.com

注:旅行会社によりツアー料金の通貨表示(US$かVNDか)は異なるが、ここではUS$に概算して掲載している。

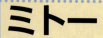

ひと足のばして！

日帰りジャングルクルーズの定番
ミトー

日帰りで手軽にメコンデルタ体験ができるミトーのジャングルクルーズツアーは、長年ナンバーワンの人気を誇る。ミトーは、メコンデルタの玄関口の街で、ホーチミンからは車で約1時間半だ。map p.6-E、p.76-B

マングローブの林の下を手漕ぎ舟で進む

水の民・メコンの人たちの生活をかいま見ることができる。

魅力1　狭い水路を手漕ぎの小舟で

ミトーへのツアーのハイライトは、狭い水路を小さな手漕ぎボートに乗って移動するジャングルクルーズだ。水路脇には人々の家もあり、漕ぎ手には女性が多い

魅力2　南国のフルーツを味わう

ツアーに必ず組み込まれているのが果樹園訪問。マンゴー、パパイヤ、ドラゴンフルーツなど、南国の果物を味わおう。料金はツアー代に込み。試食中には地元の女性たちが、ベトナムの伝統音楽を歌ってくれる。

音楽に耳を傾けながらフルーツを頂く

魅力3　養蜂園でハチミツ茶を飲む

養蜂場も必ず立ち寄る場所だ。ハチミツ入りのお茶と、ベトナムの駄菓子を出してくれる。試飲・試食はツアー代に込み。その後、ハチミツとロイヤルゼリーを売りにくる。ロイヤルゼリーは品質が良いと評判が高い。

ハチを巣箱から出して見せてくれる

魅力4　キャンディ工房見学

メコンデルタはココナッツが豊富で、これを使ったココナッツキャンディは特産品の1つとなっている。その作り方を見学してみよう。工房にはキャンディの売店が併設されている。

魅力5　象の耳魚と巨大な餅

ツアーに含まれる昼食についてくるのがメコン名物の「象の耳魚」の唐揚げだ。白身の淡白な味で、ライスペーパーで巻いて頂く。もう1つの名物・グレートボールの中は空洞で、ハサミで一口大に切って食べよう。

象の耳魚

ートボール　　道路の両側は土産物屋がいっぱい

魅力6　馬車体験、ココナッツ教

どの会社のツアーも基本は一緒だが、馬車の乗車体験があるもの、謎の新興宗教・ココナッツ教の寺を訪れるものなど、会社によって内容は少しずつ異なる。申し込む前には、値段だけではなく、内容も比較しよう。

馬車体験

■ 日帰りモデルプラン

8:00	車でホーチミンを出発
～10:30	メコンデルタの玄関口・ミトーに到着。エンジン付きのボートで中洲の島へ
～12:00	島の中を徒歩で観光。ココナッツキャンディ工房見学、養蜂園の見学と蜂蜜の試飲、手漕ぎ舟でジャングルの中の狭い水路をクルーズ。終了後、ミトーに戻る
～12:30	レストランへ移動
～13:30	象の耳魚(エレファントイヤーフィッシュ)などメコン名物料理の昼食
～15:30	ホーチミンに帰着

ミトーの街からまずはエンジン付きボートで川の中洲の島へ

メコンデルタ随一の人気観光地だけに、さまざまなバリエーションルートがある。クチのトンネルをセットにした終日プランは、人気観光地を一気に回れてお得だ。また、昼食後にホーチミンを出て、午後にジャングルクルーズを楽しみ、夕方からホタル見学をして、夜に戻るツアーも人気がある。

ホーチミン　ひと足のばして！　ミトー

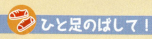

船が川を埋め尽くす水上市場
カントー

　メコン川に暮らす人々の生活が体感できる水上市場は必見だ。カントー近郊にあるカイラン水上市場は、メコン流域にある幾多の水上市場の中で最大の規模。そこには庶民たちの素顔の暮らしを見ることができる。

　カントーは、ベトナム第4位の人口を持つメコンデルタ流域最大の街でもある。水上市場だけでなく、近郊にある野鳥の楽園や、名物の蛇料理も楽しみたい。map p.76-B

■ 1泊2日モデルプラン

【1日目】
8:30	車でホーチミンを出発
～12:30	カントーに到着
～14:00	昼食後、ホテルにチェックイン
～18:00	フリータイム。近郊にあるバードサンクチュアリの見学など
18:00～	夕食。川沿いの散策など

【2日目】
8:00	ホテルを出発
～11:00	カイラン水上マーケットを見学。ホテルに戻ってチェックアウト
～12:30	市場の見学など
～13:30	カントー市内で昼食
～17:00	ホーチミンに帰着

　カントーまでは距離があるので1泊2日での訪問となる。途中、ミトーでジャングルクルーズ体験をしてから、午後にカントー入りするプランもある。

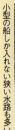
小型の船しか入れない狭い水路も多い

ベトナムゲリラ戦の疑似体験
クチ

　クチのトンネルは、ベトナム戦争時に数万人のゲリラが居住した巨大な地下要塞だ。地下3階まであり、全長250kmといわれるトンネルの一部が観光用に公開されている。背をかがめても歩くのに苦労するほど狭いトンネルの中に入ってみると、当時の人々の苦労が肌身にしみて感じられる。map p.76-B

■ 半日モデルプラン

7:30	車でホーチミンを出発
～9:15	クチのトンネルに到着
～9:30	最初にクチのトンネルの歴史がわかるビデオを鑑賞
～10:30	トンネルとその周辺を見学。秘密の入口、侵入を防ぐための落とし穴を見学し、実際にトンネルの中にも入る。当時ゲリラが食料にしていたタロイモの試食も。ライフル射撃体験もできる
～12:30	ホーチミンに帰着

　一般的なのは半日コースで、ここで紹介した午前発以外に午後発もある。内容は同じ。食事込みのツアーもある。クチのトンネル＋ミトーのジャングルクルーズという終日プランも人気だ。クチの近くにはベトナム独自の新興宗教・カオダイ教の聖地がある。寺院見学と、毎日12時に行われる礼拝を組み合わせた終日プランもおもしろい。

戦争当時より拡張されているとはいえ、それでも狭いトンネル内

大海原に沈む夕日は必見
フーコック島

魅力1　ベトナムでいちばん美しい夕日

近年、訪れる人が急増している注目のリゾートがフーコック島だ。その西側に長くのびる白砂のビーチは、多くのビーチをもつベトナムでもトップクラスの美しさ。大海原に沈む夕日は必見だ。map p.76-A

魅力2　釣った魚をその場で食べる

フーコックの醍醐味は、釣った魚をその場でさばいて食べるツアーだ。中でも、夜のイカ釣りツアーは人気がある。島でいちばん大きな街・ユンドンではナイトマーケットが開かれ、新鮮なシーフードが並ぶ。

魅力3　見逃せない特産品の数々

フーコックは、ベトナム料理に欠かせないヌックマム(魚醤)の最大の産地であるのに加え、世界一の収穫高を誇る良質の胡椒、フルーティーな味わいのシム酒、フーコックパールなど、特産品も多い。

島の西側に白砂のビーチが続く

■ 2泊3日モデルプラン

【1日目】
午前　　　飛行機でフーコック島入り
～13:00　昼食
～18:00　島の南半分を回る半日ツアーに参加。ヌックマム工場、コショウ畑、地酒・シム酒工場などを訪れる
～19:00　ユンドンのナイトマーケットでシーフードの夕食
【2日目】
　　　　　終日自由行動
【3日目】
午前　　　ビーチでのんびり
午後　　　飛行機でホーチミンに帰着

飛行機とリゾートホテルを別々に個人手配することも可能だが、旅行会社が販売しているセットプランを利用するのが便利だ。現地での泊数は2泊が多いが、1泊のみ、3泊以上も柔軟に対応してくれる。

ベトナム最後の楽園
コンダオ諸島

「ベトナムに残された最後の楽園」ともいわれるのがコンダオ諸島。フーコック島よりさらに手つかずの自然が残り、人魚伝説のモデルになったジュゴンや海亀も生息している。かつては政治犯を収容した監獄島として知られているが、今は平和な島として開発が進んでいる。map p.76-B

コンソン島は人口5000人の漁村だ

■ 1泊2日モデルプラン

【1日目】
午前　　　飛行機でコンダオ入り
～13:00　ホテルに荷物を置いて昼食
～17:00　コンダオ収容所などを巡る半日ツアーに参加する
18:00～　夕食
【2日目】
午前　　　ビーチでのんびり
午後　　　飛行機でホーチミンに帰着

コンダオは大小16の島が集まった諸島で、中心は空港があるコンソン島を指す。島内にはタクシーが非常に少ないので、個人では移動が難しい。飛行機、空港送迎、宿泊がセットになったツアーでの訪問がおすすめだ。

ひと足のばして！

車で6時間のリゾート銀座
ムイネー

ビーチの後ろには延々と砂丘が続く

魅力1　オン・ザ・ビーチのホテル

ホーチミンから車で6時間のところに位置するファンティエット市。その中心部から東にのびるムイネービーチは「リゾート銀座」と呼ばれている。(map p.6-F) 海岸沿いにはホテルが建ち並び、泊まるだけの手頃なホテルから各種施設を備えた大型リゾートまで、さまざま。

他のリゾート地では、ビーチに出る際、道路を渡る必要があるホテルが多いのに対し、ムイネーの特徴は、ホテルから直接、ビーチに行ける「オン・ザ・ビーチ」のホテルが多いことだ。宿泊場所を選ぶときは、これにこだわってみよう。

ムイネー名物のお椀の舟

魅力2　赤い砂丘と白い砂丘

ムイネーに行ったら、必ず訪れたいのが赤い砂丘と白い砂丘だ。

ムイネー村にある赤い砂丘では、砂丘滑りを楽しもう。それ用の板を持った子供たちが寄ってきて、有料で使わせてくれる。

そこから30kmほど離れたところにあるのが白い砂丘。ここではダチョウ乗りや砂丘滑りが楽しめる。

2つの砂丘に加え、妖精の渓流、そして漁村の4カ所を訪問する4時間ツアーが催行されているので、これに参加するのがいい。午後のツアーだと、赤い砂丘に沈む夕日を見ることができるだろう。

赤い砂と真っ青な空のコントラストが美しいムイネー砂丘

魅力3　名物・イカの一夜干しは絶品

海辺の村だけに、安くておいしいシーフードが豊富。中でもおすすめなのがムイネー名物のイカの一夜干し（Mực một nắng）だ。ぜひ賞味したい。ムイネーに遊びに来たベトナム人はお土産に必ず買い込んでいく。

深さ2m以上にも及ぶ巨大な樽が並ぶヌクマム工場。この中でイワシなどを発酵させる

魅力4　食も癒しもレベルが高い

ムイネーを訪れる人のほとんどは、リゾートライフを楽しむことが目的だ。在住外国人や国外からの旅行者も多い。それだけにスパ＆マッサージ、各国料理レストランなどのレベルは高い。

魅力5　マリンスポーツを楽しむ

午後になると強めの風が吹くムイネーは、知る人ぞ知るサーフィンのメッカ。カイトサーフィンの世界大会も開催されたほどだ。ウィンドサーフィン、カイトサーフィンのレッスンも受けることができる。

■1泊2日モデルプラン

【1日目】
- 7:00　バスでホーチミンを出発
- ～12:30　ムイネーに到着
- ～13:30　海辺のレストランで昼食後、ホテルにチェックイン
- ～18:00　砂丘を訪問するツアー参加
- 19:00～　シーフード三昧の夕食

【2日目】
- 午前　ビーチでのんびり
- ～12:00　チェックアウト
- ～13:00　昼食
- ～18:30　バスでホーチミンに戻る

週末をムイネーで過ごすホーチミン在住者は多く、ホーチミン・ムイネー間を結ぶツアーバスがたくさん出ている。ホテル名を告げると、たいていは、その前で降ろしてくれる。砂丘を訪問する半日ツアーは、たいていの宿泊施設で申込可能だ。

ホーチミン市民が週末を過ごす
ヴンタウ

早朝のバックビーチはのどかな雰囲気だ

魅力1　庶民的な海辺の町

「ビーチリゾート」という「よそ行き」の言葉が似合わない庶民的な雰囲気がヴンタウの魅力だ。在住日本人の間では「ひなびた熱海」と、親しみをこめた愛称でも呼ばれている。

喧騒のホーチミンを離れて、日帰りまたは1泊で、のんびりしにいく国外からの旅行者も少なくない。

かつての皇帝バオダイの別荘

魅力2　安近短の三拍子が揃う

ヴンタウへはホーチミンから高速船で1時間半、バスでも2時間あれば到着する。日帰り気軽に行ける距離だ。(map p.6-F、p.76-B)

ホーチミン市民の週末の行楽地として長年栄えてきただけに、宿泊場所の選択肢も、$10程度の安い宿から、5つ星の高級リゾートまで幅広く揃っている。

ビーチでのんびりしたいならバックビーチ側、便利さなら市街地に宿をとるのがいい。市街位置にあるフロントビーチは漁港になっているので、ビーチ遊びをしたい場合は、タクシーで15分程度のバックビーチまで足をのばそう。

魅力3　新鮮なシーフード

海辺の町だけにシーフードは豊富で安い。例えば大ぶりのカキが1個100円程度。生でも食べられる鮮度で、バター炒め、タマリンド炒め、チーズのせのグリルなど、いろいろな料理方法を選ぶことができる。

水揚げしたばかりの生きた魚を店頭に並べ、希望の方法で料理してくれる店もある。

新鮮なシーフードに舌つづみ

魅力4　盛り上がるナイトライフ

夜になると、バックビーチ側には海沿いに夜店が並び、お祭りのような雰囲気だ。フロントビーチ側は、海沿いの道に沿ってカフェやレストランが並んでいて、海風に吹かれながらのんびりできる。

一年中行楽客で賑わうバックビーチ

魅力5　週末はドッグレース観戦

ギャンブルが禁止されているベトナムだが、ここヴンタウのドッグレースは開催が許可されており、週末にはホーチミンからの行楽客などで賑わう。レースは、あっけないほどアッという間に終わってしまうが、グレイハウンドが疾走する様子は迫力満点。入場料を払えば観戦できるが、試しに賭けてみると楽しいだろう。

ドッグレース場内は家族連れでにぎわう

■ 1泊2日モデルプラン

【1日目】
8:00　　　高速船でホーチミンを出発
～09:30　ヴンタウに到着。ホテルに荷物を置いてビーチへ
～18:00　終日自由行動
【2日目】
午前　　　ビーチでのんびり
～13:00　チェックアウト後、昼食
～15:00　高速船でホーチミンに戻る

ホーチミンから1時間半ほどで行けるいちばん身近なビーチだけに、シーフードたっぷりの昼食を満喫し、日帰りする人も多い。高速艇は4時台には最終便が出てしまうので、戻りが遅いときはバスを利用しよう。バスでの所要時間は約2時間。タンソンニャット国際空港を発着するバスもある。1泊2日で訪れる場合、週末だけ開催されるドッグレースを狙っていくのがおすすめだ。

オススメ 旅のポイント

いつ？
乾季後半の5〜8月がおすすめ。冬の時期は海が荒れる。

何日？
1泊2日が基本。リゾート気分を味わうならプラス1泊。

何する？
島巡り1日ツアーには、ぜひ参加したい。

ニャチャン
Nha Trang map p.6-F

ホーチミンから北東へ約450km。フランス統治時代に避暑地として栄えたニャチャンは、今もベトナムを代表するビーチリゾート。白い砂浜、海岸線沿いのホテルやレストランに、穏やかな南国情緒が漂う。

市外局番 0258

access
ニャチャンへのアクセス

●飛行機
利用空港：カムラン国際空港
ハノイから約1時間50分
ホーチミンから約1時間10分
→p.212参照

●鉄道
ハノイから約24時間
ホーチミンから約7時間
→p.214参照

●バス
ハノイから約30時間
ホーチミンから約11時間30分
→p.216参照

朝焼けのニャチャンビーチ

基礎知識　漁業とリゾートが共存する老舗のビーチ

■ビーチの近くのホテルがおすすめ
　ビーチは街中にあるので水の透明度は今ひとつだが、庶民の生活が感じられて風情がある。宿泊はぜひ海の近くに。

■何もしない贅沢な時間を過ごす
　郊外には静かなリゾートホテルが点在する。「何もしないこと」が、ニャチャンでいちばん素敵な時間の過ごし方かも。

■新鮮なシーフードを満喫
　ベトナムを代表する漁港があるニャチャンだけに、シーフードが美味しい。ビーチで寝そべりながら食べるのもおすすめだ。

■人気ツアーはアイランドホッピング
　沖合に点在する島々を訪れながら、食事や水遊びをするアイランドホッピングは、昔から人気のツアーだ。

■泥温泉は半日楽しめるテーマパーク
　ニャチャンにはベトナムでも珍しい泥温泉が2カ所ある。レストランやプールもあって半日は十分に楽しめる。

■ダイビングのライセンス取得も可能
　ニャチャンはマリンスポーツが盛ん。多彩なファンダイブが楽しめるほか、国際ライセンスが取得できる短期コースも。

■子供連れなら沖合の島にある大型遊園地
　沖合に浮かぶチェー島にあるヴィンパールランドは、子供たちに大人気。ここだけで丸1日楽しめる。

ニャチャン
Nha Trang

0   300m

A
Ngọc Hiệp
ニャチャン川
ハーラ橋
Cầu Hà Ra
Sông Nha Trang
Vạn Thắng

B
ポーナガル塔
Tháp Pô Nagar
【M】タップバ温泉　【M】アイリゾートへ
ソムボン橋
Cầu Xóm Bóng
ホンチョン岬へ
チャンパガーデンレストラン
Champa Garden Restaurant
チャンパクラブ
Champa Club
チャンフー橋
Cầu Trần Phú
Xương Huân
ラックカイン　R
Lạc Cảnh
Nguyễn Bỉnh Khiêm
Vạn Thành
カインホア省人民委員会
UBND Tỉnh
ニンホア
Ninh Hòa
バスターミナル
4月2日通り
2 Tháng 4
ダム市場　S
Chợ Đầm
Phan Bội Châu
Lê Lợi
バスツール研究所
Viện Pasteur

右上エリア
サンライズニャチャンビーチホテル＆スパ
Sunrise Nha Trang Beach Hotel & Spa
カインホア博物館
Bảo Tàng Khánh Hòa
ヤサカ・サイゴン・ニャチャン
Yasaka Saigon Nha Trang Hotel
南シナ海
Biển Đông

Phước Sơn / C
卍ロンソン寺
Chùa Long Sơn
3 Tháng 10
Phước Sài
Trần Quý Cáp
Lê Hồng
Thống Nhất
トンニャット通り
映画館
Thành
イェルシン通り
Phương
Bệnh Viện Tỉnh
Yersin
ベトナム航空予約代理店
Thái Nguyên
劇場
ニャチャン駅
Ga Nha Trang
ゴールデントレインズ
Golden Trains
ニャチャン大聖堂
Nhà Thờ Núi
Phước Tân
映画館
Lạc Long Quân

D
Phan Chu Trinh
空港行きバス乗り場
Nguyễn
Lý Thánh Tôn
Quang Trung
Lý Tự Trọng
シェラトン・ニャチャン
Sheraton Nha Trang Hotel & Spa
Hoàng Hoa Thám
Lê Thành Tôn
Chánh
チャン通り
ニャチャンビーチ
Bãi Biển Nha Trang
Lộc Thọ
Trần Phú
Trần Hưng Đạo

Phước Tiên
市場
Huỳnh Thúc Kháng
Hồng Bàng
Lê Đại
Tự Đức
Ngô Đức Kế
Nguyễn Trãi
Bạch
Chi Lăng
Cao Bá Quát
ニャチャン市人民委員会
ロンフーツーリスト
Long Phu Tourist
ツーリズムインフォメーション
Tourism Information
烈士の記念塔
Đài Liệt Sĩ

Tân Lập / F
Nguyễn Thị Minh Khai
グエティミンカイ通り
レインボーダイバーズ
Rainbow Divers
Tô Hiến Thành
Biệt Thự
ビエットトゥー通り
Nguyễn Thiện Thuật
Hùng Vương
ノヴォテル・ニャチャン
Novotel Nha Trang
ホワイトライオン2
White Lion 2
シンツーリスト
Sinh Tourist
スースパ
Su Spa
セイリングクラブ
Sailing Club
Trần Quang Khải
ベトナム航空
シックスセンシズ・ニンヴァーベイ・ヴィンパールリゾート＆スパ
H H
ヴィンパールランドへ

E / 下部
Trần Thị Tính
Cửu Long
Hồng Lĩnh
Vãn Đồn
Đồng Nai
Lê Hồng Phong
旧ニャチャン空港
Sân Bay Nha Trang
(閉鎖中)
シックスセンシズスパ
Six Senses Spa
エヴァソン・アナマンダラ
Evason Ana Mandara
フードン公園
Cong Vien Phu Dong
カムラン空港
送迎バス発着所
アイランドホッピング・ツアー船着き場へ

83

● 評判のよいタクシー会社
マイリン　　　　　　☎ 38383838
Mai Linh Taxi
ヴィナサン　　　　　☎ 38272727
Vinasun Taxi

烈士の記念塔の最上階からはビーチを一望

ビーチは一日中賑わっている

ビーチにいると、いろいろな物売りがやってくる

町並み　旅行者街はビエットトゥー通り

　ニャチャンの町並みは、ベトナム指折りの漁獲高を誇る漁港としての顔と、老舗ビーチリゾートとしての顔と、その両方を併せ持っているところが魅力だ。
　ホテルやレストランなどが集中しているのは海岸沿いに走る大通りのチャンフー通り。中でも旅行者で賑わうのが、この通りと直交するビエットトゥー通りを中心とするエリアだ。
　ここから内陸部に入ると、町並みはぐっと庶民的になり、地元の人々の生活感が漂っている。

空港　市内中心部までは約40分

　ニャチャン市内の空港は使われておらず、空の玄関は南へ約35kmのカムラン空港になる。空港から市内中心部へは、航空会社の運行するバスとタクシーがある。所要時間は約40分。
　ニャチャン市内から空港へはタクシーを利用するか、航空会社の運行するシャトルバスを利用する。
　運賃はシャトルバスが5万5000VND。タクシーは車種によって異なり30万〜40万VND程度。
　2016年から運行が始まった、路線番号18番のエアポートバスも便利だ。市内の乗り場はイェルシン通り10番地（10 Yersin）で、早朝4:30から19:55まで30分おきに発車する。運賃は5万VND。ベトナム語のみだが、専用ウェブサイトがあり情報を確認できる。
HP http://xebuytnhatrangsanbaycamranh.com.vn/

市内交通　タクシーが基本だがサイクリングもおすすめ

　市内の移動はタクシーが便利だ。中心部は起伏が少なく、交通量も比較的少ないので、レンタサイクルを利用するのもおすすめ。ポーナガル塔やホンチョン岬、タップバ泥温泉などは、中心部から離れているので、車を利用したほうがいいだろう。
●タクシー運賃の目安
　ビエットトゥー通り〜ポーナガル塔：7万VND
　ビエットトゥー通り〜ニャチャン駅：4万VND

● ニャチャンの回り方

　ビーチでのんびりしたいなら、ビエットトゥー通りを起点に歩き出すといい。沖合の島々は、個人で訪れるのは難しいので、アイランドホッピングツアーに参加しよう。市内の観光名所はちらばっているので、手っ取り早く回るには、旅行会社のツアーに参加するのが楽だ。

■気温と降水量

ニャチャン	1月	2月	3月	4月	5月	6月	7月	8月	9月	10月	11月	12月
平均温度(℃)	24.3	25.0	26.0	27.7	28.5	28.8	28.6	28.8	27.8	26.7	25.6	24.5
平均低温(℃)	20.9	21.1	22.2	23.7	24.4	24.8	24.6	24.5	24.0	23.4	22.5	21.5
平均高温(℃)	27.7	28.9	29.9	31.7	32.7	32.8	32.6	33.1	31.6	30.0	28.8	27.6
降水量	42.0	15.0	25.0	43.0	55.0	44.0	38.0	49.0	138.0	291.0	275.0	162.0

ニャチャンの市外局番 ☎0258

見どころ●ニャチャン

ポーナガル塔

map p.83-B

狭く薄暗い祠堂には線香の煙が流れ、神秘的なムードが漂う

ポーナガル塔 Tháp Pô Nagar
- 交 ダム市場から車で5分
- 住 2 Tháng 4　電 3831569
- 開 6:00～18:00　休 なし
- 料 2万2000VND　⏱ ★★★　🚻

9世紀に建てられたチャンパ王国の寺院。現存のチャンパ遺跡の中では最も古いものの1つといわれている。「ポーナガル」とは10本の腕を持つ女神のこと。今も信仰は続いており、祠堂では、その像を参拝に訪れる人々の姿が絶えない。チャム族による伝統音楽・伝統舞踊も見ることができる。

ニャチャン大聖堂

map p.83-C

日曜日には多くの信者がミサに集まる

ニャチャン大聖堂 Nhà thờ Núi
- 交 ダム市場から徒歩15分
- 住 31 Thái Nguyên　電 3823335
- 開 4:00～13:00、14:00～21:00（ただし大聖堂の中には入れない）
- ※ミサの時間　平日4:45、17:00／日曜5:00、7:00、9:30、16:30、18:30
- ⏱ ★★

ニャチャン駅近くの小高い丘の上に建ち、ここから見られる町とビーチの眺望は素晴らしい。1930年代にゴシック様式で建てられた石造りの建物と、日の光を透過して輝くステンドグラスが、荘厳な雰囲気を醸し出している。観光用に公開はされていないが、ミサの前後であれば入ることができる。

丘の上にそびえ立つ大聖堂の塔

体験！4つの島をアイランドホッピング

　ニャチャンの名物ツアー、沖合にある4つの島を巡るアイランドホッピング・ツアーを体験してきました。
　ビエットトゥー通りを歩いていて、目についたツアーデスクに入ると、「はい、明日は空きがありますから、参加できますよ」と言われたので、その場で申し込み。料金は前払いでした。
　翌朝、ホテルまで迎えに来てくれたバスで船着場に向かいます。ボートに乗り込んでいざ出発。最初の目的地、ムンMun島へは45分ほどで到着。さっそく海でシュノーケリングにトライ。あいにく水は濁り気味でしたが、水中にいると気持ちがいい！　ちなみにシュノーケルとマスクは貸してくれるので、水着とタオル

さえ持参すれば大丈夫です。
　次のモッMột島ではお待ちかねの海上ランチ。シーフードやトロピカルフルーツをふんだんに使ったメニューを楽しみました。ダラットワインも出てきて、ほろ酔い気分です。
　3番目の島、タムTầm島では、ビーチでまったりすることに。もちろん、パラセイリングをしてとことんアクティブに楽しむことだって可能です。
　最後はミェウMiếu島へ。水上に浮かぶ魚の養殖場を見学した後、外観を海賊船に模したチーグエン水族館に行きました。ニャチャンの海洋生物にちょっとだけ詳しくなりました。ここを出るとツアーもそろそろおしまい。
　ホテルに戻ったのは夕方5時頃。たっぷり遊んで充実感いっぱいの1日でした。

⏱=見学時間の目安　★=外からの見学のみ、★★=内部も見学できるが時間はかからない、★★★=30分以上かけてじっくり見学　🚻=トイレ

見どころ●ニャチャン

ホンチョン岬　Hòn Chồng
- ダム市場から車で8分
- Hòn Chồng
- 6:00〜18:00　2万2000VND
- ★★

いちばん先まで行くと潮風が気持ちいい

ヴィンパールランド　Vinpearl Land
- チャンフー通り7番地の船着場から専用船で10分。ロープウェイで15分
- Cảng Phú Quý Nam Cầu Đá
- 3598123
- 8:00〜22:00
- なし
- 大人：88万VND、子供：70万VND
- ★★★

ホンチョン岬　map p.83-B外

大岩のトンネルで記念撮影

市街の中心部から北方向に少し外れたところにある、海に突き出た岬。岬の先は巨大な一枚岩で、そこまで歩いて行くことができる。途中でくぐる奇岩のトンネルは、お約束の撮影ポイントだ。岬の入口付近には博物館、そして海を見下ろす絶景が楽しめるカフェもある。

ヴィンパールランド　map p.83-F外

さまざまなアトラクションもある

チェー島にある大型アミューズメントパーク。遊園地、映画館、ゲームセンター、ショッピングモールがあり、家族で1日中楽しめる。アンダーウォーターワールドは、周りを悠々と魚が泳ぐトンネルの中を歩く水族館で、大人にも子供にも人気がある。島まではロープウェイが運行されている。

体験！寝台バスでニャチャンへ

「ニャチャンに行くんだったら、スリーピングバスが便利だよ」

ホーチミンのゲストハウスで出会った日本人バックパッカーにそうすすめられ、寝台バスを利用してみることにしました。利用したのはマイリン社のバスです。

調べてみると、ミエンドンバスターミナルから、午後2時〜10時まで、1時間に1本運行とのこと。ホテルのベトナム人スタッフに頼んで、電話で午後8時のバスを予約しました。所要時間は9時間。朝5時に到着予定なので、その日は朝からニャチャンで遊べます。

7時半くらいにミエンドンのバスターミナルに到着。マイリンバスのカウンターで料金22万VNDを払い、引き替えにチケットを受け取ります。

マイリンの緑色の車体はすぐに見つけることができました。バスに乗り込もうとすると、係員が白いビニール袋を渡してきます。車内は土足厳禁で、靴はこの袋に入れて各自で管理するのだそうです。

私に割り当てられた席は最後列。ベッドは、フルフラットとまではいかないものの、ほぼ水平。ただし、前の人のベッドの背もたれがあるので、足下は少し窮屈でした。

係の人が、ペットボトルの水、それから濡れたおしぼりを配ってくれて、しばらくすると発車。バスの中は静かで、車窓から見える夜の街を眺めていると、すぐに眠りに入ってしまいました。

次に目覚めたのはニャチャンのバスターミナル。狭くて眠れないかというのはまったくの杞憂。座席バスでの移動に比べると、やはり体は楽でした。

レストラン ● ニャチャン名物とシーフード

市街北部　ニンホア　Ninh Hòa ［ベトナム料理］

**ニャチャン名物「ネムヌーン」を
食べるなら、老舗のココ！**

map p.83-B

ネムヌーン（Nem Nướng）とは、つみれ状の豚肉とエビの揚げ春巻きで、ミントなどの具をライスペーパーで巻いて食べる。1人前が4万5000VND。ニャチャン名物の薩摩揚げ入り米麺・ブンカー3万5000VNDも人気だ。

- 交 ダム市場から徒歩5分　住 4 Phan Bội Châu
- ☎ 3814888　営 7:00〜21:00　定 なし　予 不要
- 予算 ★

市街北部　ラックカイン　Lạc Cảnh ［焼き肉］

**BBQではニャチャンで一番と
昔から地元の評価が高い**

map p.83-B

各種炭火焼きは、イカ（Mực Tươi Nướng）が1皿9万VND、エビ（Tôm Nướng）が1皿12万VNDと手頃な値段。特製のタレがよく染みたラックカイン風牛肉焼き肉（Bò nướng Lạc Cảnh）9万8000VND〜は、いちばんの人気メニューだ。

- 交 ダム市場から徒歩3分　住 44 Nguyễn Bỉnh Khiêm
- ☎ 3822522　営 9:00〜21:30　定 なし　予 不要
- 予算 ★★

市街北部　チャンパガーデンレストラン　Champa Garden Restaurant ［シーフード&ベトナム料理］

**食事だけではなく
半日ゆっくり過ごしたい**

map p.83-B

市内北方を流れるニャチャン川に浮かぶ中洲にある大型レストラン。シーフードと正統派ベトナム料理が楽しめる。中洲全体が「チャンパアイランド」という大型リゾート施設になっていて、同系列のホテル、スパ、プールなどが併設されている。

- 交 ダム市場から車で3分　住 304 Đường 2/4
- ☎ 3827827　営 7:00〜22:00　定 なし　予 不要
- 予算 ★★★

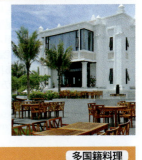

市街南部　セイリングクラブ　Sailing Club ［多国籍料理］

**朝から深夜まで、オンザビーチで
喫茶・食事が楽しめる**

map p.83-F

まさにオンザビーチにある多国籍レストラン。潮風が気持ちいい朝食から、ライブショーで盛り上がる深夜まで、1日中利用できる。ニャチャンでは有名な老舗で、料理やサービスの質の高さは折り紙つきだ。

- 交 ダム市場から車で10分　住 72-74 Trần Phú　☎ 3524628
- 営 7:00〜23:00＊バーは〜翌2:30（土曜〜翌4:00）　定 なし　予 不要
- 予算 ★★★

予 予約　予算 予算の目安　★$5以下　★★$5〜$15　★★★$15以上

リラックス ● 本格スパと名物泥温泉

市街南部　シックスセンシズスパ　Six Senses Spa　スパ＆エステ

人気のビーチリゾートで受ける世界ブランドの高級エステ

map p.83-F

エヴァンソン・アナマンダラ内にあり、豊かな緑の中にあるスパ。フェイシャルケア、ボディマッサージ、さらには子供用のエステまで、60種類以上のメニューが用意されている。マッサージが80分220万VND〜。

🚗 ダム市場から車で10分　🏠 Beachside Trần Phú（エヴァンソン・アナマンダラ→p.89）内）　☎ 3522222　⏰ 9:00〜20:00（最終受付19:00）　💰 なし　📝 予約が望ましい　🌐 https://www.sixsenses.com/evason-resorts/ana-mandara/spa

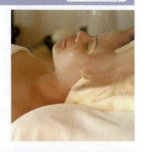

市街南部　スースパ　Su Spa　スパ＆エステ

ナチュラルテイスト溢れる一軒家の実力派マッサージ

map p.83-F

店構えはこぢんまりした一軒家だが、手軽なフットマッサージから本格的な医療マッサージまで、メニューは幅広い。人気のホットストーン・フットマッサージは50分で39万2000VND。伝統的ベトナムボディマッサージは50分で47万6000VND。

🚗 ダム市場から車で10分　🏠 93AB Nguyễn Thiện Thuật　☎ 3523242　⏰ 9:00〜23:00（入店は21:30まで）　💰 なし　📝 予約が望ましい　🌐 http://suspa.com.vn/

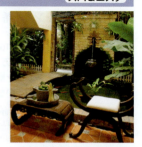

市街北部　タップバ泥温泉　Suối Nước Khoáng Tháp Bà　泥温泉

プールあり、レストランありの素朴なレジャーランド風泥温泉

map p.83-B外

ニャチャン名物の泥温泉が楽しめる老舗。森の中にある広大な敷地には、美肌に効果がある泥温泉を中心に、屋外温水プール、レストラン、マッサージなどがあり、遊園地のようになっている。料金は大人20万VND、子供10万VND。

🚗 ダム市場から車で10分　🏠 15 Ngọc Sơn, Ngọc Hiệp　☎ 3835335、3835345　⏰ 7:00〜19:00（入場券販売終了）　💰 なし　💴 15万VND〜　🌐 http://tambunthapba.vn/

市街北部　アイリゾート　I-Resort　泥温泉

洗練されたリゾート風の施設で楽しむ泥温泉のテーマパーク

map p.83-B外

タップバの後発となる泥温泉だけに、設備は洗練されており、タップバをしのぐ人気。料金設定は、施設によって細かく分かれ30万VND〜。混雑しているので、ゆっくりしたい場合はVIPコースがおすすめ。レストランもあって半日楽しめる。

🚗 市街北部（ダム市場から車で15分）　🏠 Tổ 19 thôn Xuân Ngọc, Xã Vĩnh Ngọc, Nha Trang　☎ 3838838　⏰ 7:00〜20:00　💰 なし　🌐 http://www.i-resort.vn/

ニャチャンの市外局番☎0258

ホテル●コテージタイプ&シティホテル

ビーチ沿い エヴァソン・アナマンダラ　Evason Ana Mandara　高級

部屋はすべてコテージタイプ
ニャチャンを代表する老舗リゾート

map p.83-F

　ベトナムの古い民家をモチーフにした宿泊用コテージ、アンティーク家具が置かれた共有スペース、随所に配された水と緑など、リゾート内は神秘的なまでのゆったりした雰囲気に包まれている。リゾート内のスパや独自ツアーも人気が高い。

　交 ダム市場から車で5分　住 Beachside Trần Phú
　☎ 3522222　FAX 3525828　料 $248〜　室 74
　HP http://www.sixsenses.com
　Email reservations-nhatrang@evasonresorts.com

郊外 シックスセンシズニンヴァンベイ　Six Senses Ninh Van Bay　高級

絶海の孤島のような立地
すべてのコテージがプールつき

map p.83-F外

　交通手段はリゾート専用船のみという、宿泊者以外は立ち入りできない静かな入り江にあるナチュラルリゾート。1つの客室が1軒の家になっており、さらにプライベートプールがつく。レストラン、スパなどリゾート内の施設も充実している。

　交 エヴァソン・アナマンダラから専用船で25分
　住 Vinh Ninh Vân, Ninh Hòa　☎ 3524268　FAX 3728223　料 $627〜
　室 58　HP http://www.sixsenses.com　Email reservations-ninhvan@sixsenses.com

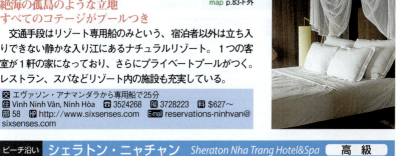

ビーチ沿い シェラトン・ニャチャン　Sheraton Nha Trang Hotel&Spa　高級

全室がオーシャンビュー
インフィニティプールも魅力

map p.83-D

　いちばん下のカテゴリーの部屋でもバルコニー付きなのが嬉しい。世界的ホテルチェーンだけに設備やサービスのレベルは高い。朝食のビュッフェも「美味しい」と評判。部屋はやや小さいながらも機能的だ。スパのお風呂とサウナは無料で使える。

　交 ダム市場から車で6分　住 26-28 Trần Phú　☎ 3880000　FAX 3882222
　料 $169〜　室 280　HP http://www.sheratonnhatrang.com/
　Email reservations.nhatrang@sheraton.com

ビーチ沿い サンライズニャチャンビーチホテル&スパ　Sunrise Nha Tranh Beach Hotel & Spa　高級

部屋のバルコニーから海を眺めよう
リゾートの雰囲気に浸れる大型ホテル

map p.83-D

　シティホテルだが、建物や内装はコロニアル風の意匠を取り入れており、南国のリゾート感を満喫できる。全室オーシャンビューで、バルコニーが付いている。道路を渡ったところはホテルのプライベートビーチだ。

　交 ダム市場から徒歩5分　住 12-14 Trần Phú　☎ 3820999　FAX 3822866
　料 $80〜　室 120　HP http://www.sunrisenhatrang.com.vn
　Email info@sunrisenhatrang.com.vn

料 料金　室 部屋数　HP ホームページアドレス　Email メールアドレス

オプショナルツアー&現地の旅行会社を活用しよう！

ニャチャン編

ニャチャンの旅行会社はフンブン通り、ビエットトゥー通り周辺に固まっている。日系の旅行会社のデスクはないが、事前にホーチミンやハノイにデスクがある日系旅行会社で申し込めば、日本語ガイドツアーを手配してくれる。ビーチの町だけに、ダイブツアーを行っている旅行会社が多い。

市内ツアーで訪れるホンチョン岬は眺望が素晴らしい

ツアー名	所要時間	内容
アイランドホッピングツアー	8時間	ニャチャンで長年人気ナンバーワンの定番ツアー。ほとんどの旅行会社で催行している。ムン島上陸の際の環境保護料、水族館への入場料は、参加希望者のみ別途支払いの場合が多いので要注意。全部入ると15万VND程度。(→p.85)
モンキーアイランド	8時間	ニャチャン郊外にあるモンキーアイランド（ラオ島）を訪れる。ビーチも楽しめるが、島の中にいる猿と戯れたり、象の曲芸を見たりなど、いろいろなアクティビティが含まれている。
市内観光・終日	6時間	ポーナガル塔、ホンチョン岬などの名所を回った後、ニャチャン名物料理の昼食。午後は人気の泥温泉を楽しみ、最後にダム市場で買い物をするという1日コース。

Sinh Tourist
シンツーリスト

取扱いツアー例	所要時間/出発
アイランドホッピング	8時間 $7
モンキーアイランド	8時間 $19

　1993年創業で、全国に支店網を持つ格安ツアー会社の代表格。英語ガイド付きのツアーを多数催行している。タップバ泥温泉への送迎サービスも行っており、12:00を除いた8:00〜16:00の毎正時に出発。市内への戻りは10:30〜18:30（ただし12:30を除く）に催行。

map p.83-F

- ダム市場から車で12分
- 130 Hùng Vương ☎3524329
- 6:00〜22:00
- HP http://www.thesinhtourist.vn/
- E-mail nhatrang@thesinhtourist.vn

Long Phu Tourist
ロンフーツーリスト

取扱いツアー例	所要時間/出発
アイランドホッピング	8時間 $7
モンキーアイランド	8時間 $20

　ニャチャンをベースにする旅行会社。定番ツアー以外に、同社が管理するモンキーアイランド、オーキッドアイランド、ニャフーラグーンなどへのツアーも催行している。少数民族に会える「ヤンバイツーリストパーク」へのツアーなど、ユニークなプログラムも持っている。

map p.83

- ダム市場から車で10分
- 15 Ngô Đức Kế
- 7:30〜17:30
- HP http://longphutravel.vn/
- E-mail info@longphutourist.com

Rainbow Divers
レインボーダイバーズ

取扱いツアー例	所要時間/出発
ボートダイビング/2ダイブ	半日 $75
スノーケリング	半日 $25

　1990年代から営業。ベトナムのダイビングセンターとしては随一の老舗。ホエールアイランド、コンダオ諸島、フーコック島（→p.79）、ホイアン（→p.114）にもセンターがある。日本人インストラクターがいることもある。表の金額は季節や条件によって変わるので、事前に確認のこと。

map p.83-F

- ダム市場から車で12分
- 19 Biệt Thự ☎3524351
- 6:00〜22:00
- HP http://www.divevietnam.com/

ニャチャンの市外局番☎0258　注：旅行会社によりツアー料金の通貨表示（US$かVNDか）は異なるが、ここではUS$に概算して掲載している。

ひと足のばして！
海洋民族・チャンパ王国の遺跡を訪ねる

2世紀から17世紀までベトナム中部に存在したチャンパ王国。特に9世紀以降は、海のシルクロードと呼ばれる交易路をおさえ、栄華を誇った。しかしその後、ベトナムの南進に押され南へ南へと縮小を続け、17世紀には歴史の表舞台から姿を消してしまう。今もダナンからファンティエットにかけて、彼らが建てた特徴的なチャムタワーが残っていて、これを目的にベトナムを訪れる旅行者も少なくない。その代表格がミーソン遺跡（→p.126）。ニャチャンのポーナガル塔（→p.85）も有名だ。
map p.6-F

チャム塔は今も信仰の対象となっている

陶器と織物はチャム族の伝統工芸

塔は丘の上にあることが多い

しかし実は、ミーソンに次いで大規模な遺跡が残っているのは、彼らが約500年間都を置いたクイニョンと、今もチャム人がもっとも多く住むファンランの2カ所だ。共に海沿いにあり、リゾート開発も進んでいるので、ひと足のばして訪ねてみよう。

チャンパ遺跡とリゾートの町
ファンラン

ニャチャンから南へ約100kmにあるファンランは、ベトナムでもっとも多くチャム族が住む町だ。ポークロンガライを筆頭に、ポーロメ、ホアライなど、美しい姿をよく保存しているチャム遺跡が多い。チャム族の伝統工芸を伝える村もある。近年ホテルが増え、新たなビーチリゾートとしても注目される。map p.6-F

■モデルプラン

1泊2日でチャム遺跡観光とビーチリゾートを楽しむのがおすすめだ。

ニャチャンから約35km南にカムラン空港があり、そこからさらに南に70kmのところにファンランがある。空港はカムランが最寄りだ。統一鉄道の駅もあり鉄道でも訪れやすい。駅名はタップチャム（Tháp Chàm）。ニャチャンから陸路で南下しホーチミンを目指す、もしくは逆ルートで北上する途中に立ち寄ってみるのもいいだろう。

忘れ去られたチャンパの遺跡
クイニョン

近年、ビーチリゾートとして急成長しているクイニョン。ニャチャンから北へ約230km、かつて栄華を誇った海洋民族のチャンパ王国が11世紀から約500年間都を置いた、有数の港町だ。市内と郊外に8群のチャム遺跡が残る。沢田教一がピューリッツァー賞を受けた「安全への逃避」の撮影場所としても知られる。map p.6-D

■モデルプラン

ファンラン同様、1泊2日でチャム遺跡観光とビーチリゾートを楽しむのがおすすめ。

クイニョンには空港があり、ハノイからの所要時間は1時間40分程度、ホーチミンからは1時間10分程度。1日に2〜3便が就航している。鉄道でも訪れることが可能だ。ただし、クイニョン駅は支線で停車する列車の数が少ないので、統一鉄道の駅であるディウチ（Diêu Tri）駅を利用する。市街中心部までは約12km。

ひと足のばして！

新婚旅行で人気の高原リゾート
ダラット

馬車での観光はダラットの人気アトラクションの1つ

魅力1　森と湖と花を楽しむ

ダラットは、森と湖と花があふれる高原のリゾート（map p.6-F）。昔からベトナム人の新婚旅行のメッカとして知られている。そのロマンティックで落ち着いたたたずまいが、国内外の旅行者をひきつけてやまない。

魅力2　歴史を感じる名建築たち

元々は19世紀末にフランス人が保養地として開発した町であるダラットには、当時に建てられたヴィラや庭園が数多く残されている。ホテルになっている建物もあるので、宿泊のときの選択肢に加えたい。

魅力3　おいしい特産品に舌つづみ

ダラットで食事をすると、料理に使われている野菜の美味しさに、おもわずうなってしまう。高原であるダラットは農作物の名産地として有名で、ブランドになっているほど。ほかにもおいしい特産品がたくさんある。

■2泊3日モデルプラン

【1日目】
午前　ダラットに到着。ホテルにチェックイン後、スアンフーン湖畔を散策

【2日目】
8:00　現地旅行会社が催行する市内観光ツアーに参加
午前　ダラットパレス、大教会、ロビンヒル、ダタンラ滝を訪問
午後　ダラット駅、フラワーパーク、愛の盆地、ジャム工房を訪問
〜15:30　ツアー終了

【3日目】
午前　ダラット市場など市内散策
午後　ダラットを出発

ダラット空港へは、ハノイ、ダナン、ホーチミンからフライトがある。1泊2日でも楽しめるが、2泊して高原の街の雰囲気を堪能したい。

バオダイパレス
最後の皇帝・バオダイ帝の別荘。

大教会
フランス統治時代の1942年に完成した美しい教会

ダラット駅
ベトナムでもっとも美しい駅舎といわれる

愛の盆地
湖と松林が美しい公園

フラワーガーデン
花の町として有名なダラットの花々を鑑賞

ダラットワイン

まろやかな飲み口の秘密は、ダラット産のマルベリー（桑の実）

アーティチョーク茶
体の熱を下げるというアーティチョーク茶は、ほんのりとした甘みがある

CENTRAL VIETNAM
ベトナム中部

古都フエや南北に分断されていた時代の国境など、
この国の歴史を語るに外せない重要文化財が数多く残る。
世界遺産に登録された町や遺跡巡り
それぞれの時代背景を思い浮かべ静かに穏やかな気持ちで
人々の歩んできた道のりを考えながらゆっくり散策したい。

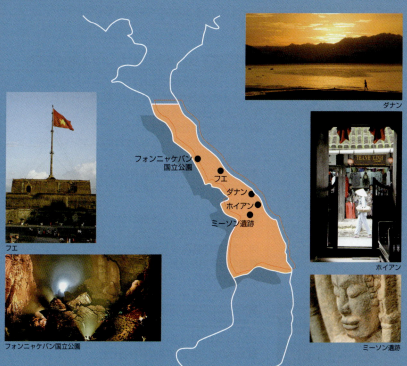

オススメ 旅のポイント

いつ？
乾季後半の5～8月がおすすめ。暑さ対策を入念に。

何日？
1日でも回れるが、1泊して宮廷料理のディナー体験を。

何する？
王宮と帝廟を巡る1日ボートトリップは欠かせない。

フエ
Huế
map p.6-D

ベトナム最後の王朝、グエン（阮）朝の都が置かれ、ベトナム戦争の激戦地ともなったフエ。世界遺産にも登録されている古都は、中部観光の中心地だ。フォン川のほとりに歴史的建造物が点在し、落ち着いたたたずまいを見せる。

市外局番 ☎ 0234

access フエへのアクセス

●飛行機
利用空港：フーバイ国際空港
ハノイから約1時間10分
ホーチミンから約1時間20分
→p.212参照

●鉄道
ハノイから約12時間40分
ホーチミンから約18時間30分
→p.214参照

●バス
ハノイから約13時間
ホーチミンから約27時間
→p.216参照

王宮の正面玄関・午門

基礎知識 世界遺産を持つベトナム最後の王都

■**王宮と帝廟巡りはマスト！**
世界遺産に登録されている王宮と帝廟を巡る1日ツアーは、フエに来たら絶対に外せない。

■**王様気分で宮廷料理を味わう**
かつての皇帝が味わった料理を再現した宮廷料理を楽しめるのは、ここフエだけ。

■**庶民派のフエ料理も見逃せない**
ブンボーフエ、バインベオなど、フエには庶民に愛されてきた郷土料理がたくさんある。

■**フォン川に沈む夕日を眺める**
日没時には市内中心部を流れるフォン川に足を運ぼう。川の向こうに沈む美しい夕日が待っている。

■**趣のある街を散策**
フエはハノイ、ホーチミンに比べ交通量が少なく、ゆっくりと街の散策が楽しめる。自転車を借りるのもいいだろう。

■**世界無形遺産の宮廷音楽と宮廷舞踏**
王宮を訪れたらぜひ体験したいのが、世界無形遺産に登録されている宮廷音楽と宮廷舞踏だ。

■**郊外のビーチと田園風景を楽しむ**
フエは郊外も魅力的だ。整備が進むトアンアンビーチは街から約30分。街とビーチの間は緑豊かな田園風景が広がる。

町並み　観光するなら旧市街、滞在するなら新市街

　フエの町はフォン川を挟み、川の北西の旧市街と、南東の新市街とに分かれている。両者をチャンティエン橋とフースアン橋が結んでいる。全体的に落ち着いた雰囲気を持つ街だ。
　観光の中心となるのは、街路樹が優しい木陰を作る旧市街。その中心にはフエ観光のハイライトであるグエン朝王宮が静かなたたずまいを見せている。
　一方、滞在の中心となるのが新市街だ。ホテルやレストランが多く集まっている。特にファムグーラオ通り周辺が賑やかだ。

空港　空港まではバスか車で約20分と近い

　フエのフーバイ空港は、市内中心部の南東約15kmのところに位置する。エアポートバス（5万VND）またはタクシー（20万VND程度）があり、市内中心部までは車で15～20分。到着場所はベトナム航空オフィス（20 Hà Nội）。市内中心部から空港へも同じ。

市内交通　タクシーを活用しよう

　市内中心部の移動はタクシーが便利だ。全国チェーンのマイリン（Mai Linh）以外に、地場のタクシー会社ギリ（Gili）も評判がいい。料金は初乗り1万VND前後～。

●タクシー運賃の目安
　フエ駅～午門（王宮）：4万VND
　ファムグーラオ通り～午門（王宮）：3万5000VND

●評判のよいタクシー会社
マイリン　☎ 3898989
Mai Linh taxi
ギリ　☎ 3828282
Gili Taxi
タインドー　☎ 3858585
Thành Đô Taxi

緑の多いフエの町

●フエの回り方

　旅行者がフエを訪れる最大の目的は、世界遺産である王宮と郊外の帝廟巡りだ。これを効率よく回るには、ツアーへの参加がすすめ。特に帝廟同士は離れているので、移動には時間がかかる。ツアーに参加せず回る場合、タクシーではなく、車をチャーターするほうがいいだろう。
　旧市街の王宮だけを見るならタクシーで十分。王宮の中には車は入れないので、ホテルから正門である午門までは車で移動し、王宮内は徒歩で観光しよう。
　レストランやショップは新市街のファムグーラオ（Phạm Ngũ Lão）通り周辺に固まっている。
　夜になるとチャンティエン橋がライトアップされたり、カーフエという伝統音楽を聞く遊覧船が出ることがあるので、夕食後にフォン川に遊びに出てみよう。

ライトアップされたチャンティエン橋

■気温と降水量

フエ	1月	2月	3月	4月	5月	6月	7月	8月	9月	10月	11月	12月
平均温度（℃）	20.6	21.5	23.4	26.3	28.7	29.6	29.7	29.6	27.5	25.3	23.4	21.0
平均低温（℃）	17.7	18.4	20.0	22.4	24.3	25.0	25.2	24.8	23.7	22.2	20.7	18.5
平均高温（℃）	23.5	24.7	26.9	30.3	33.1	34.2	34.2	34.4	31.3	28.5	26.1	23.6
降水量	162.0	73.0	92.0	51.0	107.0	83.0	84.0	118.0	365.0	606.0	617.0	324.0

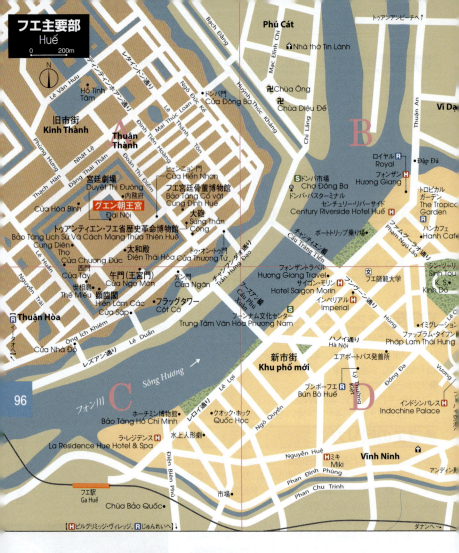

ワンポイントアドバイス
ONE POINT ADVICE

日本にも縁が深い英雄ゆかりの地

2017年にベトナムを訪問された平成天皇皇后両陛下は、ハノイとフエを訪れています。ホーチミンではなくフエを選んだのには、深い理由があります。

ベトナムがフランス統治下だった時代に、ベトナムの独立を実現しようと戦ったファン・ボイ・チャウという英雄がいます。彼は「ベトナムは日本から近代化を学ぶべきだ」と、ベトナムの青年を日本に留学させる東遊運動（ドンズー運動）を提唱しました。彼自身、日本に滞在して活動しましたが、独立の夢は果たせないまま、フエでなくなっています。フエには彼の墓と記念館があるのです。

両陛下はフエでの滞在中に、チャウの墓参りをし、記念館では彼の孫であるファン・ティエウ・カットさん（72）と面会。「ベトナムの独立に関わった日本との関係を伝えていくことは大変、喜ばしいことと思っております」と話しをされました。

見どころ ● 王宮

1802年から1945年まで13代続いたグエン朝の王宮。ベトナム語で「ダイノイ」という。約600m四方の王宮の周りは高さ5mの城壁に囲まれ、王宮内には皇族の屋敷や菩薩寺などが残っている。初代ザー・ロン帝期に建造が開始され、1833年に完成した。

午門は2層式の中国風の建物。屋根には見事な鳳凰の装飾が施されている

午門（王宮門） Cửa Ngọ Môn　map p.96-C

城壁の東西南北にある4つの門のうちの南側の門で、見学者はここから入場する。太陽が真上にくる南門を正門とする中国の習慣に従い、この門が正門となっている。3つある入口のうち、中央は皇帝の外出時のみに使用された。門上にある中国風の楼閣に上ることもできる。1945年、最後の皇帝となったバオ・ダイは、ここから王朝の終焉を宣言した。

グエン朝王宮
Đại Nội
🚇 旧市街（チャンティエン橋から車で3分）
☎ 3535247　開 夏6:30～17:30、冬7:00～17:00　休 なし
料 15万VND（フエ宮廷骨董博物館と共通チケット）★★★

太和殿 Điện Thái Hòa　map p.96-A

午門正面にある中国北京の紫禁城（故宮）を模した宮殿。創建は1803年、初代ザー・ロン帝期。皇帝の即位式や国賓の歓迎式などが行われ、大広間中央の台座上には皇帝の座した金箔のイスが置かれている。

大砲 Súng Thần Công　map p.96-A

砦内に据えられた9つの大砲は、1803年ザー・ロン帝期に造られたもの。東側の4つは四季を、西側の5つは水、金、地、火、木の中国五行思想を象徴している。

王宮の中心にある太和殿。石畳には官位を示す段差が設けられている

顕臨閣 Hiển Lâm Các　map p.96-C

太和殿の左手にあるグエン王朝の菩薩寺。前庭には高、仁、章、英、毅、純、宣、祐、玄と記された9つの青銅鼎が置かれている。それぞれが各皇帝をイメージして造られている。中でも中央にある、ひと際大きく豊かな装飾が施された鼎が初代ザー・ロン帝のもの。

宮廷劇場 Duyệt Thị Đường　map p.96-A

皇帝のために音楽と舞踏が演じられた劇場を再現したもの。ユネスコの世界無形遺産に登録されている宮廷音楽と宮廷舞踏が、10:00～10:35、15:00～15:35の2回、上演されている。演じているのは、かつての宮廷楽士の流れを汲む音楽家たちだ。王宮への入場料とは別に20万VNDが必要。

王宮南角にある顕臨閣はフエ建築を代表する美しい寺

フラッグタワー Cột Cờ　map p.96-C

午門南側に面したフォン川の土手にそびえる国旗掲揚台。ザー・ロン帝期に建てられた後、何度か倒壊し、1969年に現在のタワーが完成した。台座の高さは17.4m、頂上まで含めると29.52m。台座は登ることができる。

再現された宮廷劇場

見どころ ● 3大帝廟

ミンマン帝廟
Lăng Minh Mạng

🚗 フエ市内から約12km。船着き場から徒歩2分
☎ 3550286
🕘 7:00～17:00　💰 10万VND
★★★

帝廟の中には随所に雄大な建造物が残っている

トゥドゥック帝廟
Lăng Tự Đức

🚗 フエ市内から約7km。船着き場から徒歩20分、バイクタクシーで10分
☎ 3836427　🕘 7:00～17:00
💰 10万VND
★★★

カイディン帝廟
Lăng Khải Định

🚗 フエ市内から約12km。船着き場からバイクタクシーで15分
☎ 3865875　🕘 7:00～17:00
💰 10万VND
★★★

帝廟前には、馬や像、役人の石像がずらりと立ち並び、廟を守っている

ミン・マン帝廟　map p.99

この奥に皇帝が眠っている

中国文化を好んだ第2代ミン・マン帝自らが設計し、1841年から3年間を費やして完成した。中は広く緑豊かで公園のようだ。石畳の中庭や三日月形のハスの池など、中国風に構成されている。調和のとれた造りと、その中に点在する建物の装飾の美しさは、帝廟の中でも屈指だ。

トゥ・ドゥック帝廟　map p.99

ゆっくり散策したい

グエン朝で一番在位が長かった第4代トゥ・ドゥック帝の廟。1864年から約3年をかけて建立され、在位中には別荘としても使われた。敷地内には、中国風の釣殿が架かるハスの池や楼閣、小川もあり、風流な美しさを見せる。皇帝を祀った寺の奥には、トゥ・ドゥック帝の足跡を刻んだ墓碑がある。

カイ・ディン帝廟　map p.99

皇帝の遺体がある玉座

フランス統治時代の1920年から、カイ・ディン帝の死後6年経った1931年まで、11年の歳月を費やして造られた廟だ。教会を思わせる西洋風建築で、モザイクで飾られた壁など、随所にフランスの影響を垣間見ることができる。ほかの廟とは趣を異にし、芸術的にも非常に優れた廟。

体験！帝廟巡りのボートトリップに参加

人気の3帝廟と郊外を回るボートトリップに参加しました。
朝8時半ごろ、チュウヴァンアン通り近くの船着き場（map p.96-B）から、龍をかたどった船に乗って出発。船は10人乗りくらい。
帝廟は船着き場のすぐ前にあるわけではなく、トゥ・ドゥック帝廟とカイ・ディン帝廟は車、ミン・マン帝廟は徒歩で移動でした。陸路では行けないというホンチェン殿は、船着き場のすぐ前が入口になっています。
最後に訪れたのがティエンムー寺で、ここから見る夕日は素晴らしかったです。そこから再び船に乗って、船の乗り場まで戻って16時半くらいに終了。のんびりとした風情が楽しめてよかったです。

フエの市外局番 ☎0234

🕘=見学時間の目安　★=外からの見学のみ、★★=内部も見学できるが時間はかからない、★★★=30分以上かけてじっくり見学　🚻=トイレ

見どころ●郊外

ティエンムー寺

map p.99

ここから眺めるフォン川は絶景

フォン川沿いの丘に建つ寺。高さ約21mの七層八角形の塔の各層には仏像を祀り、隣には市内まで音を響かせる大鐘がある。ここから眺めるフォン川は美しい。裏庭のオースチンは、南ベトナム時代の1963年に住職が仏教弾圧に抗議してサイゴンで焼身自殺した際に使った車。

ホンチェン殿

map p.99

急な階段の上にある

フォン川ほとりの絶壁に建つ寺院。川や太陽の神を祀った社があり、頂上の本殿に御本尊のホンチェンを祀る。伝説では、チャム族の神、ポーナガルを祀った寺だったとされる。陸路では行くことができず、ボートトリップに参加するか、対岸から渡し船を利用することになる。

ティエンムー寺
Chùa Thiên Mụ

フエ市内から約4km。フォン川沿い。船着き場を降りてすぐ 3510642 無料 ★★★

歴史の証人・オースチン

ホンチェン殿
Điện Hòn Chén

フエ市内から約8km。フォン川沿い。車の場合は渡し船利用。船の場合は船着き場を降りてすぐ 3884266 7:00〜17:00 4万VND ★★★

ワンポイントアドバイス
ONE POINT ADVICE

フエは奥が深い

「日本人はフエ観光を日帰りで済ませる方が多いのですが、1泊しても十分に楽しめるだけの見どころがあります」と語るのは、フエ在住のベトナム人日本語ガイドさん。
「グエン王朝時代に皇帝の前で演奏されたのが宮廷音楽。1945年にグエン朝の滅亡と共に廃れた宮廷音楽ですが、復興には日本も資金援助をしてくれました。そのお陰もあって2003年、ユネスコの世界無形遺産に登録されています。王宮の中で演奏を聞くことができるんですよ。
　もう1つは庭園屋敷です。フエには美しい庭園を持った邸宅がたくさん残っています。見学可能なところもありますし、レストランとして営業しているところもあります。ぜひ訪れて欲しいです。
　フエの郊外には、ホイアンの来遠橋（日本橋）に似た橋があって、「フエの日本橋」と呼ばれています。美しい田園風景も見られますので、訪れてみてはいかがでしょう？」

レストラン ● 美食の都・フエを堪能

新市街　ロイヤル　Royal　　　　　　　　　　　　　　　宮廷料理

宮廷料理を最も忠実に再現している店

map p.96-B

グエン朝の終焉とともに消滅の危機にあった宮廷料理を復活させたのが、このレストラン。食事の際の儀式も含め、宮廷料理を最も忠実に再現している。全8品のコースは$25〜。伝統音楽付き、衣装付きの場合、それぞれ追加料金となる。

交 新市街（チャンティエン橋から徒歩7分）　住 51 Lê Lợi（フォンザン内）
☎ 3822122（内線545）　営 6:00〜22:00　定 なし　予 要
予算 ★★★

旧市街　イータオ　Ỷ Thảo　　　　　　　　　　　　　　フエ料理

有名な庭園屋敷でいただく宮廷料理は味で勝負

map p.99

フエは美しい庭を持つ庭園屋敷が多いことでも有名。ここは、その中でも有名な邸宅の1つがレストランとなっている。伝統音楽や皇帝の衣装はないが、宮廷料理の味は折り紙付き。料理はコースのみ（25万VND〜）。

交 新市街（チャンティエン橋から車と徒歩で20分）　住 3 Thạch Hãn
☎ 3523018　営 10:00〜22:00　定 なし　予 要
予算 ★★★

近郊　じゅんれい　Junrei　　　　　　　　　　　　フエ料理・宮廷料理

フエ名物から宮廷料理まで幅広いメニュー

map p.99

蓮の実ご飯、牛肉の香草焼きなどフエの名物料理が味わえるほか、王族の衣装を着て楽しむことができる宮廷料理コースもある。ピルグリミッジ・ヴィレッジの庭園風の敷地内にあり、伝統的な木造建築の建物も見事だ。

交 新市街（チャンティエン橋から車で15分）
住 130 Minh Mạng　☎ 3885461　営 10:00〜22:00
定 なし　予 宮廷料理は要予約　予算 ★★★

ワンポイントアドバイス　ONE POINT ADVICE

フエに来たら皇帝気分で宮廷料理を体験しよう

フエに都があった当時、皇帝一族の食事のために、国中から集められた一流の料理人。彼らが創造した宮廷料理の数々が、フエには今も伝わっています。

宮廷料理は見た目の美しさが最大の特徴です。花や動物をかたどった華麗な盛り付けはまさに芸術。高級素材をふんだんに使い、味付けはあっさりと上品に仕上がっています。

料理だけを味わうこともできますが、ぜひトライして頂きたいのが、皇族風の衣装を身にまとい、伝統音楽に耳を傾けながらの宮廷料理体験です。

いくつかのレストランで貸衣装と楽団を用意しています。

飾りつけも華やか

ダナンの市外局番☎0234　予 予約　予算 予算の目安　★$5以下　★★$5〜$15　★★★$15以上

ホテル ● 歴史を体感できる名門ホテル

新市街　ラ・レジデンス　La Residence Hue Hotel & Spa　　高 級

**フォン川沿いに建つ
白亜のフレンチヴィラ**

map p.96-C

　1930年頃に建てられたフランス総督の住居だったもので、フレンチコロニアル調に加え、当時ベトナムで流行していたアールデコ様式を持つ優雅なホテル。ラウンジやレストランもおしゃれだ。2017年3月には天皇皇后両陛下が滞在された。

交 新市街（チャンティエン橋から徒歩15分）　住 5 Lê Lợi　☎ 3837475
FAX 3837476　料 Ⓢ Ⓣ $250〜　部 122　HP http://la-residence-hue.com
E-mail resa@la-residence-hue.com

新市街　インペリアル　Imperial　　高 級

**16階建ての5つ星ホテルは
眺望のよさが自慢**

map p.96-D

　フエ市内にできた最初の高層ホテルで、宿泊はぜひ高層階を指定したい。最上階のパノラマバーは人気の夜景スポットだ。館内はベトナムの伝統的な建築様式を取り入れ、室内もフローリングの床など、落ち着いた雰囲気で統一されている。

交 新市街（チャンティエン橋から徒歩3分）　住 8 Hùng Vương
☎ 3882222　FAX 3882244　料 Ⓢ Ⓣ $103〜　部 194
HP http://imperial-hotel.com.vn
E-mail reservation@imperial-hotel.com.vn

近郊　ピルグリミッジ・ヴィレッジ　Pilgrimage Village　　高 級

**庭園の中のリゾートホテル
日本語も通じるので安心**

map p.99

　市街南部の丘陵地帯にある庭園リゾート。客室はいずれもレンガと木材を多用した温かい雰囲気だ。大型プールなどの設備も充実しており、スパ、レストランとカフェは宿泊者以外の利用者も多い。

交 近郊（チャンティエン橋から車で15分）　住 130 Minh Mạng
☎ 3885461　FAX 3887057　料 Ⓢ Ⓣ $99〜　部 99　HP http://www.pilgrimagevillage.com/　E-mail info@pilgrimagevillage.com

新市街　サイゴン・モリン　Hotel Saigon Morin　　高 級

**フレンチコロニアルの
優雅な雰囲気が魅力**

map p.96-D

　1901年にフエ在住フランス人が創業したコロニアルホテル。広い客室、高い天井、プールとカフェを備えた中庭など、空間を贅沢に使っている。市内中心部にありながら、外界の喧騒からは離れた静かな時間を過ごせるのが魅力だ。

交 新市街（チャンティエン橋から徒歩1分）　住 30 Lê Lợi　☎ 3823526
FAX 3825155　料 $79〜　部 180　HP http://www.morinhotel.com.vn
E-mail info@morinhotel.com.vn　　なし

料 料金　部 部屋数　HP ホームページアドレス　E-mail メールアドレス

オプショナルツアー＆現地の旅行会社を活用しよう！

フエ編

旅行会社は、新市街のフンヴーン通りおよびセンチュリーリバーサイドホテル周辺に比較的固まっている。陸路でラオス方面に抜けたい場合は、フエの旅行会社でバスの手配をしよう。日系の旅行会社はないので、日本語ガイドツアーを希望の場合は事前に手配が必要だ。

ツアー名	所要時間	内容
王宮＆帝廟をボートで巡る	8時間	世界遺産に登録されている王宮と帝廟群をボートに乗って訪れる。フエ観光の定番中の定番といっていいツアーだ。1日コース以外に王宮だけ、帝廟だけを訪れる半日コースもあるので、2日に分けて回ることもできる。各観光施設への入場料はツアー代には含まれていない。英語ツアーの相場は25万VND。
DMZ	12時間	フエの定番ツアーの１つ。フエ北方にあるベトナム戦争時の戦跡を回る。所要時間は12時間程度になる。(→p.103)
世界遺産・フォンニャ・ケバン国立公園	14時間	フォンニャ・ケバン国立公園へは、フエからの日帰りツアーを利用するのが一般的だ。従来のコースだった「風の牙洞窟」と「仙人洞窟」とは別に、新たに発見された「天国洞窟」（Động Thiên Đường）だけを訪れるツアーもある。ベトナム人旅行者の間では、ドンホイに1泊して、そこからのツアーに参加する人が多い。(→p.103)
カーフエクルーズ	2時間	フエの民謡を聞きながらフォン川を遊覧するクルーズで夜のみの催行。クルーズ中は音楽以外に灯籠流しなども行い風情がある。食事や飲み物は出ない。ボートトリップ乗り場付近（map p.96-B）にカーフエクルーズのチケットを販売するブースがあるので、そこで購入する。1人10万VND。
庭園屋敷巡り	2～4時間	フエは美しい庭を持つ「庭園屋敷」がたくさんあることで有名だ。いずれも個人宅だが、観光客用に公開している家がある。個人で訪れることは難しいので、旅行会社が催行しているツアーに申し込もう。ツアー代金は回る庭園の数によっても異なるので、旅行会社で相談を。

シンツーリスト
Sinh Tourist

取扱いツアー例	所要時間	目安金額
王宮＆帝廟をボートで巡る	7.5時間	$11
DMZ	12時間	$17
天国洞窟（Động Thiên Đường）	13.5時間	$28

1993年創業で、全国に支店網を持つ格安ツアー会社の代表格・シンツーリストのフエ支店。ホーチミンからハノイまでのオープンツアーバス（→p.217）に加え、英語ガイド付きツアーを多数催行している。
map p.96-B
チャンティエン橋から徒歩11分
38 Chu Văn An　3845022　6:30～20:30
http://www.thesinhtourist.vn/
E-mail hue@thesinhtourist.vn

アイラブフエツアー
I Love Hue Tour

取扱いツアー例	所要時間	目安金額
市内観光	6時間	$30
ナイトツアー	5時間	$30
名物屋台メシツアー	5時間	$35

「若い女性が運転するバイクの後ろに乗って回る」というスタイルと、ユニークなツアーで人気を集めている。ダナン、ホイアンのツアーもある。フエ外語大学の女子大生が2014年に起業した会社。
map p.96-D外
チャンティエン橋から車で7分
26 Nguyễn Đức Tịnh
0394323030　7:00～23:00
https://ilovehuetour.com/

フエの市外局番☎0234　注：旅行会社によりツアー料金の通貨表示（US$かVNDか）は異なるが、ここではUS$に概算して掲載している。

ひと足のばして！

フォンニャ洞窟へは小舟で行く

世界一美しい洞窟群
フォンニャ・ケバン国立公園

魅力1　天国洞窟（Động Thiên Đường）

フォンニャ・ケバン国立公園（map p.6-D）には大小300の洞窟があり、3つが観光地として整備されている。専門家が「世界でいちばん美しい」と賞賛するのが、そのうちの1つ、天国洞窟（ティエンドゥーン洞窟／Paradise cave）だ。石筍は息を呑むほどの美しさだ。

ゲートで1人25万VNDの入場料を払ったあと、電気カートで10分ほど移動。そこからさらに急な山道を15分ほど登ったところに洞窟の入口がある。公開されているところを一巡すると約1時間30分。

魅力2　フォンニャ洞窟（Động Phong Nha）

天国洞窟から7kmほど離れたところに位置し、中には世界最長と言われる地底川がある。基本は小型ボートで移動し、要所要所では上陸して徒歩で見学する。洞窟内の岩壁に書かれた古代文字や、ライトアップされた鍾乳石など見ることができる。

入場料は1人15万VND。ボート乗り場で船代を払って小舟に乗り込む。30分ほどで洞窟の入口に到着。洞窟内の川を約1時間半かけて見学する。

■ **日帰りモデルプラン**

7:30	フエを出発
～12:00	フォンニャに到着
～13:00	フォンニャで昼食
～15:30	天国洞窟を見学
～19:30	フエに帰着

外国人旅行者はフエからの日帰りツアーで訪れるのが一般的。フエの旅行会社でツアーを手配している。

ベトナム人はフォンニャに近いドンホイで泊まって、そこから訪れる人が多い。フエ発着だと時間の関係上、天国洞窟かフォンニャ洞窟か、どちらかを選ぶ必要があるが、ドンホイ発着だと両方とも見ることができる。

ドンホイの町には空港と統一鉄道の駅があり、宿泊も安宿から本格的なリゾートホテルまで選択肢は多い。ホテルや旅行会社でドンホイ発着のフォンニャツアーを簡単に手配できる。

ベトナム戦争の激戦地を巡る
非武装地帯（DMZ）

魅力　ベトナム戦争の最激戦地を体感

1954年からベトナム戦争終結の1975年まで、南北ベトナムの国境が、フエ北方の北緯17度線に引かれていた。そこを流れるベンハイ川に沿って幅10km、全長60kmの非武装地帯（DMZ=Demilitarized Zone）が設けられていたのだ。そのためこの付近は最激戦地の1つで、戦跡が集中している。map p.6-D

■ **日帰りモデルプラン**

7:00	フエを出発
～9:00	ドンハ（Dong Ha）に到着
～12:00	ロックパイル、ホーチミンルート、ケサン基地など、ベトナム戦争当時の戦跡を訪問。ドンハに戻る
～13:00	ドンハで昼食
～15:30	ヴィンモックトンネル。ここでは中に入って見学する。ベンハイ川、ヒエンルーン橋などを見学
～17:30	フエに帰着

フエからの日帰りツアーで訪れるのが一般的。移動時間が長いので体力的にややハードなツアーだ。道路が渋滞していると、フエ帰着がかなり遅れる場合がある。

最激地の1つ、ケサン基地

オススメ 旅のポイント

いつ？
乾季後半の5～8月がおすすめ。ビーチを楽しむには最適。

何日？
市内観光なら半日だが、1泊してリゾート滞在を楽しもう。

何する？
海と高原、この2つを楽しめるのはダナンならでは。

ダナン
Đà Nẵng

map p.6-D

アメリカの有名な経済誌フォーブスで「世界で最も魅力的なビーチの一つ」に選ばれたのをはじめ、世界中からの注目を集めているリゾート都市・ダナン。古くから国際的貿易港として栄えた、中部最大の商業都市だ。

市外局番 0236

access
ダナンへのアクセス

●飛行機
利用空港：ダナン国際空港
ハノイから約1時間20分
ホーチミンから約1時間20分
→p.212参照

●日本からダナンへの直行便
→p.186参照

●鉄道
ハノイから約15時間20分
ホーチミンから約16時間
→p.214参照

●バス
ハノイから約16時間
ホーチミンから約23時間15分
→p.216参照

基礎知識　商業に観光に、急速に進化する中部最大の町

■**世界が注目するビーチリゾート**
個性豊かなリゾートホテルがたくさんあるダナン。リゾートライフを楽しむためだけでも、ダナンを訪れる価値はある。

■**ビーチで海と過ごす一日を楽しもう**
早朝はビーチを散歩、昼はヤシの木陰で昼寝、夜は波音を聞きながらビール。朝から晩までビーチライフを満喫しよう。

■**ハン川沿いを散歩する**
ダナンの中心部を流れるハン川の両側は公園のように整備されている。川風に吹かれながら散歩してみよう。

■**高原とビーチの両方を持っている唯一の街**
ダナンの後背にあるバーナー高原にも注目。1日で高原とビーチを楽しめるのは、ベトナムでも実はダナンだけだ。

■**ダナンを起点にフエ、ホイアンへ**
ホイアンへは車で40分程度と近く、フエも2時間半と日帰り可能だ。便利な立地のダナンをベースに中部を満喫しよう。

■**名物麺のミークアンに舌鼓**
町中でよく看板を見かけるのが、ご当地麺であるミークアン（mì quảng）だ。ぜひ本場の味を楽しもう。

■**海洋民族チャムの美術館**
かつて海洋民族として隆盛を誇ったチャムに関してナンバーワンの展示を持つチャム彫刻美術館は、ぜひ訪問したい。

ダナンの名物ミークアン

●評判のよいタクシー会社
ヴィナサンタクシー ☎ 3686868
Vinasun Taxi
マイリン ☎ 3565656
Mai Linh Taxi

規模が大きく近代的なダナン国際空港

●ベトナム航空も
ダナンへの直行便が就航
　ベトナム航空が2018年10月28日の冬ダイヤから関空・ダナン線を開設する。
　運航は毎日でスケジュールは以下の通り。
　関空09:30 → ダナン12:05
　ダナン00:20 → 関空07:00
　ダナンへの直行便は成田・ダナンにベトナム航空、関空・ダナンにジェットスターが就航しており、この便が3路線目になる。

町並み　東側はリゾート、西側は庶民の街

　ダナンは、町の東側と西側で大きく性格が異なる。東側にはビーチがあり、近年めざましくリゾート開発が進んでいるエリアだ。海岸沿いにはホテルが建ち並ぶ。道路の幅は広く整然とした町並みとなっている。
　西側は昔から開けたエリアで、ハン市場など庶民の活気が感じられる。

空港　市内にある便利な空港

　ダナン国際空港は、市内中心部まで約2kmと近い。空港・中心部間のアクセスはタクシーが一般的。所要時間は10〜15分程度、料金は5万VND程度。これに加えて空港入構料が1万VNDかかる。

市内交通　リゾートホテルの無料送迎を活用

　市内の移動はタクシーが便利だ。マイリン（Mai Linh）とヴィナサン（Vinasun）が走っている。流しのタクシーが簡単につかまる。配車サービスと契約している車両も多い。
　リゾートホテルはダナン市内中心部から少し離れているところが多い。食事やショッピングのたびにタクシーで移動していると意外とお金がかかるので、無料のシャトルバスを運行しているかどうかを事前に確認しておきたい。
●タクシー運賃の目安
　空港〜ミーケービーチ：9万VND
　空港〜ノンヌックビーチ：15万VND

●ダナンの回り方

　ビーチライフの中心になるのはミーケービーチだ。まずはファムヴァンドン（Phạm Văn Đồng）通りが海に突き当たるところにある東海公園（Công Viên ViBiển Đông）を目指そう。ここから南方に、よく整備された美しい砂浜が続いている。
　ミーケービーチを南に進むと、特に境界線なくバックミーアンビーチに入る。このビーチの南端にあるミーアン地区は、近年、ホテルやレストランが増えている注目エリアだ。
　ここからさらに南のノンヌックビーチは、海岸沿いに林立するリゾートホテルのプライベートビーチになっているので、宿泊客以外は立ち入りできない。
　市内観光のメインとなるのはチャム彫刻博物館で、ここからダナン大聖堂、ハン市場は徒歩圏内だ。

■気温と降水量

ダナン	1月	2月	3月	4月	5月	6月	7月	8月	9月	10月	11月	12月
平均温度（℃）	21.4	22.5	24.2	26.3	28.1	29.2	29.1	28.8	27.2	25.5	24.0	22.0
平均低温（℃）	18.7	19.4	21.0	22.6	23.9	24.7	24.7	24.4	23.6	22.6	21.4	19.5
平均高温（℃）	24.2	25.6	27.4	30.0	32.4	33.7	33.6	33.3	30.9	28.5	26.7	24.5
降水量	107.0	41.0	30.0	31.0	58.0	81.0	73.0	113.0	360.0	553.0	401.0	227.0

ダナンの市外局番☎0236

見どころ ● ダナン・市街

チャム彫刻博物館　map p.105-C

展示物を間近に見ることができる

チャンパの遺跡から出土した芸術品を展示する博物館。チャンパ王国に関する展示では、ベトナム随一の規模。約300点にも及ぶ展示物は、その多くがフランスの学術調査隊によって発掘されたもの。ハン川沿いにある建物は瀟洒で、館内は明るく開放的。ゆったりした気分で見学ができる。

チャム彫刻博物館
Bảo tàng điêu khắc Chăm Đà Nẵng
🚗 ハン市場から車で5分
🏠 2 Đường 2 tháng 9　☎ 3574801
🕐 7:00〜17:30　休 なし
💴 6万VND　⭐⭐⭐

チャム雕刻博物館の外観

ダナン大聖堂　map p.105-C

1923年、フランス統治時代に建てられたカトリック教会。風見鶏がまわるとんがり屋根とピンク色の外壁で、ダナンのシンボル的建造物として市民に親しまれている。ミサのときには門が開くが、入れるのは原則として信者のみ。聖堂内は、聖徒が描かれた美しいステンドグラスで飾られている。

尖塔の上に雄鶏の像があり「雄鶏の教会」の愛称がある

ダナン大聖堂
Nhà thờ Chính Tòa Đà Nẵng
🚗 ハン市場から車で5分
🏠 156 Trần Phú, Q.Hải Châu, Đà Nẵng
🕐 月〜土曜6:00〜17:00、日曜は11:30〜13:30。表門は通常閉まっているが、裏門（47 Yên Bái）から入ることができる。
💴 無料　⭐

ピンク色の外観が印象的

サンワールド　map p.105-E

琵琶湖からやってきた元・世界一の観覧車

ハン川に突き出た中洲の中に、新しくできたダナン随一のテーマパーク。中でも人気なのは、サンホールという観覧車だ。かつて琵琶湖にあり、当時世界一の高さ（108m）を誇った「イーゴス108」を、ベトナムに持ってきたもの。アトラクションゾーン、文化ゾーン、飲食ゾーンに分かれている。

サンワールド
Sun World
🚗 ハン市場から車で10分
🏠 1 Phan Đăng Lưu, Q. Hải Châu, Đà Nẵng
☎ 3681666　🕐 15:00〜22:00
休 なし　💴 20万VND（子供15万VND）、金・土・日曜30万VND（子供20万VND）

体験！ 火を噴くドラゴンブリッジを目撃

「火を噴く龍を見たければ、早めに行ったほうがいいですよ」
　宿泊しているホテルの人にそう助言されて、20時半くらいには、タクシーでロン（龍）橋（ドラゴンブリッジ）に乗り付けました（map p.105-C）。火を噴くのは21時ですが、早めに行ったのが功を奏して、龍の口が見えるところに場所を確保できました。21時前には橋が全面通行止めに。そして龍が火を噴き始めました。

　火を噴くのはほんの数秒で、それを何度も繰り返します。時間は15分間。なかなか迫力がありました。これが行われるのは土・日曜だけだそうですのでご注意を。

⭕=見学時間の目安　★=外からの見学のみ、★★=内部も見学できるが時間はかからない、★★★=30分以上かけてじっくり見学　🚻=トイレ

見どころ●ビーチ

ミーケービーチ
Biển Mỹ Khê
🚗 ダナン市内から車で20分

デッキチェアなども借りることができる

ノンヌックビーチ
Bãi tắm Non Nước
🚗 ダナン市内から車で20分

五行山（マーブルマウンテン）
Ngũ Hành Sơn
🚗 ダナン市内から車で約20分。タクシーで往復$20程度。ダナン大聖堂の前からホイアン行きのバスに乗り、五行山下車。所要約30分、1万5000VND。バスは20分間隔で運行
☎ 3961114　開 7:00〜17:00
休 なし　料 1万5000VND（エレベーターは別途片道1万5000VND）
★★★

山の周辺には大理石の彫刻を売る店が軒を連ねる

ミーケービーチ　map p.105-D

ビーチに面した公園ではコンサートなどのイベントも開催される

ダナンからホイアンまでは切れ目なくビーチが続いているが、エリアごとに名前がついている。いちばん賑やかなのはミーケービーチだ。中心になるのは東海公園(Công Viên Biển Đông)で、レストランやカフェが並ぶ。南に隣接しているバックミーアンビーチまでは公共のビーチが続く。

ノンヌックビーチ　map p.105-F外

ミーケービーチに比べると行楽客の数も少ない

ミーケービーチの南方、五行山の近くにあるのがノンヌックビーチ。チャイナビーチという名前でも知られている。ダナン市街から離れているので、静かでのんびりした雰囲気を保っている。ただし、リゾートホテルが多く、それらのプライベートビーチエリアは立ち入り禁止なので注意しよう。

五行山　map p.105-B

山上まで徒歩で登ると1〜2時間程度かかる

山全体が大理石でできており、「マーブルマウンテン」という名称でも知られている。登るのは大変だが、山頂からの景色はまさに絶景。一部にはエレベーターが設置されているので利用しよう。山頂近くの洞窟も見どころで、岩の割れ目から光が差し込み神秘的な雰囲気だ。

体験！ 在住者おすすめのミーアン地区に泊まる

ダナンで泊まる場所をどこにしようかと探していたときに、ダナン在住の知人からすすめられたのがミーアン地区（map p.105-F）でした。ホテルからビーチまでは徒歩3分ほど。ミーケービーチと違って人が少なく、砂浜全体が自分のプライベートビーチになったみたいな感じです。滞在している間、毎日、波打ち際を散歩するのが日課になりました。これが実に爽快。特に気持ちのいいのが早朝です。この朝の散歩を楽しむためだけに、もう一度、ダナンに行ってもいいかと思うほど。

ダナンに滞在するなら、便利さより「いかにビーチを楽しむか」を主眼にして、ホテルを探すことをおすすめします。

サーフボードのレンタルショップ

ダナンの市外局番 ☎0236

レストラン ● 食の楽しみは多彩

マダムラン　Madame Lân 【中心部】【ベトナム料理】

map p.105-A

一日中お客でいっぱいの
ガーデンレストラン

　伝統的な木造建築が醸し出すレトロな雰囲気、300種類以上という豊富なメニューで大人気のベトナム料理レストラン。特に麺料理に強く、北部・中部・南部の名物麺が揃っている。麺は1品4万5000VND〜。新鮮素材を使ったシーフードも人気だ。

- 交 中心部（ハン市場から車で8分）
- 住 4 Bach Đằng, Q. Hải Châu　℡ 3616226
- 営 6:30〜21:30　定 なし　予算 ★★★

ミークアン1A　Mì Quảng 1A 【中心部】【ベトナム料理】

map p.105-C

庶民的な店構えだが
実はミークアンの老舗

　ダナン名物の麺・ミークアンの専門店。メニューはエビのせ3万VND、鶏肉のせ3万5000VND、特製（Đặc Biệt）4万VNDの3種類のみ。上にのせるセンベイ状のライスペーパー・バンチャン（Bánh Tráng）は5000VNDで追加できる。

- 交 中心部（ハン市場から徒歩10分）　住 5 Hải Phòng
- ℡ 3827936　営 6:00〜21:00　定 テト休日
- 予 不要　予算 昼★　夜★

ザ・ガーデン　The Garden 【ビーチ】【シーフード&洋食】

map p.105-D

目の前に広がる青い海と空
オンザビーチのお洒落なレストラン

　「これ以上の好立地は考えられない」、といっていいほどのロケーションが最大の魅力だ。真っ白な建物はお洒落で、サービスも洗練されている。食事はシーフードに加え、本格的な西洋料理を出す。喫茶のみでの利用も可能。

- 交 ビーチ（ハン市場から車で5分）
- 住 Lô 14 Võ Nguyên Giáp, Q.Sơn Trà　℡ 3747424
- 営 10:00〜23:00　定 なし　予算 ★★★

バーガーブロス　Burger Bros 【ビーチ】【ハンバーガー専門店】

map p.105-F

ダナンでハンバーガー？
でもその価値ありの味

　ジューシーなパテとおいしいソース、柔らかいバンズ、食べごたえのあるボリュームで10万VND前後。2016年にオープン以来、大人気となり、早々に2号店（4 Nguyễn Chí Thanh, Q.Hải Châu）を出している。旅行者も足を運ぶのも納得だ。

- 交 ビーチ（ハン市場から車で15分）
- 住 31 An Thượng 4, Q.Ngũ Hành Sơn　℡ 094 5576240
- 営 11:00〜14:00、17:00〜22:00　定 なし　予算 ★★

予 予約　予算 予算の目安　★$5以下　★★$5〜$15　★★★$15以上

ショップ ● 必ず行きたい買い物スポット

中心部　ホアリー　Hoa Ly
ベトナム雑貨全般

**ダナン在住日本人が厳選した
質の高いベトナム雑貨**

map p.105-C

　土産物屋が少ないダナンでは貴重な店。カバンなどの雑貨からベトナム銘菓まで、品揃えは幅広い。オーナーはベトナム在住歴が長い日本人女性。彼女の不在時も日本語が話せるベトナム人スタッフが常駐している。

- 交 中心部（ハン市場から徒歩12分）
- 住 262 Trần Phú, Q.Hải Châu　☎ 3565068
- 営 8:30～18:00　定 なし

中心部　ハン市場　Chợ Hàn
市場

**買い物をしなくても
庶民の暮らしに触れるのが楽しい**

map p.105-C

　ダナンにはハン市場、コン市場という2つの大きな市場があり、旅行者に人気なのがこちら。売られているのは食料品が中心で、お菓子や魚の干物などは味見もさせてくれる。生活雑貨を見たいなら、コン市場も訪れてみよう。

- 交 中心部（チャンティエン橋から徒歩10分）
- 住 119 Trần Phú, Q.Hải Châu　☎ 3821363
- 営 4:00～20:00（店舗によって異なる）　定 なし

中心部　フェヴァチョコ　Pheva chocolate
チョコレート専門店

**お土産物にピッタリ
ベトナムチョコの有名ブランド**

map p.105-C

　ベトナム産のカカオ豆とフランスの技術が生み出したチョコレートは、フーコック島の胡椒入り、ベトナムの伝統的なもち米入りなど、全部で18種類。色とりどりの包装紙も可愛く、お土産に最適。6個入り5万VND～、40枚入り26万VNDなど。

- 交 中心部（ハン市場から徒歩10分）
- 住 239 Trần Phú, Q.Hải Châu　☎ 3566030
- 営 8:00～19:00　定 なし

ワンポイントアドバイス　ONE POINT ADVICE
**日越交流の場
さくらフレンズカフェ**

　ダナンに来たら、訪れる機会を作って頂きたいのが、さくらフレンズカフェです。ここはダナンにある児童養護施設「希望の村」を長年支援してきた日本のNGOによって運営されています。
　日本料理や和菓子を出すレストラン＆カフェとしての顔以外に、日越交流イベントの開催や、「希望の村」で作られた製品の販売など、いろいろな活動を行っています。

- map p.105-C
- 交 中心部（ハン市場から車で5分）
- 住 125 Hoàng Hoa Thám　☎ 3752446
- 営 8:00～14:00、16:00～21:00　定 不定期
- 予 不要　予算 ★★
- ●さくらフレンズカフェ
- HP http://www.artsakuracafe.org/
- ●希望の村
- HP http://www.langhyvongdanang.org.vn/ja

ダナンの市外局番 ☎0236

ホテル●ビーチ以外にも快適ホテルがある

［ビーチ］ フラマリゾート・ダナン　*Furama Resort Da Nang*　［高級］

ダナンで最初の
5つ星リゾートホテル

map p.105-F

1997年の創業以来、20年以上、ベトナムを代表するリゾートの1つとして君臨している老舗。客室棟は4階までの低層階のヴィラ風の建物で、室内は広く、フローリングで落ち着いた雰囲気だ。プライベートビーチあり。日本人スタッフ駐在。

交 ビーチ（ハン市場から車で15分）　住 Trường Sa, Phường Khuê Mỹ, Quận Ngũ Hành Sơn　☎ 3847333　FAX 3847666　料 ⑤①$320～
部 198　HP http://www.furamavietnam.com　Email reservation@furamavietnam.com

［中心部］ グランドメルキュール・ダナン　*Grand Mercure Danang*　［高級］

明るくスタイリッシュ。
眺望が自慢の高層ホテル

map p.105-E

市街中心部の少し南、ハン川に浮かぶ島の中にある。22階建てのノッポビルで眺望が素晴らしいので、宿泊の際はぜひ高層階を指定したい。市内中心部およびビーチまでは無料のシャトルバスを運行している。

交 近郊（ハン市場から車で10分）　住 Lô A1, Green Island, Phường Hòa Cường Bắc, Quận Hải Châu　☎ 3797777　FAX 3797797　料 ⑤①$131～
部 272　HP http://www.grandmercure.com/GRAND-MERCURE-DANANG　Email 7821@accor.com

［中心部］ ゼンダイヤモンドスイーツ　*Zen Diamond Suits*　［高級］

充実した設備を誇る
最新の日系4つ星ホテル

map p.105-A

ハン川近くに建つ26階建てのシティホテル。全客室にキッチン、リビングルーム、バスタブがあるほか、大型スイミングプール、眺望の良いレストランなど、共有設備もすばらしい。中でも館内にあるMichiスパは人気が高い。2017年11月開業。

交 ハン市場から車で7分　住 16 Lý Thường Kiệt, Q. Hải Châu
☎ 3929555　料 $80～　部 290
HP http://zendiamondsuites.com/

［中心部北部］ 東屋　*Azumaya*　［エコノミー］

海を眺めながら入る
露天風呂が最高

map p.105-A

ベトナム国内で10軒を展開する日系ホテルチェーン。ダナンのこのホテルの魅力は、手の届きそうなところに水平線が見える露天風呂だ。館内のマッサージサービスや、日本語が話せて、フレンドリーなスタッフが揃っているところも人気の理由。

交 中心部北部（ハン市場から車で10分）
住 31 Nguyễn Tất Thành, Q. Hải Châu　☎ 3743888　料 $40～
部 32　HP http://azumayavietnam.com/ja/

料 料金　部 部屋数　HP ホームページアドレス　Email メールアドレス

オプショナルツアー&現地の旅行会社を活用しよう！

ダナン&ホイアン編

会社によりデスクはダナンとホイアンとに分かれるが、ツアーは両都市の発着に対応している場合が多い。ダナンからフエへのツアーを催行している会社もある。

ツアー名	所要時間	内容
フエの王宮と帝廟巡り	12.5時間	ダナンおよびホイアンからフエへは、半日～終日の日帰りツアーが多数催行されている。片道2時間余（ダナン発）～3時間（ホイアン発）と時間がかかるので、終日ツアーがおすすめる。
ダナン半日観光	4時間	チャム彫刻美術館、ダナン大聖堂など市内中心部に加え、市街地を外れたところにある五行山を効率よく回るツアー。
ホイアンとミーソン遺跡終日	8時間	ホイアンとミーソン遺跡を1日で回る。発着地をダナンかホイアンか、選べる旅行会社もある。（→p.126）
ホイアン半日	5時間	ホイアンの旧市街をガイドの説明を受けながら半日散策する。シクロ乗車体験が組み込まれているツアーが人気だ。ダナンまたはホイアンのホテルと旧市街の間の送迎込み。
ミーソン遺跡半日	5時間	ミーソン遺跡はガイド付きツアーのほうが理解が深まりおもしろい。ダナン発着とホイアン発着の2パターンがある。（→p.126）
トゥボン川クルーズ	1時間～	ホイアンを流れるトゥボン川をクルーズする。ツアーの利用が安心だが、川沿いのバクダン通りを歩いていると声をかけられるので、それを利用するのも選択肢だ。ただし値段は交渉制。
伝統工芸村	4時間	ホイアン旧市街からエンジン付きボートに乗ってトゥボン川を移動し、タンハー、キムボンという2つの伝統工芸村を訪れる。

ダナン エイチアイエス
H.I.S.

取扱いツアー例	所要時間/目安金額
ミーソン+ナイトホイアン	8.5時間 $110
中部世界遺産～フエ+ホイアン+ミーソン	2日間 $250
ナイトホイアン	3.5時間 $55

HISが運営する「SKY hubダナンラウンジ」には日本人スタッフが常駐。オプショナルツアーの販売のほか、アオザイレンタル、ベトナムコーヒーの試飲なども行っている。またダナン観光に便利なシャトルバス（5日間乗り放題で$15）も運行している。ゼンダイヤモンドスイーツホテル内にある。
map p.105-A
🚶 ハン市場から徒歩1分
🏠 5F, 16 Lý Thường Kiệt, Q.Hải Châu, Đà Nẵng
☎ 0236-3646868 🕘 9:00～18:00
🌐 https://songhantourist.com/skyhub/dad/
✉ dad.jp.customercare@his-world.com

ダナン&ホイアン シンツーリスト
Sinh Tourist

取扱いツアー例	所要時間/目安金額
ダナン発・チャム島	6.5時間 $30
ミーソン+伝統工芸村（車+ボート）	7時間 $7
ミーソンで日の出鑑賞	4.5時間 $7

全国に支店網を持つ格安ツアー会社の代表格。

【ダナン店】map p.105-C
🚶 ハン市場から車で8分
🏠 Số 16 Đường 3 Tháng 2, Q.Hải Châu, Đà Nẵng
☎ 0236-3843259 🕘 7:00～20:00
✉ danang@thesinhtourist.vn

【ホイアン店】map p.115-A
🚶 来遠橋から徒歩8分
🏠 587 Hai Bà Trưng, Hội An
☎ 0235-3863498 🕘 6:00～22:00
✉ hoian@thesinhtourist.vn

【両店共通】
🌐 http://www.thesinhtourist.vn/

ホイアン ティーエヌケートラベル
TNK Travel

取扱いツアー例	所要時間/目安金額
ミーソン&ホイアン終日	8時間 $75
ホイアン・ディナークルーズ	3時間 $49

手頃な値段で、多彩な日本語ツアーを催行している。ホイアンで日本語対応デスクはここだけだ。ホーチミンとハノイで人気を博している「アオショー」のホイアン公演のチケットも手配している。

map p.115-E
🚶 来遠橋から徒歩9分
🏠 47-49 Phan Châu Trinh, Hội An
☎ 0797608731 🕘 8:00～20:00
🌐 https://tnkjapan.com/
✉ hoian@tnkjapan.com

ダナンの市外局番 ☎0236　ホイアンの市外局番 ☎0235　注：旅行会社によりツアー料金の通貨表示（US$かVNDか）は異なるが、ここではUS$に概算して掲載している。

ひと足のばして！
夏でも涼しい高原リゾート
バーナー高原

2018年6月にオープンするや否や、国内外で大きな話題になっている「黄金の橋」。橋を支える手は「神の手」を表現しているという

魅力1　標高1500mの別世界

　フランス統治時代に避暑地として開発されたバーナー高原（map p.105-B）は標高1500メートル。下界がいちばん暑い時期でも涼気に包まれている別世界だ。眺望も素晴らしく、天気が良ければ、ソンチャ半島まで見晴らすことができる。

魅力2　5km超の宮中散歩

　一時はすたれていたバーナー高原だが、10年前から再開発が始められた。そして注目を集めるようになったきっかけの1つは、山麓と高原を結ぶロープウェイだ。長さは5042.6m、高低差1291.8mで、2009年の開業当時は、「世界最長」「発着地の高度差世界一」の2項目で、ギネスブックの認定を受けた。その後、ロープウェイは増設され、2018年9月現在、3つのルートがある。

世界有数の長さを誇るロープウェイに15分乗れば別世界

魅力3　雲の上のテーマパーク

　バーナー高原全体が「サンワールド」というテーマパークになっている。入場料金は70万VND（ロープウェイ代を含む）。フランスの町並みを再現した園内には、各種レストラン、ワインセラー、一人乗りコースター、ホテルなどがあり、ショーも適宜開催されている。
バーナー高原
🅗 https://banahills.sunworld.vn/en/

山の上にあるとは思えないほど大規模なテーマパークだ

■日帰りモデルプラン

8:00	ダナンを出発
～9:00	バーナー高原に到着
～12:00	フラワーガーデン、展望台、フランス村などを徒歩で散策
～13:00	高原内のレストランでバイキングスタイルの昼食
～14:30	バーナー高原を出発
～16:00	ダナンに帰着

　バーナー高原は個人で簡単に訪れることができる。ダナン市内中心部から、バーナー高原行きのロープウェイ乗り場までは、タクシーで40万VND程度。
　ガイド付きのツアーも催行されている。高原で昼食をとり午後まで滞在するツアーと、午前中だけ滞在してダナン市内で昼食をとるツアーがある。
　高原には高級ホテルもあるので、日程に余裕があるなら1泊するとおもしろいだろう。

天気がよいとダナンのビーチを一望できる

フランスの街並みを再現した一角

オススメ 旅のポイント

いつ？
毎月旧暦の14日に行われるランタン祭りを体験しよう。

何日？
世界遺産の旧市街観光は半日～1日を目安に。

何する？
ビーチリゾートに泊まって、旧市街を訪れるのがおすすめ。

ホイアン
Hội An

map p.6-D

ダナンから南東へ約30km、ノスタルジックな町並みが魅力のホイアンは、旧市街全体が世界遺産に指定されている。チャンパ王国時代から東西交易の地として栄え、多くの日本人が住んでいたこともある。

市外局番 0235

access ホイアンへのアクセス

●飛行機
ホイアンには空港はなく、最寄りはダナン国際空港になる。ホイアンまではタクシーで約40分。

●鉄道
ホイアンには鉄道の駅はなく、最寄りはダナン駅となる。
→p.214参照

●バス
ハノイから約17時間15分
ホーチミンから約22時間30分
→p.216参照

基礎知識 世界遺産になっている旧市街は魅力満点

■旧市街全体が博物館
歴史的な町並みがよく保存されている旧市街は、全体が見どころだ。気の向くままに散策しているだけで飽きることがない。

■ホイアンでしか食べられない名物料理
ホイアン3大名物の1つカオラウは、ここ以外では食べることが難しい郷土麺。食べ比べをしても楽しい。

■シクロに乗るならホイアンで
トラブルが多いと評判の悪いシクロだが、ここホイアンのシクロは安心して乗れると好評だ。

■夜のホイアンも風情がある
夜には街中が夜店のように華やかになる。特に毎月旧暦の14日の晩は、満月祭が行われるのでおすすめだ。

■静かなホイアンを楽しむなら早朝散歩
昼間は賑やかなホイアンだが、早起きして散歩をしてみよう。

■日本との関わりを探してみよう
朱印船貿易の時代にはホイアンには日本人街が形成され、郊外には当地で客死した日本人の墓もある。

■リゾートライフと歴史探訪の両方を満喫
ホイアン近郊のビーチには素敵なリゾートホテルが多い。ビーチから旧市街までは車で15分ほど。

ランタンはホイアンのシンボル

●評判のよいタクシー会社
マイリン　Mai Linh Taxi
☎3914914

折り畳みできる提灯はホイアンの特産品だ

提灯は1つひとつ手作業で作られている

旧市街の中をシクロで回ってみよう

トゥボン川で小舟に乗るのも人気がある。30分の遊覧で1人5万VND

ホイアンの市外局番☎0235

町並み　ノスタルジーあふれる古い港町

　海のシルクロードの重要拠点として栄えたホイアン。16〜17世紀には、朱印船に乗って日本の貿易商人もこの地を訪れるようになり、日本人町も形成された。日本が鎖国政策に転じた後、ホイアンに移り住んだのは華僑の人々で、中国の文化や建築様式を持ち込んだ。

　国際的な貿易港として栄えたホイアンだが、トゥボン川に土砂が堆積したことにより大型船が寄港できなくなり、貿易港としての地位はダナンに取って代わられる。こうして町が発展から取り残されたことが逆に幸いし、ホイアンには18世紀に建てられた古い町並みはそのまま残されることになった。

　今も人々は昔ながらの伝統的な家屋で生活しており、町が丸ごと「生きている世界遺産」となっている。

旧市街内の交通　域内は車両禁止。徒歩かシクロで

　旧市街へは車両の乗り入れが規制されているので、徒歩での観光となる。端から端まで歩いても1時間程度と小さな町なので、ゆっくり歩きながら散策しよう。

　なお、旧市街の車両乗り入れが禁止されているのは、月・火・水・金・土曜の8:00〜11:00、14:00〜16:30、18:30〜21:00。

　ホイアンの観光シクロは安全だといわれており、シクロに乗って散策するのもいい。相場は1時間で30万VND程度。

　旧市街は車両の乗り入れが禁止されているので、ダナンとの行き来に使うタクシーは、域外で乗り降りする。よく利用される乗降地点は、チャンフンダオ通りとレロイ通りの交差点、それからチャンフンダオ通りとグエンティミンカイ通りの交差点だ。ホイアンで主流なのはマイリンタクシー。

●ホイアンの回り方

　旧市街の西の端、チャンフンダオ通りとグエンティミンカイ通りの交差点近くが、タクシーの乗降場になっているので、ここを出発点にするといい。すぐ近くにチケット売り場があるので、ここで総合チケットを買って歩き始めよう。

　グエンティミンカイ通りを東へ歩き、来遠橋（日本橋）を越えると、通り名がチャンフー通りに変わる。ホイアン旧市街のメインストリートだ。ホイアン市場まで行ったら、グエンタイホック通りを通って西に戻る。これで主要な観光施設はカバーできる。その後、トゥボン川沿いのバクダン通りに入り、カフェやレストランに入って休憩するのもいい。

　短い橋を渡った対岸はアンホイ島。ここは18時以降になるとナイトマーケットが開かれるので、夕方以降に行くことをおすすめする。

　ホイアン旧市街からリゾートホテルが建ち並ぶクアダイビーチへは車で15分ほど。旧市街までシャトルバスを運行しているホテルも多い。旧市街郊外には伝統工芸村や野菜村もあるので、旧市街と合わせて訪れたい。

見どころ ●来遠橋（日本橋）

来遠橋（日本橋）

map p.115-D

来遠橋（日本橋）
Cầu Lai Viễn (Cầu Nhật Bản)
🏠 Trần Phú
🎫 総合チケット 📷★

チャンフー通りの西端にあり、ここから歩き始めるとわかりやすい

ホイアン旧市街の象徴のような建物で、2万VND札にも描かれている。1593年、日本人によって架けられたといわれる木造屋根付きの橋で、別名「日本橋」。かつてはこの橋が、日本人街と中国人街とを結んでいた。橋の両端を犬と猿の像が守っており、橋の上には船の安全を祈願する寺も造られている。

■ホイアンと日本との関わり

海のシルクロードの重要拠点として栄えたホイアンは、日本との関わりも深い。朱印船貿易の時代には日本との交易も盛んで、日本人街が形成されたという。

当時ホイアンに渡った日本人の中でも有名なのが、伊勢・松阪の商人・角屋七郎兵衛だ。ホイアン滞在中に鎖国令が出たため二度と日本に戻ることができなかった。ホイアン名物のカオラウは、彼が持ち込んだ伊勢うどんが起源だという説がある。

七郎兵衛以外にも、ホイアンで一生を終えた日本人はたくさんおり、ホイアン郊外には日本人の名前が刻まれた墓もある。

ワンポイントアドバイス ONE POINT ADVICE

総合チケットを使う際の注意

■総合チケットで入れるのは5カ所

旧市街のスポットをめぐる際に必要なのが、総合チケットと呼ばれる入場券のセットです。

1枚12万VNDで、1から5までの半券が付いており、入場すると切り取られるようになっています。総合チケットの対象になる観光施設は全23カ所で、その中から任意の5カ所を見学することができます。それぞれの名所でお金を払って入ろうとしても、入れてくれません。また6カ所に入りたい場合は、もう1枚、総合チケットを買う必要があります。

■旧市街への入域料が必要？

近年、「観光施設に入らなくても、旧市街の中に立ち入るだけで総合チケットが必要」という新ルールができ、旧市街エリアの入域時にチケットを所持しているかどうか、

旧市街に点在する総合チケット売り場

確認されることがあります。

ただし現場での対応は、販売所や係員によってまちまちです。旧市街を散策するだけなら、チケットなしで入域できる場合もあります。このあたりは柔軟に対応しましょう。

チケットの販売ブースは、旧市街の中の随所に設けられています。わかりやすいのは、グエンティミンカイ通りの西端（チャンフンダオ通りとの交差点の近く）にあるブースでしょう。(map p.115★印)

見どころ●旧家

クアンタンの家
Nhà Cổ Quân Thắng
🚶 来遠橋から徒歩5分　🏠 77 Trần Phú　🎫 総合チケット　⏱ ★★

入口は小さくて目立たない

タンキーの家
Nhà Cổ Tấn Ký
🚶 来遠橋から徒歩3分
🏠 101 Nguyễn Thái Học
🎫 総合チケット　⏱ ★★

柱の文字に注目

フーンフンの家
Nhà Cổ Phùng Hưng
🚶 来遠橋から徒歩1分
🏠 4 Nguyễn Thị Minh Khai
🎫 総合チケット　⏱ ★★

生活感が漂う2階

チャン家の祠堂
Nhà Thờ Tộc Trần
🚶 来遠橋から徒歩5分
🏠 21 Lê Lợi　🎫 総合チケット
⏱ ★★★

家の中には貴重な骨董品がたくさん展示されている

クアンタンの家　map p.115-E

中庭があるので、奥まで光が差し込み風通しもよい

　別名・チャンフー通り77番の家。タンキーの家と並んで、ホイアンの旧家の中でも最も人気が高い。約300年前に建てられた民家で、間口が狭く奥行きがある「うなぎの寝床」的な木造建築。主屋の奥に中庭があり、その奥に離れがある。外観から内部まで家中に施された美しい彫刻が見事だ。

タンキーの家　map p.115-E

奥行きが深い典型的なホイアンの民家

　別名・グエンタイホック101番の家。1階にひさしを設けた中2階建ての家屋。間口が狭くて奥に長い、ホイアンの典型的な町家建築になっている。中国風の彫刻や日本風の梁なども見られ、日本と中国の要素が混在する。貝殻を使った柱の文字が、よく見ると鳥の模様になっている点に注目したい。

フーンフンの家　map p.115-D

建築に生活の工夫が見られるフーンフンの家

　ベトナム、中国、日本の建築様式がミックスされた木造家屋。約200年前に貿易商の家として建てられ、現在もその子孫たちが住んでいる。1階から商品を2階へと上げることができるように、2階の床の一部は取り外し可能となっている。2階には航海の神様・天后聖母が祀られている。

チャン家の祠堂　map p.115-B

2018年8月現在、10代目当主が暮らしており、中を案内してくれる

　1802年、中国人の血を引くグエン朝の官吏によって建てられた。先祖礼拝の場所と住居の2つに分かれた建物はベトナム、中国、日本の折衷建築。とりわけ屋内装飾は日本の影響が色濃く残されている。祠堂には3つの扉があり、中央の大きな扉は先祖の霊が出入りするためのものだ。

ホイアンの市外局番 ☎0235
⏱=見学時間の目安　★=外からの見学のみ、★★=内部も見学できるが時間はかからない、★★★=30分以上かけてじっくり見学　🚻=トイレ

見どころ●歴史を学ぶ

海のシルクロード博物館　map p.115-E

日本とホイアンとの深いつながりがわかる展示内容だ

東は日本や中国、西はインド、イスラム世界まで、ホイアンを中継地点に海のシルクロードを渡った陶磁器の数々が展示されている。その多くはホイアン周辺で発掘されたものや沈没船から引き上げたもの。発掘物の中には伊万里焼などがあり、日本との関わりを垣間見ることができる。

海のシルクロード博物館（貿易陶磁博物館）
Bảo tàng Gốm sứ Mậu Dịch Hội An
🚶 来遠橋から徒歩5分
🏠 80 Trần Phú　🎫 総合チケット
⏰ ★★★　♿

2階建ての古い民家を利用した博物館。建物自体も訪れる価値がある

民俗文化博物館　map p.115-E

バクダン通りにも面している

ホイアンの伝統工芸や生活様式を紹介する資料館。1階は養蚕や機織りの様子、絵画、土産物コーナー、2階には農耕や漁業の用具、伝統的な衣装など、暮らしにまつわる展示品が集められている。中庭では工芸のデモンストレーションが行われることもある。建物自体も非常に見応えがある。

民俗文化博物館
Bảo tàng Văn hóa dân gian Hội An
🚶 来遠橋から徒歩7分
🏠 33 Nguyễn Thái Học
🎫 総合チケット
⏰ ★★★　♿

手工芸ワークショップ　map p.115-F

手工芸品の販売もしている

伝統的な木造家屋の中で、色とりどりのランタンや、刺しゅう製品、木工品など、ホイアンの伝統工芸品を製造販売している。エントランスホールでは、10:15と15:15の1日2回、約30分間、伝統音楽のコンサートが開催されるので、これに合わせて訪問するのがいいだろう。

手工芸ワークショップ
Hoi An Artcraft Workshop
🚶 来遠橋から徒歩5分
🏠 9 Nguyễn Thái Học
🎫 総合チケット
⏰ ★★★　♿

●伝統芸能を鑑賞するなら
　ベトナムの民謡や踊りはバクダン通り66番地（66 Bạch Đằng）でも上演している。10:15〜、15:15〜、16:15〜の3回。チケットは10万VND。

街角ワンショット

ランタンに彩られる夜のホイアン

歴史情緒漂うホイアンの町並みをより一層美しく彩っているのが、代表的な工芸品のランタン（提灯）だ。表面は布が張られ、傘の要領で折り畳めるため、土産としても人気がある。また、ホイアンでは毎月旧暦14日にあたる満月の夜に「フルムーン・フェスティバル」が開かれ、照明を落とした町に月明かりとランタンが幻想的な光を放ち、トゥボン川では灯篭流しが行われる。

見どころ ● 華僑のための会館

福建会館
Hội Quán Phúc Kiến
- 来遠橋から徒歩5分
- 46 Trần Phú　総合チケット
- ★★★

金山寺の額がかかる福建会館

廣肇会館
Hội Quán Quảng Đông
- 来遠橋から徒歩1分
- 176 Trần Phú　総合チケット
- ★★

潮州会館
Hội Quán Triều Châu
- 来遠橋から徒歩2分
- 157 Trần Phú　総合チケット
- ★★

瓊府（けいふ）会館（海南会館）
Quỳnh Phủ Hội Quán (Hội Quán Hải Nam)
- 来遠橋から徒歩15分
- 10 Trần Phú　総合チケット
- ★★

● 中華会館

ホイアンには、ここで紹介した4つに加え、中華会館を加えた合計5つの華僑のための会館がある。中華会館は1773年創立で、敷地内に中華学校がある。総合チケットの対象外なので入場は無料。

中華会館
Hội Quán Trung Hoa
map p.115-E
- 来遠橋から徒歩10分
- 46 Trần Phú
- ★★

福建会館　map p.115-E

原色を使った派手な造り

「会館」とは、華僑の人々の同郷人の集会所。ホイアンには中国の地方ごとに複数の会館があり、現在も使われている。ここは名前の通り福建省出身者のための会館。敷地内に祀られているのは、航海安全の神様である天后聖母だ。天井からは渦巻き状の赤い線香がいっぱい吊られている。

廣肇会館　map p.115-D

鮮やかな赤を用いた中国風の外観が印象的だ

廣州出身者と、肇慶（ちょうけい）出身者のための会館で、1786年に建てられた。チャンフー通りの西端、来遠橋の近くにあり、彫刻が施された正面玄関がひと際目を引く。商売繁盛の神様としても有名な関羽が祀られ、奥の庭園には縁起が良いとされる九頭の龍の像が置かれている。

潮州会館　map p.115-F

旧市街の東端にある

潮州出身者のための会館で、ホイアンにある会館の中ではいちばん小規模で落ち着いた雰囲気。木材の部分にほどこされた麒麟、鳥獣、花などを主題とした彫刻が見事だ。屋根の上の龍の装飾も美しい。1845年に建てられ、その後、何度か修復を経て現在の形になっている。

瓊府会館（海南会館）　map p.115-F

瓊府（けいふ）とは中国の海南島のこと

海南島出身者のための会館。1875年に建てられて以来、現在もその建築は当時の原型をとどめている貴重な建物だ。東館、西館、前庭、後庭で構成されている。また、1851年にホイアン近海で殺害された海南島出身の商人108人が祀られている。2016年から総合チケットで観光できるようになった。

レストラン ● ホイアン3大名物

旧市街　シークレット・ガーデン　Secret Garden　ベトナム料理

ホイアン情緒満点の路地裏に建つ庭園レストラン

map p.115-E

Lê Lợi通り60番地またはTrần Phú通り132番地から、狭い路地を入ったところにあって、落ち着いた雰囲気が素晴らしい。ホイアン名物と各種ベトナム料理が楽しめる。夕方から夜はベトナム音楽の生演奏もある。半日料理教室も開催（要予約）。

- 交 旧市街（来遠橋から徒歩5分）　住 60 Lê Lợi
- ☎ 3911112　営 7:30〜23:30　定 なし　予 不要
- 予算 ★★

旧市街　モーニング・グローリー　Morning Glory　ベトナム料理

料理研究家オーナーの洗練された味つけが自慢

map p.115-E

カオラウ、ホワイトローズなど、ホイアンの名物料理はもちろん、南部名物のバインセオ7万5000ドンなど、幅広いベトナム料理が楽しめる。オーナーは料理研究家で、料理教室も開催している（予約制）。向かい合って2号店がある。

- 交 旧市街（来遠橋から徒歩3分）　住 106 Nguyễn Thái Học
- ☎ 2241555　営 8:00〜23:00　定 なし　予 不要
- 予算 ★★

旧市街　チュンバック　Trung Bắc　ベトナム料理

3大名物が一度に味わえるセットが人気

map p.115-E

カオラウ、ホワイトローズ、揚げワンタンの3大名物に1〜2品加えたセットメニュー10万VND〜が人気。カオラウは肉の種類が選べて4万VND〜。お店は決してきれいではないが、地元の人の支持が高い老舗だ。

- 交 旧市街（来遠橋から徒歩4分）　住 87 Trần Phú
- ☎ 3864622　営 7:00〜22:00　定 なし
- 予 不要　予算 ★

ワンポイントアドバイス ONE POINT ADVICE

ホイアンの3大名物をご賞味あれ！

「カオラウ」「ホワイトローズ」「揚げワンタン」は、ホイアンでしか食べられないといってよく、滞在中にぜひ召し上がっていただきたい名物料理です。

中でも有名なのがカオラウ。ベトナムでは珍しい太くてコシのある麺が特徴で、麺の上にのった野菜や肉と一緒にかき混ぜ、ドンブリの底にたまった濃いタレをからませて食べます。店によって味付けが異なるので、食べ比べをしてみるのもいいでしょう。

ホワイトローズは、ライスペーパーにエビのすり身を包んで蒸したもの。その様子が白いバラのように見えることから、この名がつけられました。

揚げワンタンは中国の影響が感じられる一品。ワンタンの皮でミンチ肉とエビを包んで揚げたもので、サクサクとした食感が楽しめます。

ホイアンの市外局番 ☎0235　予 予約　予算 予算の目安　★$5以下　★★$5〜$15　★★★$15以上

レストラン ● 3大名物以外にも美食は豊富

旧市街　エンシェントファイフォー　Ancient Faifo　［ベトナム料理］

アートギャラリーも併設した大型レストラン

map p.115-E

　ハイセンスなインテリアの中で新感覚のベトナム料理が楽しめる。朝食から夜のバーまでいろいろなシーンで使える。セットメニューは27万5000VND。個室あり。アートギャラリーやお土産物屋も併設し、料理教室も実施している大型店だ。

- 旧市街（来遠橋から徒歩4分）　住 66 Nguyễn Thái Học
- ☎ 3917444　営 7:00～22:00　定 なし　予 不要
- 予算 食★★　夜★★★

旧市街　バー・ブオイ　Bà Buội　［ベトナム料理］

ホイアン名物料理の1つ鶏ご飯の専門店

map p.115-B

　名古屋コーチンの原種となったのが中部ベトナムの鶏だといわれており、鶏肉ご飯（Cơm Gà）はホイアンの定番料理の1つ。ここはご飯に蒸し鶏をのせたコム・ガー3万5000VND～のみを出す専門店。16時前には売り切れとなることが多い人気店だ。

- ホイアン市内（来遠橋から徒歩8分）　住 22 Phan Chu Trinh
- ☎ 861151　営 10:00～19:30　定 毎月1日と15日（陰暦）　予 不要
- 予算 ★

旧市街　サクラレストラン　Sakura Restaurant　［ベトナム料理］

川沿いに建つ瀟洒なコロニアル建築の店

map p.115-E

　ホイアン三大名物のほか、エビ、カニなどシーフードを使った料理が得意。おすすめ料理を組み合わせたセットメニューも複数用意されている。午前と午後には料理教室も開催している。最少2人からで料金は1人$20。

- 旧市街（来遠橋から徒歩2分）
- 住 119-121 Nguyễn Thái Học　☎ 3910369
- 営 10:00～23:00　定 なし　予算 ★★

旧市街　カーゴクラブ　The Cargo Club　［カフェ］

トゥボン川を眺めながら優雅にカフェタイムを楽しむ

map p.115-E

　この店の特等席は、トゥボン川を真下に眺める2階のテラス席だ。メニューのおすすめは自家製のパンと種類が豊富なケーキで、ダナンから買いに来る人もいるほど評判が高い。本格的な西洋料理の食事も楽しめる。

- 旧市街（来遠橋から徒歩2分）
- 住 107-109 Nguyễn Thái Học　☎ 3911227　営 8:00～23:00
- 定 なし　予算 ★

ホイアンの市外局番 ☎ 0235

ショップ●ホイアンならではの一品を

旧市街　クールジャパンホイアン　Cool Japan Hoi An　　雑貨

ホイアン在住の日本人スタッフが
旅のアドバイスもしてくれる

map p.115-E

　日本人オーナーの店。ホイアンの各種土産物を置いているほか、オリジナルTシャツが人気だ。日本人大学生のインターンも受け入れており、インフォメーションデスクも開設しており、ツアーのアレンジも可能。

🚇 旧市街（来遠橋から徒歩5分）　🏠 17 Hoàng Văn Thụ
📞 0816505962　🕐 10:00～20:00　📅 なし

旧市街　チャム・ホイアン　Trầm Hội An　　香木製品

オリエンタルな
香木専門ショップ

map p.115-D

　国際貿易港だったホイアンの代表的産品が、クアンナム省産の香木。ベトナムの香木は特に品質が高く、日本の正倉院にも収蔵されているほどだ。これを香木酒、お香などのお土産として販売している。

🚇 旧市街（来遠橋から徒歩1分）　🏠 186 Trần Phú　📞 3911866
🕐 8:00～21:00　📅 なし

旧市街　41シルク　41 Silk　　刺しゅう

刺しゅうの見学や
アオザイや洋服のオーダーもできる

map p.115-E

　1996年創業の老舗。手作りの刺しゅう製品が有名で、刺しゅう画やテーブルクロスのような実用品までを販売している。男性用のシャツやスーツ、女性用のワンピースなどオーダーメイドも受け付けている。

🚇 旧市街（来遠橋から徒歩5分）　🏠 41 Lê Lợi
📞 3862164　🕐 8:00～21:30　📅 テト休日

ワンポイントアドバイス ONE POINT ADVICE

10～11月のホイアンは洪水にご注意を

　ホイアンでは数年に一度、旧市街の大部分が水没するほどの洪水に見舞われます。発生する時期は雨季の10月～11月が中心。
　観光名所であるタンキーの家（p.118参照）には、家が水没したときの水深が記録された柱があります。それを見ると、いちばん高い「2009年9月30日」の日付がある位置は2メートルを超えています。
　以下、2007年11月12日、1999年11月7日、2011年11月8日、2013年11月16日、2010年10月23日、2016年12月16日と日付が並びます。これがすべてではなく、2015年11月の洪水も被害が大きく、台風と満潮が重なったため、旧市街は2m前後の高さまで冠水しました。
　もちろん観光はできませんので、この時期のホイアン訪問はなるべく避けたほうがいいでしょう。

ホテル ● 旧市街のおすすめホテル

旧市街　アナンタラホイアンリゾート　*Anantara Hoian Resort*　【高級】

トゥボン川沿いに建つ優雅なコロニアルホテル

map p.115-F

敷地内には花と緑があふれ、まるで公園のような雰囲気だ。すべての客室が、ベッド部分とリビング部分に段差をつけたユニークな設計になっており、さらにプライベートポーチがお洒落な雰囲気を演出している。スパは宿泊客以外にも人気だ。

来遠橋から徒歩12分　1 Phạm Hồng Thái　☎3914555
FAX 3914515　S/T $191～　94室　HP https://hoi-an.anantara.jp/
E-mail hoian@anantara.com

旧市街　ホイアン　*Hội An*　【中級】

この値段でこの立地はお得。公園のような広々とした敷地が魅力

map p.115-B

約80年前に役所として建てられたコロニアル様式のホテル。旧市街までは徒歩圏内という便利な場所にあり、緑豊かな庭、大型の屋外プール、キッズルーム、テニスコート、スパなど、充実した施設を持っている。全室にバスタブがつく。

来遠橋から徒歩7分　10 Trần Hưng Đạo　☎3861445
FAX 3861636　S/T $73～　150室
HP http://www.hoianhistorichotel.com.vn/

旧市街　ヴィンフン1　*Vĩnh Hưng 1*　【中級】

築約200年の町家を使った世界遺産級のホテル

map p.115-E

本物の伝統家屋に宿泊できるホテルは、ホイアンの中でもここが唯一だ。元は中国商人の邸宅で1994年にホテルとして営業を開始した。わずか6部屋なので早めの予約を。2007年には補修工事をしているが、快適さよりは雰囲気を求める人におすすめ。

来遠橋から徒歩1分　143 Trần Phú　☎3861621
FAX 3864094　S/T $78～　6室
HP http://www.vinhhunghotels.com.vn

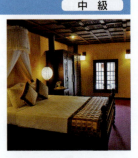

旧市街　ロングライフ・リバーサイド　*Long Life Riverside*　【中級】

手頃な値段ながら客室は広め旧市街の雰囲気を満喫できる立地

map p.115-D

目の前はトゥボン川という絶好のロケーション。宿泊はリバービューを指定したい。建物はホイアンの伝統家屋の意匠を取り込んだ落ち着いた雰囲気だ。客室は広めで、全客室にパソコンを備えている。館内にはプールやスパもある。

来遠橋から徒歩2分　61 Nguyễn Phúc Chu　☎3911696
FAX 3911697　S/T $33～　36室
HP http://www.longliferiverside.com/

ホイアンの市外局番 ☎0235　料金　部屋数　HP ホームページアドレス　E-mail メールアドレス

ホテル●ビーチエリアのおすすめホテル

ビーチ　フォーシーズンズリゾート・ナムハイ　Four Seasons Resort The Nam Hai　【高級】

まるで1つの村のような大型リゾート
一戸建てのようなヴィラで滞在

map p.105-B

中部ベトナムを代表する高級リゾート。宿泊棟はすべてヴィラ形式で、いちばん小さなヴィラでも80㎡という、ゆったりとした作りになっている。約40棟がプライベートプールつき。敷地も広大で、移動には電動カートが用意されているほどだ。

- 交 ホイアンホテルから車で15分　住 Hamlet1, Điện Dương, Điện Bàn
- ☎ 3940000　FAX 3940999　料 ⑤①$795〜　室 100
- HP https://www.fourseasons.com/hoian/
- Email namhai@ghmhotels.com

ビーチ　ヴィクトリア・ホイアン・ビーチ・リゾート&スパ　Victoria Hội An Beach Resort & Spa　【高級】

昔の町並みを再現した
雰囲気がユニークな老舗リゾート

map p.115-C

リゾートの中に一歩入ると、そこは昔のホイアンを再現した小さな街のようになっていて情緒たっぷり。客室はコテージタイプでフローリングの落ち着いた雰囲気だ。ベトナム風、フランス風、日本風と3つの部屋がある。プライベートビーチあり。

- 交 ホイアンホテルから車で10分　住 Biển Cửa Đại　☎ 3927040
- FAX 3927041　料 ⑤①$209〜　室 109
- HP http://www.victoriahotels.asia

ビーチ　パームガーデン・リゾート　Palm Garden Resort　【高級】

ヤシの木と芝生の庭園に抱かれた
南国ムード満点のリゾート

map p.115-C

広々とした敷地の中にゆとりをもって建物が配置されており、開放感がある。3階建ての宿泊棟と、露天風呂のついた平屋のバンガローの2種類の部屋がある。目の前はプライベートビーチ。カジュアルな雰囲気で家族連れやグループにおすすめ。

- 交 ホイアンホテルから車で10分　住 Đường Lạc Long Quân, Biển Cửa Đại
- ☎ 3927927　FAX 3927928　料 ⑤①$195〜　室 188　HP http://www.palmgardenresort.com.vn　Email reservation@pgr.com.vn

ビーチ　ル・ベラミー　Le Belhamy　【中級】

多様な様式を取り入れた
宿泊棟が特色

map p.115-C外

建物は、ホイアンの歴史を投影するかのように、ベトナム、中国、日本、フランスの建築様式を取り入れている。少し離れたビーチにあるので、料金が手頃なのも魅力。専用の中庭とプール付きのヴィラが人気だ。プライベートビーチもある。

- 交 ホイアンホテルから車で10分　住 Biển Hà My
- ☎ 3941888　料 ⑤①$108〜　室 131
- HP http://belhamy.com/

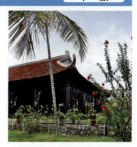

ひと足のばして！

チャンパ王国の聖地
ミーソン遺跡

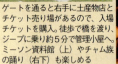

ゲートを通ると右手に土産物店とチケット売り場があるので、入場チケットを購入。徒歩で橋を渡り、ジープに乗り約5分で管理小屋へ。ミーソン資料館（上）やチャム族の踊り（右下）も楽しめる

魅力1　山の中に眠る神秘の遺跡

チャンパ王国の聖地・ミーソン遺跡（map p.105-B）があるのは、四方を山に囲まれた盆地。8世紀から13世紀に建てられた70を超える大規模な遺跡群は、「ベトナム版アンコール遺跡」とも呼ばれている。遺敷地内の遊歩道を歩きながら散策しよう。見学時間の目安は2～3時間だ。午前に訪れる人が多いので、混雑を避けたいなら午後も狙い目だ。

魅力2　細部に注目しよう

遺跡の壁面に彫られたレリーフの意味などを確認しながら回ってみよう。ベトナム各地にあるチャム遺跡に共通する特徴の1つは、接着剤を使わずにレンガを積み上げて作られていること。そういったウンチクがわかると、さらに楽しめる。

破風装飾の下に、祈る女性の姿が刻まれている。内部には装飾はないが、外壁を飾る彫刻は見事だ

1909年のフランス人研究者による報告書の中では、遺跡はA～Nまでの記号で分類されている。見ごたえがあるのはB、C、Dのグループ。A、E、F、Gのグループの遺跡の多くは、ベトナム戦争によって破壊されてしまった

魅力3　チャム族の踊りを鑑賞

遺跡内では1日数回、チャム族の踊りも上演されているので、見ておきたい。

■日帰りモデルプラン

8:00	ダナンを出発
～9:30	ミーソン遺跡に到着
～11:30	ミーソン遺跡観光
～1230	ミーソン遺跡からホイアンへ
～13:30	ホイアンで三大名物の昼食
～16:30	ホイアン観光
～17:30	ダナンに帰着

ミーソン遺跡観光の発着地はダナン、ホイアンの両方がある。ミーソン遺跡だけを訪れる半日ツアーと、ホイアンをセットにした終日ツアーが設定されている。混雑を避けてゆっくり遺跡を見たいなら午後コースがいい。

最近、人気が高まっているのが、ミーソン遺跡＋夜のホイアンを組み合わせたツアーだ。13時頃にダナンを出てミーソン遺跡観光を行い、夕方16時頃にホイアン入り。ホイアン観光後、ホイアン三大名物の夕食をとってダナンに戻るという行程だ。

Northern Vietnam
ベトナム北部

歴史の中で悠久の時を刻んできた首都ハノイを拠点に
水、山、緑豊かな自然の中、美しい村々を訪ね歩く。
文化、芸術、民族に触れ、情緒あふれるベトナム魂を感じたい。
五感を研ぎ澄まし"いにしえ"を、そして"今"を体験しよう。

旅のポイント オススメ

いつ？
気候が安定している9〜11月がおすすめ。冬は冷える。

何日？
市内観光は1泊2日〜。ハロン湾に行くならプラス1泊を。

何する？
歴史の迷宮・旧市街36通りをゆっくり回ろう。

ハノイ
Hà Nội map p.6-B

ベトナムの首都ハノイ。政治と文化の中心地で、歴史的な文化財も数多く残る。市内に点在する湖や公園など、緑あふれる町並みに、フランス統治時代の面影を残す建物が映える。

市外局番 024

●インフォメーション
日本国大使館
map p.134-D
住 27 Liễu Giai, Ba Đình
☎ 38463000
開 8:30〜12:00、13:00〜17:15
休 土・日曜、祝日
※休館日についてはウェブサイトで確認を。
HP http://www.vn.emb-japan.go.jp

基礎知識 遷都1000年を迎えた歴史と文化の首都

■随所に残るコロニアル建築を楽しむ
ハノイには、町の随所に趣があるコロニアル建築が残っている。フレンチヴィラを使ったレストランやカフェも多い。

■歴史の迷宮・旧市街を歩く
昔ながらの職人街である旧市街は、通りを曲がるごとに情景が一変する。地図を持たずに一日、迷ってみよう。

■ハノイは博物館が充実している
ハノイでは博物館巡りを楽しみたい。中でも民族学博物館は充実しており、思わず時間を忘れてしまう。

■フォーの本場はハノイ
ベトナムの国民食といわれるフォーの本場はハノイ。地元の人に混じって、絶品のフォーを賞味しよう。

■水上人形劇はハノイで
ハノイ以外の街でも水上人形劇場はあるが、見るなら本場・ハノイがいちばんだ。

■市民の憩いの場・ホアンキエム湖で散策
ホアンキエム湖は、早朝から夜まで市民たちの憩いの場として愛されている。地元の人に混じって散策してみよう。

■職人の技が感じられる伝統の品を購入
ハノイではバチャン焼きに代表される陶器、シルク、漆器、螺鈿細工など、ベトナムの伝統的な工芸品が豊富だ。

ハノイには、コロニアル様式の建物が数多く残っている

町並み　街歩きの起点はホアンキエム湖

ハノイは大きく4つのエリアに分けて考えるとわかりやすい。町の中央にあるホアンキエム湖周辺、湖の西側にある教会通り周辺、湖の北に広がる旧市街、それからホーチミン廟があるタイ湖南部だ。

■ホアンキエム湖周辺
ハノイの象徴ともいえるホアンキエム湖。湖の周辺部には、オペラハウス、国立歴史博物館、女性博物館などの観光名所があり、ホテル、レストランやショップも多い。ハノイの旅はここを中心に考えるといいだろう。湖の南端からオペラハウスを結ぶチャンティエン（Tràng Tiến）通り周辺が、特に注目したいエリアだ。

■教会通り周辺
ハノイ大教会の前にあるのが教会通り。ベトナム語ではニャトー（nhà thờ）通りという。短い通りだが、ここを中心とした周辺エリアは、レベルの高い店の密集度が非常に高い。ハノイでいちばんお洒落な一画だ。

■旧市街
ホアンキエム湖の北側にある旧市街は「36通り」とも呼ばれる昔ながらの職人街。通りごとに異なる業種の店が軒を連ね、角を曲がるごとに通りの風景が一変する。

バックパッカー向けの安くて居心地のよいミニホテルや、ツアーデスクも多く、バジェット派の個人旅行者は、ここを基点にするといいだろう。

■タイ湖南部
市内中心部の北側にある大きな湖がタイ湖だ。この南側には、ホーチミン廟、一柱寺、タンロン遺跡などの観光名所が固まっているのでまとめて訪問したい。文廟も近い。タイ湖は、湖沿いに快適な周回道路があり、一周することが可能だ。湖畔には感じのいい店が点在している。

■タイ湖北部（スアンジエウ通り周辺）
タイ湖の北側は高級住宅街としても知られており、近年、レベルの高い店が増えているホットなエリア。その中心となるのはスアンジエウ通りだ。訪れる際はインターコンチネンタル、シェラトン・ホテルを目印にするとわかりやすい。

■市街南部
ホアンキエム湖の南側、ホム市場を中心とするエリアには庶民的な街並みが広がっている。しかしその中にも、有名な老舗、注目ショップなど点在しているので見逃せない。

●ハノイの町は意外と広い
ハノイの町歩きプランを立てる際に気をつけたほうがいいのが、観光名所やレストランなどが、広範囲に散らばっていることだ。ホーチミンだと、ドンコイ通り周辺に集中していて、徒歩で回ることができるが、ハノイの場合は、タクシーやチャーターカーをうまく使うのが、効率的に回るコツだ。プランを立てるときは、ホアンキエム湖を基点に考えるといいだろう。

ホアンキエム湖はハノイ市民にとっても憩いの場

●北部ベトナムの冬は寒い
ベトナムというと南国のイメージが強いが、常夏なのはホーチミンを中心とする南部の話。ハノイをはじめ北部地域には、日本の四季に近い季節の変化があり、冬は吐く息が白くなるほど寒くなる。p.184〜185の出発日検討カレンダーも参考にして、自分が訪れる季節の気温を確認しておきたい。

寒いベトナム

■気温と降水量

ハノイ	1月	2月	3月	4月	5月	6月	7月	8月	9月	10月	11月	12月
平均温度 (℃)	16.6	17.4	20.2	24.1	27.6	29.4	29.1	28.8	27.5	25.2	21.7	18.5
平均低温 (℃)	13.3	14.4	17.2	20.6	23.4	25.6	25.5	25.5	24.2	21.5	17.8	14.9
平均高温 (℃)	20.0	20.5	23.2	27.6	31.9	33.2	32.7	32.1	30.9	28.9	25.6	22.1
降水量	16.0	30.0	37.0	87.0	196.0	240.0	312.0	338.0	252.0	116.0	40.0	20.0

●ノイバイ国際空港から市内中心部へ

●評判のよいタクシー会社

空港にはいろいろな会社のタクシーが乗り入れているが、中には悪質なドライバーもいるので注意したい。トラブルが少ないと評判なのは、以下の会社。

タクシーグループ　Taxi Group

マイリン　Mai Linh Taxi

ノイバイ　Noi Bai Taxi

エービーシー　ABC Taxi

●エクスプレスパス

86番エクスプレスパスはオレンジの車体が目印。専用のバス停から出発する。チケットは乗車後に購入する

■タクシー

ノイバイ国際空港から市内中心部へは、国際線・国内線ともにタクシーの利用が一般的だ。国際線（T2）のタクシー乗り場は、到着ロビーを出て左手にある。国内線（T1）は到着ロビーを出た正面だ。

タクシーはすべてメーター制で、市内中心部までの運賃は40～45万VND程度。トラブルが少ないと評判なのは以下の会社。

タクシーグループ　Taxi Group
マイリン　Mai Linh Taxi
ノイバイ　Noi Bai Taxi
エービーシー　ABC Taxi

T2のタクシー乗り場

■エクスプレスパス

タクシーの次におすすめなのは、2016年に運行が始まった、空港と市内中心部を結ぶ「86番エクスプレスパス」だ。運賃は3万5000VND。6:30～23:10まで25～30分間隔で、1日40本が走っている。空港からホアンキエム湖を経由してハノイ駅が終着。市内中心部から空港へも同様に運行している。

■ミニバス

国際線・国内線、どちらのターミナルにも、ベトナム航空、ベトジェットエアー、ジェットスターが運行するミニバスがある。こちらは空港から市内まで1人4万VND。航空会社ごとに乗り場が分かれている。乗って来た航空会社に関係なく、どの会社のバスを利用しても構わない。

終着点は、原則として各航空会社のオフィスの前だ。満員になるまで発車せず、乗客の要望に応じて途中で寄り道・停車をするので、市内中心部まで1時間程度みておいたほうがいいだろう。

■送迎サービス

旅行会社やホテルでは空港への出迎えサービスを行っている。日系の旅行会社に日本語ガイド付きの送迎サービスを頼んだ場合は片道で1人$35～。ホテルに頼む場合も、これくらいを目安と考えておくといいだろう。同時間帯に到着する他の旅行者との混載になる。

■配車サービス

グラブなどの配車サービスで車を呼ぶこともできるが、到着ターミナルは車が多く、ベトナム語ができないと運転手と会えない可能性があるので、慣れている人以外はおすすめしない。

■空港からタクシーを利用するときの注意点

ノイバイ空港から市内中心部までのタクシーの運賃体系は、メーター制から定額制になったり、またメーター制にもどったりと、これまでに何度も大きく変わっている。

現在、空港から市内中心部へはメーター制だが、市内中心部から空港へは、メーター制と定額制の両方がある。定額制のほうが安く、料金のトラブルもないので、空港への戻りは定額タクシーを利用したい。

●市内中心部からノイバイ国際空港へ

すっきりしたデザインのT2ターミナル

●ミニバス

T1（国内線ターミナル）とT2（国際線ターミナル）を結ぶ有料の電気自動車

T1・T2間移動の無料シャトルバスには最新の大型車輌が使われている

86番エクスプレスバスのバス停。空港行きのバス停はホアンキエム湖畔の中央郵便局前にある

■タクシー

　市内中心部から空港へは、タクシーの利用が一般的だ。国際線と国内線のターミナルは離れているので、どちらなのか運転手に伝えるのを忘れないようにしよう。

　国内線でもLCCを使う場合は、出発がEウィングという専用ターミナルになるので、そこまで乗せてもらうと楽だ。

　ホアンキエム湖周辺から空港までの料金は、往路と同じく40～45万VND程度。

　タクシー会社によっては22万VND程度の定額料金で行ってくれるサービスをしている場合もある。宿泊しているホテルに手配を頼むといいだろう。ただし手配に時間がかかる場合があるので、早めに依頼をしておきたい。

■配車サービス

　市内中心部から空港に向かう場合は、グラブなどの配車サービスも選択肢になる。ホアンキエム湖周辺からノイバイ空港までの運賃は25～30万VND程度。

■シャトルバス

　大教会の近くにあるベトナム航空会社のオフィス（25 Tràng Tiến, Q.Hoàn Kiếm）の前から、空港行きのシャトルバスが運行されている。運賃は4万VNDで、所要時間は40～50分。運行時間帯は朝6時～19時頃となる。

■送迎サービス

　宿泊しているホテルの空港送迎サービスを使うと安心だ。旅行会社でも手配可能。

体験！ 空港・市内間の移動で冷や汗

「国際線到着ターミナルで大手のタクシーを選んで乗ったのですが、運転手さんが道を知らなかったようで、携帯電話で会社に連絡をしたり、車を止めて道端の人に尋ねたり…。大教会の近くのホテルに到着するまで約1時間半。メーターは90万VND以上になっていました。ホテルの人が仲裁に入ってくれ、50万VNDで済みました」

（KYさん）

「レイトチェックアウトにしていたので、17時過ぎにホテルに戻り、空港までの定額タクシーの手配を頼みました。『今は込んでいますから、捕まらないかも』というホテルスタッフの言葉通り、いろいろな会社に電話をしてくれましたが全滅。メータータクシーも込んでいて、タクシーに乗れたのは結局1時間後でした」

（YNさん）

●市内交通

●評判のよいタクシー会社

ノイバイ Noi Bai Taxi	☎ 38868888
エービーシー ABC Taxi	☎ 37191919
マイリン Mai Linh Taxi	☎ 38333333
タクシーグループ Taxi Group	☎ 38535353

全国で営業しており、安心感の高いマイリンタクシー

●長距離バスターミナル

ザップバット・バスターミナル
Bến Xe Giáp Bát　☎ 38641467
map p.135-I外
ホーチミン、ダナンなど中部、南部方面行き

ミーディン・バスターミナル
Bến Xe Mỹ Đình　☎ 37685549
map p.134-D外
北部、西部方面行き

ザーラム・バスターミナル
Bến Xe Gia Lâm　☎ 38271529
map p.135-F外
ハロン湾、ハイフォンと北部方面行き

ルオンイエン・バスターミナル
Bến Xe Lương Yên　☎ 39270477
map p.135-I外
ハロン湾、ハイフォンと北部面行き

ハノイの路線バス

■タクシー

市街中心部には流しのタクシーがたくさん走っている。初乗り料金は各社異なるが、おおむね1万VND程度。市街中心部の移動なら5万VND程度が目安だ。

安心して乗れる会社としては、白い車体のタクシーグループ、緑のマイリン、ABCタクシーなどがあげられる

●タクシー運賃の目安

オペラハウス→大教会	2万5000VND
オペラハウス→ハノイ駅	3万VND
オペラハウス→ホーチミン廟	4万VND
オペラハウス→文廟	4万VND
オペラハウス→スアンジエウ通り(タイ湖)	9万VND
オペラハウス→民族学博物館	10万VND

■配車サービス

従来のタクシーやバイクタクシーを駆逐する勢いで増えているのが配車サービス(→p.183)だ。車種は7人乗り、4人乗り、2ドアの小型車、バイクと豊富。うまく使えばタクシーの半額程度で移動することが可能だ。

■電気バス

市内中心部の観光名所を回る電気自動車が運行されている。出発点は水上人形劇場の向かい側。コースは、旧市街を周るオプション1と、ホアンキエム湖南西部にある観光名所を周るオプション2の2つ。運賃は両ルートとも同じだが、手早く回るか、ゆっくり回るかで料金が異なる。

- 運行時間：8:00～22:00(毎日)
- 運行間隔：適宜
- 運賃：35分コース20万VND、60分コース30万VND（回るルートは同じ。オプション1、2とも同料金)。運賃は乗車してから運転手に払う。混雑時には整理券が配られる
- 問い合わせ先：ドンスアンコマーシャル社　☎ 39290509

■路線バス

主要な通りをカバーしている路線バス。運賃は路線によって異なり5000VND～。

路線バスの経路は複雑で、地元のベトナム人ですら自分がよく利用する路線以外は把握していないほどだ。しかし近年、路線バスの案内をしてくれるアプリが複数出てきて利用しやすくなった。

ハノイのバス路線に対応しているアプリとしては「Tim Buyt」(Tim＝探す、Buyt＝バス)がある。路線バスを利用したいならぜひインストールしておこう(→p.183)

●使いやすい路線

路線番号	主な経路	時間
47	Long Biên - Bát Tràng	約40分
	ロンビエンバスターミナルを始点とし、終点が陶器の村・バチャンという観光にピッタリ、かつ路線バス初心者にもわかりやすいので旅行者に人気のある路線だ。運賃は7000VND。	
23	Nguyễn Công Trứ - Nguyễn Công Trứ	―
	循環路線で、観光名所をたくさん通る。オペラハウス前、旧市街外周、レーニン公園とタンロン世界遺産、ホーチミン廟とバーディン広場、文廟など。運賃は7000VND。	
86	Ga Hà Nội - Sân bay Nội Bài,	約50分
	ノイバイ国際空港とハノイ駅を結ぶ長距離路線。タイ湖、旧市街、ホアンキエム湖の横を通るので、空港・市内中心部間のアクセスにも使える。運賃は3万5000VND。	

クリーム色の制服は交通警察

■ チャーターカー

　料金は1日$40〜100で、車種やルートによって異なる。運転手は英語が話せないので、旅行会社経由で手配し、日本語ガイドをつけてもらうのがいいだろう。
　チャーターできる車は、4人乗りのセダンからマイクロバスまで幅広い。長時間の利用または遠隔地に行く場合は、通常のタクシーをチャーターすることも可能性。料金交渉が必要だが、メーターで乗るより安くしてくれることが多い。

■ レンタバイク

　バイクを借りたいときは旧市街に行くといい。「Motorbike for rent」という看板が多数出ている。料金は1日10万VND〜。

■ バイクタクシー

　街を歩いていると、流しのバイクタクシーから声をかけられるが、料金交渉が必要な上、トラブルも多い。配車サービスのバイクタクシーの利用がおすすめ。

■ シクロ

　料金トラブルなどの被害が非常に多いので、体験乗車ができる市内観光ツアーに参加するのがいちばん安全。ホアンキエム湖周辺を起点に、旧市街を回る1時間ほどの体験乗車が手頃だろう。

主要観光地ではバイクタクシーが客待ちをしている

旧市街を走る観光シクロ

ワンポイントアドバイス ONE POINT ADVICE

おすすめ散策コース・ハノイ編

　車に乗って移動しているばかりでは、見えない顔があります。現地旅行会社スタッフに、おすすめの散策コースを教えてもらいました。
　ハノイを代表する名建築・オペラハウスで記念撮影をしてから歩きだしましょう。オペラハウスを背に、お洒落な雰囲気のチャンティエン通りを西に進みます。ホアンキエム湖に着いたらここを右折。左手に湖を見ながら、花壇や並木のある湖畔の遊歩道をゆっくり散策しましょう。5分も歩くと観光名所の玉山祠に到着するので見学。終了後は湖岸に沿って散歩を続けます。右手にバオカイン（Phố Báo Khánh）通りのサインが見えたら湖畔を離れて右折。賑やかな人の流れに乗って歩くと教会通りに到着です。正面には大教会の大きな塔が見えてきます。教会で記念撮影をした後は、近くのお洒落なカフェにどうぞ。

街角ワンショット

●インスタ映えする世界最長の壁画

ハノイには、2010年の遷都1000年を記念して作られた、長さ7kmにも及ぶ長大な陶器の壁画があり、インスタ映えする撮影スポットとして人気。「世界一長い陶器の壁画」としてギネスブックに認定されています。

壁画があるのは、ハノイ市のホン川（紅河）にそって南北に走るチャンクワンカイ Trần Quang Khải 通りからイエンフー Yên Phụ 通り周辺です。ロンビエン駅を目印にして訪れるといいでしょう。ベトナムの伝統的な模様や庶民の生活など、様々な情景が描かれた壁画は見ていて楽しくなります。

ワンポイントアドバイス
ONE POINT ADVICE

●ハノイの歴史

1000年の歴史を持つ、ベトナムの首都・ハノイ。その歴史を簡単に振り返ってみよう。

679年：ハノイに安南都護府が置かれる。
1010年：1009年にリータイトーが李朝を樹立、翌年に都をホアルー（現在のニンビン省）から現在のハノイの場所に移し、タンロンと名付けた。タンロンは「昇竜」の意味。
1802年：グエン朝が成立し、都がフエに移る。
1873年：フランス軍がハノイを攻撃し、武力で占領。
1940年：第二次世界大戦でフランスが降伏。日本軍がフランス領インドシナに進駐し、日本の実質的な占領下に入る。
1945年：ハノイでベトナム民主共和国の成立が宣言され、ハノイが首都となる。
1976年：南北ベトナムの統一によりベトナム社会主義共和国の首都となる。
2008年：周辺省を合併し、面積が約4倍、人口が約2倍となった。
2010年：遷都1000年を祝う。

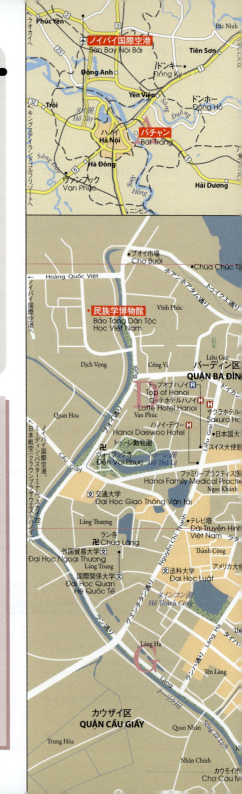

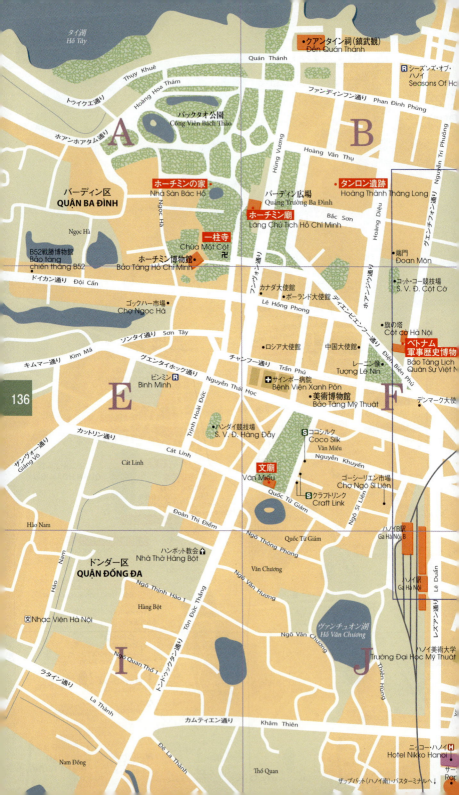

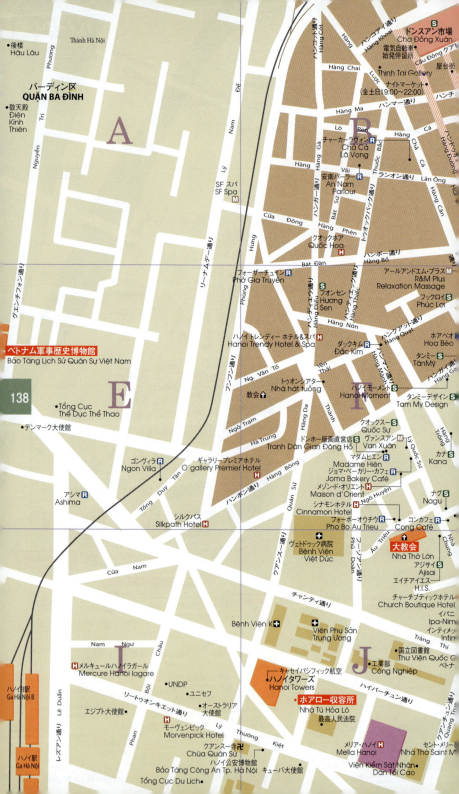

見どころ●ホアンキエム湖周辺

ホアンキエム湖
Hồ Hoàn Kiếm
🚶 大教会から徒歩4分
📷 ★★

夜に湖畔を散歩する人も多い

玉山祠
Đền Ngọc Sơn
🚶 ホアンキエム湖周辺（大教会から徒歩9分）
🏠 Đinh Tiên Hoàng
☎ 38255289
🕐 7:00～18:00（土・日曜～21:00）
休 なし
¥ 3万VND　📷 ★★

亀のはく製を見ることができる

大教会
Nhà Thờ Lớn
🚶 ホアンキエム湖周辺（ホーチミン廟から車で15分）
🏠 Nhà Thờ
📷 ★

教会内部のステンドグラス

大劇場（オペラハウス）
Nhà Hát Lớn
🚶 ホアンキエム湖周辺（大教会から徒歩13分）
🏠 1 Tràng Tiền　☎ 39330113
🕐 月～金曜の10:30～12:00まで、見学ツアーが行われている
¥ 1人40万VND(約1920円)
📷 ★

ライトアップされる夜もロマンティック

ホアンキエム湖　map●切りとり-34, p.139-G

玉山祠にかかる赤い橋は写真撮影のメッカ

昔からハノイ市民に愛されてきたこの湖には伝説がある。15世紀に黎朝を築いたレ・ロイ王は、湖から引き上げた剣で明軍からベトナムを守った。その後、戦勝報告に湖を訪れると、湖の底から亀が現れ、剣をくわえて戻っていった。この伝説に由来して、ホアンキエム＝還剣と呼ばれるようになった。

玉山祠　map●切りとり-29, p.139-G

インパクトのある真っ赤な外観が魅力的な玉山祠

1865年に建立された玉山祠は、ホアンキエム湖に浮かぶ小島、ゴックソン島にある。正殿内部には、13世紀に元の侵略を撃退した英雄、チャン・フン・ダオや学問の神様などが奉られている。1968年に湖で捕獲された体長2ｍ、250kgの巨大な亀のはく製があり、伝説の亀ではないかと話題になった。

大教会　map●切りとり-34, p.138-J

敷地内には1679年に建てられたハノイ最古の教会がある

フランス統治時代に建てられた教会。ネオゴシック様式の造りで、さまざまなステンドグラスが施された内部はとても美しい。黒ずんで、ところどころ崩れた壁面からは、歴史が刻んだ長い時間が感じられる。ミサは平日2回、日曜7回行われ、その時のみ中に入ることができる。

大劇場（オペラハウス）　map●切りとり-35, p.139-L

風格と気品あふれる大劇場

1911年にパリのオペラ座を模して造られた美しい劇場は、ハノイを代表する名建築だ。今も各種公演に使われている。ライトアップされる夜も美しい。1945年8月19日にこの劇場前の広場で、植民地支配からの蜂起を求める決起集会が行われ、約2週間後、9月2日に独立を勝ち取ることになった。

見どころ●博物館巡り

民族学博物館
map p.134-D

中心部からは少し離れるが、訪れる価値はある

ベトナムの54の民族が作り上げてきた豊かな文化を、充実した展示物で紹介しており、ハノイを代表する博物館との呼び声も高い。少数民族の生活道具、衣装など、1万5000点に及ぶ資料やジオラマなどによる展示で、彼らの暮らしや風習などが大変わかりやすく伝えられている

女性博物館
map●切りとり-34, p.137-K

女性という切り口から社会のあり方・変遷が学べる

ベトナムにおける女性を、さまざまな角度から紹介するユニークな博物館。家庭における女性、歴史の中の女性、女性のファッションという3つ分野に分かれている。戦争時の女性の活躍、服装、農民や少数民族の暮らしぶりなどを、実際に使われていた道具類や写真を使ってわかりやすく紹介している。

国立歴史博物館
map●切りとり-35, p.139-L

サイトA（旧・歴史博物館）

通りをはさんで建っていた歴史博物館と革命博物館が統合され、国立歴史博物館という名称になった。以前、歴史博物館だった建物がサイトA、革命博物館がサイトBと呼ばれており、前者では古代から近代まで、後者では19世紀から現代までの歴史を学ぶことができる。建物自体も一見の価値がある。

ホアロー収容所
map●切りとり-33, p.138-J

館内は薄暗い

19世紀末にフランスが造った監獄の跡。インドシナ戦争終結後、ベトナム戦争におけるベトナム人民軍の捕虜収容所として使われた。アメリカ軍捕虜も収容され、皮肉をこめて「ハノイ・ヒルトン」とも呼ばれていた。独房・集団房、拷問の道具などの展示品が当時の様子を生々しく伝えている。

民族学博物館
Bảo Tàng Dân Tộc Học Việt Nam
🚕 タイ湖周辺（大教会から車で30分）
🏠 Nguyễn Văn Huyên
☎ 37562193
⏰ 8:30〜17:30　休 月曜
💴 4万VND（カメラ持ち込み料別途5万VND）
★★★

言葉がわからなくても楽しめる

女性博物館
Bảo Tàng Phụ Nữ
🚕 ホアンキエム湖周辺（大教会から徒歩15分）
🏠 36 Lý Thường Kiệt
☎ 38259129、38259936
⏰ 8:00〜17:00
休 なし　💴 3万VND
★★★

入口にあるシンボル「ベトナミーズ・マザー」

国立歴史博物館
Bảo tàng Lịch sử quốc gia
🚕 ホアンキエム湖周辺（大教会から徒歩18分）
🏠 1 Tràng Tiền - 25 Tông Đản
☎ 38252853
⏰ 8:00〜12:00、13:30〜17:00
休 毎月第1月曜日
💴 4万VND、カメラ持ち込み1万5000VND、ビデオ持ち込み3万VND
★★★

ホアロー収容所
Nhà Tù Hỏa Lò
🚕 ホアンキエム湖周辺（大教会から徒歩14分）
🏠 1 Hỏa Lò　☎ 39342253
⏰ 8:00〜17:00
休 なし
💴 3万VND　★★★

⏰=見学時間の目安　★=外からの見学のみ、★★=内部も見学できるが時間はかからない、★★★=30分以上かけてじっくり見学　=トイレ

ハノイ

見どころ（ホアンキエム湖周辺／博物館巡り）

見どころ●ホーチミン廟周辺

ホーチミン廟
Lăng Chủ Tịch Hồ Chí Minh
🚌 タイ湖周辺（大教会から車で13分）
🏠 2 Ông Ích Khiêm
☎ 38455128
🕐 夏季7:30～10:30（日曜、祝日～11:00)、冬季8:00～11:00（日曜、祝日～11:30)
休 月・金曜。毎年10～11月ごろに改修のため約2ヵ月休館となる
料 無料

ホーチミンの家
Nhà Sàn Bác Hồ
🚌 タイ湖周辺（大教会から車で13分）
🏠 1 Bách Thảo
☎ 08043226
🕐 8:00～11:00、13:30～16:30
休 月・金曜の午後
料 2万5000VND

ホーチミンの家の内部

一柱寺
Chùa Một Cột
🚌 タイ湖周辺（大教会から車で13分）

タンロン遺跡
Hoàng thành Thăng Long
🚌 タイ湖周辺（大教会から車で13分）
🏠 9 Hoàng Diệu
☎ 37345427
🕐 8:30～11:30、14:00～17:00
休 月・金曜
料 3万VND

18番地の発掘現場も見学可能

ハノイの市外局番☎024

ホーチミン廟
map●切りとり-27, p.136-B

ハスの花をモチーフにしたデザイン

ホー・チ・ミンが眠るこの廟は、ベトナム戦争終結直後の、1975年9月2日の建国記念日に完成した。遺体はガラスケースの中に安置されている。内部見学の際は、入口で貴重品以外はすべて預けるほか、サンダルやノースリーブでの入館、館内での会話、写真撮影は禁止だ。

ホーチミンの家
map●切りとり-22, p.136-A

1958年から約11年間、ホー・チ・ミンが過ごした住まい

ホー・チ・ミンが実際に暮らしていた住居を公開している。青々と生い茂る草木に囲まれた屋敷前には池があり、2階建ての住居は高床式で簡素な造りをしている。1階は吹き抜けで、2階には小さな木の机をはじめ、時計やラジオなどの彼の愛用品が当時のまま残されている。

一柱寺
map●切りとり-27, p.136-A

2015年2月に改修工事が終了しきれいになった

1049年に建てられたハノイを象徴する古刹。1本の柱の上に仏堂をのせたことから一柱寺と呼ばれている。創建者は李朝のリー・タイ・トン。彼はハスの上で子供を抱く観音菩薩の夢を見て、自身が子供を授かったことから、感謝の意を込め、この寺を建てたといわれている。

タンロン遺跡
map●切りとり-27, p.136-B

9番地のハノイ城にはかつて軍の司令部も置かれた

遺跡はハノイ城（ホアンジエウ通り9番地）と、タンロン城遺跡（ホアンジエウ通り18番地）に分かれている。ハノイ城の敷地は広く、随所に建物が残っている。ゆっくり見て回ると1時間近くかかるだろう。タンロン城遺跡の発掘作業は今も進められており、その現場を見学することができる。

見どころ●ハノイ駅周辺

文廟

map●切りとり-32, p.136-F

観光客はもちろん、地元人も多い

1070年に、孔子を祀るために建てられた建物で、孔子廟とも呼ばれている。ベトナム最初の大学でもあり、ベトナムの学問の象徴ともいえる名所となっている。境内の左右には、亀の頭の台座を持つ大きな石碑が並んでいる。石碑には1442年から約300年間の官吏登用試験の合格者名が刻まれている。

文廟
Văn Miếu
🚌 タイ湖周辺(大教会から車で13分)
🏠 Văn Miếu Quốc Tử Giám
☎ 37335586
🕐 8:00～17:00　休 なし
💴 3万VND　★★

文廟の孔子像

ベトナム軍事歴史博物館

map●切りとり-28, p.136-F

展示品の戦車、戦闘機、ミサイルは戦争で使われていたもの

サイゴン陥落時に、大統領官邸に突入した戦車が展示されていることで知られている。これ以外にも、戦車や武器、戦闘機の無残な残骸などが展示されている。博物館の敷地内にある国旗掲揚塔(フラッグタワー)は、監視塔として1812年に建てられたもの。タンロン遺跡とともに世界遺産に含まれている。

ベトナム軍事歴史博物館
Bảo Tàng Lịch Sử Quân Sự Việt Nam
🚌 タイ湖周辺(大教会から車で8分)
🏠 28 Điện Biên Phủ
☎ 38234264
🕐 8:00～11:30、13:00～16:30
休 月・金曜
💴 3万VND (カメラ、ビデオカメラ持ち込みは一律2万VND追加)
★★

体験！ レンタバイクでタイ湖を一周

ハノイ市の北方にある大きな湖・タイ湖(西湖)をバイクで一周しました。大教会近くのNgõ Huyện通りでバイクを借りて、クアンタイ廟(鎮武観)を起点に、時計回りの反対にタイ湖を一周。

地図を持たずに走ったのですが、舗装された快適な道が湖に沿って続いていて、迷うことなく出発点の鎮武観まで戻ってくることができました。

途中、鎮国寺、西湖府などではバイクを停めて休憩。雰囲気のいいカフェやレストランもたくさんあって、休憩場所には事欠きませんでした。

見どころ●旧市街

旧家保存館
Bảo Tồn Tôn Tạo Phố Cổ Hà Nội
🚗 大教会から車で15分
📍 87 Mã Mây ☎ 39260585
🕗 8:00〜17:00 休 なし
💰 1万VND ★★

かつての人々の暮らしぶりがわかる

白馬祠
Đền Bạch Mã
🚗 大教会から車で15分
📍 77 Hàng Buồm, Q. Hoàn Kiếm
休 なし 💰 無料
★★

祠の中には白馬の像が飾られている

キムガン亭
Đình Kim Ngân
🚗 大教会から車で15分
📍 42-44 Hàng Bạc, Q. Hoàn Kiếm
☎ 097-2751556 定 なし
💰 無料

入口にいる書家の男性

■伝統芸能カチューの公演
キムガン亭内では月・水・金の20:00〜に、ユネスコの世界無形遺産に登録されている伝統芸能・カチューの公演行われる。鑑賞料29万VND。

旧家保存館 map●切りとり-29, p.139-C

中ではお土産物も販売している

昔のたたずまいをそのまま残している木造の伝統的家屋。1890年代に建てられたもので、もとは漢方薬を商う一家が暮らしていたといわれている。間口が狭くて奥行きが深く、中央部には採光を確保するための中庭があるという、昔の町家の典型的な間取りとなっている。

白馬祠 map●切りとり-29, p.139-C

旧暦の1日と15日は特別な賑わいをみせる

この祠は、1000年前、ここに都を築こうとした李朝の始祖リー・タイ・トーの、伝説に基づいて作られた。なかなか進まない城壁の建築に困っていたリー・タイ・トーは、ある日、街を走る白馬の夢を見た。その白馬の通った跡に城壁を建てたところ、強固な城壁ができたという。

キムガン亭 map●切りとり-29, p.139-C

ディンの中はお寺のようだ

ベトナムには集落ごとにディン（Đình）と呼ばれる建物がある。漢字で書くと「亭」。これは集落の守護神を祀る場所であると同時に集会所としても使われる大切な場所だ。旧市街にいくつか残っている由緒のあるディンの中でも、このキムガン亭は建物も美しく一見の価値がある。

ワンポイントアドバイス ONE POINT ADVICE

週末の歩行者天国

ハンガイ通りからドンスアン市場を結ぶ通りは、毎週金曜日から日曜日の18時頃から深夜近くまで歩行者天国になる。約1.5キロの通りに、200以上もの露店がびっしりと立ち並び、多くの人でにぎわう。
　ここの楽しみ方に関して、ハノイ在住者からのアドバイス。

安売りの服を目当てに来る女性も多い

「治安は決して悪くないですが、人出が多いので、やはりスリやひったくりには用心してください。それから、人は右側通行で流れているので、それに従って歩くのが疲れないコツです」とのこと。

五感を直撃！
ハノイ旧市街「36通り」を歩く

通りごとに異なる業種の店が軒を連ね、角を曲がるたびに情景が一変する。そんな通りが36あったというのが名前の由来だ。朝早くから夜遅くまで人々の日常と活気があふれている。

仏具

ハンクアット通り
map●切りとり-29、p.138-F

仏具関係の品々を扱う店が軒を連ねている。商売繁盛や行事の一式などがそろう。

ハンダオ通り
map●切りとり-29、139-G

衣料品の店が並び、休日は多くの人でにぎわう。以前ハンダオ通りには染め物業者がいた。

洋服

手芸品

ハンボー通り
map●切りとり-29、p.138-B

ハンボー通りとは籠通りの意味。ボタン、糸、ファスナーなど手芸品が何でもそろう。

紙仏具

ハンマー通り
map●切りとり-29、p.138-B

ハンマー通りでも数少ないラッピングの店。色とりどりの包装紙が所狭しと並んでいる。

ルオンヴァンカン通り
map●切りとり-29、p.138F

ユニークな表情をしたぬいぐるみや、日本にはない珍しいおもちゃなどがある。

玩具

漢方薬

ランオン通り
map●切りとり-29、p.138-B

ベトナムでは漢方の店が多く見られる。年輩から若者まで幅広い層に人気がある。

ブリキ

ハンティエック通り
map●切りとり-28、p.138-F

シンプルなブリキ製品が並び、アイディア次第でいろいろな使い方ができそう。

ハンドゥオン通り
map●切りとり-29、p.138-B

この辺りには、甘〜いお菓子などを売る店が多く、夕方になると女性客でにぎわう。

菓子

POINT

旧市街散策の際には、いろいろなルートがあって迷ってしまうが、タンロン水上人形劇場から入るコースがおすすめ。そこから北へ向かい、マーマイ通りで旧家保存館を見学。さらに北上して白馬祠を経て、ドンスアン市場へ。そこで引き返して今度は南下。仏具街のハンクアット通りを経てハンガイ通りに戻る。これで大体2時間くらいになる。

ハノイ　見どころ（旧市街）／「36通り」を歩く

レストラン ● 高級ベトナム料理

中心部　マダムヒエン　*Madame Hiên*　[ベトナム料理]

有名フランス人シェフが引き出す
ベトナム料理の新しい魅力

map ● 切りとり-34、p.138-F

　長くハノイに住むフランス人シェフが、斬新な切り口でベトナム料理をアレンジ。「ソフトシェルクラブの生春巻き」など、意外な組み合わせを美味しく仕上げている。セットは昼が19万8000VND、夜が49万5000VND〜。建物も優雅で美しい。

- 交 ホアンキエム湖周辺（大教会からから徒歩3分）
- 住 15 Chân Cẩm, Q. Hoàn Kiếm　☎ 39381588
- 営 10:00〜14:00、18:00〜23:00　定 なし　予 要　予算 ★★★

市街南部　ワイルドロータス　*Wild Lotus*　[アジア料理]

東西の文化がコラボレーション
ベトナム料理がベースのアジア料理を

map ● 切りとり-38、p.137-K

　かつて高級官僚が住んだ豪邸を改装した店で、西洋と東洋が融合された独特の雰囲気を持っている。メニューはベトナム料理を中心とするアジア料理。そこに西洋のテイストを加えて新しい味わいを創造している。予算は1人30万VND〜。

- 交 大教会から車で15分
- 住 55A Nguyễn Du, Q. Hai Bà Trưng　☎ 39439342
- 営 11:00〜14:30、17:30〜22:00　定 なし　予 要　予算 ★★★

市街南部　インドシン　*Indochine*　[ベトナム料理]

インドシナ時代を彷彿させる雰囲気
世界のVIPが訪れる名店

map p.135-I

　築約100年のフレンチヴィラを改装したレストラン。アラカルトメニューが充実し、ベトナム全土の料理が楽しめる。1品20万VND前後〜。料理の味はもちろん、各国の要人に選ばれるだけあって、スタッフのレベルの高さにも定評がある。

- 交 大教会から車で10分
- 住 38 Thi Sách, Q. Hai Bà Trưng　☎ 39424097　営 11:00〜22:00
- 定 なし　予 要　予算 ★★★

タイ湖　シーズンズ・オブ・ハノイ　*Seasons Of Hanoi*　[ベトナム料理]

上品な味わいが人気
隠れ家的な存在のレストラン

map ● 切りとり-23、p.136-B

　旧市街はずれの閑静な場所にある、フレンチヴィラを改築したクラシックな雰囲気のレストラン。アンティークの調度品が配されたシックな店内で、伝統的な北部料理を中心とした料理が味わえる。予算は1人30万VND〜。

- 交 タイ湖周辺（大教会から車で13分）
- 住 95B Quán Thánh, Q. Hoàn Kiếm　☎ 38435444
- 営 11:00〜14:00、18:00〜22:00　定 なし　予 要　予算 ★★★

ハノイの市外局番 ☎024　予 予約　予算 予算の目安　★$5以下　★★$5〜$15　★★★$15以上

レストラン ● 庶民的なベトナム料理

市街南部　クアンコムフォー　Quán Cơm Phố

ベトナム家庭料理

家庭的な味のベトナム料理を楽しみたいならここ

map●切りとり-39、p.137-L

庶民的な店構えだが、味の良さで地元の人に長年支持されている老舗。1品5〜10万VND程度で、セットメニューはないのでグループで訪れるのがおすすめ。2人で30万VNDもあればお腹いっぱいになる。写真付きメニューあり。スタッフも親切。

- 交 大教会から車で12分　住 29 Lê Văn Hưu, Q. Hai Bà Trưng
- ☎ 39432356　営 9:30〜14:00、16:30〜21:00　定 なし
- 予 不要　予算 ★★

タイ湖　センタイホー　Sen Tây Hồ

ビュッフェ

リゾート感覚の店内で楽しむ約100種類の北部料理

map p.135-B

庭園風になっていて広々とした店内に、100種類近いハノイ料理が並ぶ様子は圧巻。ランチが23万VND（月〜金）と27万VND（土日）。ディナーが27万VND（月〜金）と32万VND〜（土日）。身長1.4m以下の子供は割引料金で、1m以下は無料。

- 交 タイ湖周辺（大教会から車で25分）　住 614 Lạc Long Quân, Q. Tây Hồ
- ☎ 37199242　営 11:00〜14:00、18:00〜21:30
- 定 なし　予 ディナーは要　予算 ★★★

中心部　ゴンヴィラ　Ngon Villa

ビュッフェ

路上のグルメが楽しめる上品なビュッフェレストラン

map●切りとり-33、p.138-E

ベトナムの北部・中部・南部から集められた料理がビュッフェ形式で楽しめる。27万VND（昼のみ）、36万VND、58万VNDという3つのコースがある。築100年を超す3階建てのフレンチヴィラで、ノスタルジックな雰囲気が心地良い。

- 交 ハノイ駅周辺（大教会から車で8分）
- 住 10 Tống Duy Tân, Q.Hoàn Kiếm　☎ 32212222
- 営 10:00〜22:0　定 なし　予算 ★★★

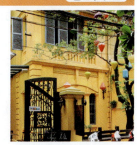

ワンポイントアドバイス　ONE POINT ADVICE

ベトナムは地ビールが多い。その土地の味を飲み干そう！

ベトナムにはいろいろな「地ビール（ベトナム語ではBia）」あります。

まずはハノイ。ここでは100年以上の歴史を持つビア・ハノイ（Bia Hà Nội）が圧倒的に有名です。象のイラストが印象的なビアハリダ（Bia Halida）もハノイ産。

中部のフエの代表選手といえばビア・フダ（Bia Huda）です。同じく中部のダナンでは、何と1909年から醸造されているというビアラルー（Bia Larue）をぜひ味わいましょう。

南部・ホーチミンではビアサイゴン（Bia Sài Gòn）とバーバーバー（333）。ビアサイゴンにはゴールド、スペシャル、エクスポート、ラガーの4銘柄があります。

最後に、日本のビールではサッポロが現地に工場を持っていて、ベトナムオリジナルのビールを生産しています。銘柄はサッポロビールプレミアムとブルーキャップの2つ。

レストラン●ハノイ名物の有名店

旧市街　チャーカーラヴォン　Chả Cá Lã Vọng　ハノイ名物

map●切りとり-29、p.138-B

**名物ライギョ料理は
この店が発祥の地**

　七輪上のフライパンで、雷魚とハーブを一緒に焼いて食べるハノイの名物料理・チャーカーラボンが楽しめる。この料理はこの店が元祖だといわれ、料理名が店のある通りの名前になっているほど。メニューはこれ1品で1人前17万VND。

- 交 大教会から徒歩10分　住 14 Chả Cá, Q. Hoàn Kiếm
- ☎ 38253929　営 11:00～14:00、17:00～21:00
- 定 なし　予 予約が望ましい　予算 ★★

旧市街　ダックキム　Đắc Kim　ハノイ名物

map●切りとり-28、p.138-F

**売り切れゴメンの
ブンチャー専門店**

　ブンチャー（Bún Chả）とは、米麺のブンを炭火焼肉の入った甘酸っぱいタレにつけて食べるハノイ名物。ここは1966年創業の老舗だ。1人前6万VNDと高いがボリュームたっぷり。メニューはこれ一品だけで、揚げ春巻きをつけると3万VNDプラス。

- 交 大教会から徒歩8分　住 1 Hàng Mành, Q. Hoàn Kiếm
- ☎ 38285022　営 9:30～21:00
- 定 なし　予 不可　予算 ★★

タイ湖　バイントムホータイ　Bánh Tôm Hồ Tây　ハノイ名物

map p.135-B

**ハノイ名物・エビの天ぷらは
元祖といわれるこの店で**

　バイントムホータイは直訳すると「タイ湖風エビのケーキ」で、中身はエビの天ぷら。タイ湖とチュックバック湖を分ける道沿いにあるここは1956年創業で、料理名がそのままに店名なっている有名店だ。1皿7万VND。料理の種類は他にも多い。

- 交 タイ湖周辺（大教会から車で15分）　住 1 Thanh Niên, Q. Tây Hồ
- ☎ 38293737　営 9:00～21:00
- 定 なし　予算 ★★

体験！ブンチャーオバマに行ってみた

　アメリカ合衆国のオバマ大統領（当時）が2016年5月にハノイを公式訪問した際、非常に庶民的な店でブンチャーを食べたことが、大きな話題になりました。お店に行くとその時の写真が飾ってあります。その後、お店は大統領の座った席をガラスケースで囲んで展示し、注文したのと同じ料理をセットにした「オバマコンボ」を8万5000VNDで売り出したそうです。

●ブンチャーフォンリエン

map●切りとり-39、p.137-L
Bún chả Hương Liên
24 Lê Văn Hưu,
Q.Hai Bà Trưng
☎ 39434106
営 8:00～21:00

ハノイの市外局番 ☎024

レストラン ● 一芸に秀でた専門店

| 旧市街 | ソイイェン　*Xôi Yến* | おこわ |

しっかりと味のついたおこわ
具の選択肢も多種多様

map ● 切りとり-29、p.139-G

　煮卵やハムなどいろいろな具がのった「五目おこわ」のソイタップカム (Xôi Thập Cẩm) 5万VNDがおすすめ。見た目以上の食べごたえがある。ほかにも鶏肉がのったおこわ・ソイガールック (Xôi Gà Luộc) 4万VNDなど。持ち帰りもできる。

交 大教会から徒歩10分　住 35B Nguyễn Hữu Huân, Q. Hoàn Kiếm
電 39263427　営 5:00〜23:00
定 なし　予 不要　予算 ★

| タイ湖 | ビンミン　*Bình Minh* | 焼き鶏 |

炭火で焼いた
鶏のモモ肉は絶品

map ● 切りとり-26、p.136-E

　目の前で香ばしく焼き上げる鶏肉目当ての客で賑わう人気店。モモ肉6万VNDほか、鶏のいろいろな部位が楽しめる。サイドメニューで食べる蜂蜜がのったバゲットも美味しい。1人20万VNDあれば満腹だ。日本人客も多くメニューは日本語つき。

交 タイ湖周辺（大教会から車で15分）　住 5 Lý Văn Phúc, Q. Đống Đa
電 38434583　営 16:00〜23:00　定 なし　予 不要
予算 夜 ★★

| 旧市街 | アシマ　*Ashima* | キノコ鍋 |

絶妙のスープベースに
盛りだくさんのキノコを入れて

map ● 切りとり-33、p.138-E

　地元在住外国人にもベトナム人にも大人気。鍋のスープは5種類、キノコは10種類以上あって、好きなものを組み合わせて入れよう。店員さんにお任せで選んでもらうこともできる。1人前29万5000VNDのセットメニューもあり。

交 大教会から車で10分　住 21 Điện Biên Phủ, Q. Hoàn Kiếm
電 37344600　営 10:00〜22:00
定 祝日　予 要　予算 ★★

| 旧市街 | ハイウェイフォー　*Highway 4* | 地酒専門店 |

ベトナムの地酒を堪能
少数民族の珍しい料理も美味

map ● 切りとり-29、p.139-G

　ここの特徴は20種類近く揃ったオリジナルの地酒。グラス1杯3万8000VND〜、ボトル26万VND〜。お酒だけではなく、北部にいる少数民族の料理も味わうことができる。2号店（25 Bát Sứ, Q. Hoàn Kiếm）など市内に4店舗を展開している。

交 大教会から車で10分　住 5 Hàng Tre, Q.Hoàn Kiếm
電 39264200　営 8:00〜24:00
定 なし　予算 ★★

レストラン●本場・ハノイで食べるフォー

| 旧市街 | **フォーザーチュイン** *Phở Gia Truyền* | 牛肉フォー専門店 |

毎日行列ができる
並んででも食べたい伝統の味

map●切りとり-28、p.138-F

しばしば「ハノイでいちばんおいしいフォー屋」に名前が挙がる老舗。メニューは牛肉のフォーのみで、上にのせる肉の種類によって4万VND、4万5000VND、5万VNDの3種類に分かれる。生卵の追加は5000VND。

交 大教会から徒歩10分　住 49 Bát Đàn, Q. Hoàn Kiếm　電 なし
営 6:00～11:00、17:00～22:00　休 なし　予 不要
予算 ★

| 市街南部 | **フォーティン** *Phở Thìn* | 牛肉フォー専門店 |

1つだけのメニューで
30年以上、勝負を続ける有名店

map●切りとり-39、p.137-L

ここのメニューは半生の牛肉をのせたフォーボータイ（Phở Bò Tái）5万5000VND、1品のみ。非常にコクのあるスープ、麺の上に山盛りになった牛肉とネギが特徴で、癖になる味。店の人は無愛想で店内も清潔ではないが、それでも通ってしまう。

交 大教会から車で10分
住 13 Lò Đúc, Q. Hai Bà Trưng
電 38212709　営 6:00頃～20:30頃　休 なし　予算 ★

| 大教会周辺 | **フォーボーオウチウ** *Phở Bò Ấu Triệu* | 牛肉フォー専門店 |

店名不要。「大教会近くの
フォーのおいしい店」で通じる

map●切りとり-34、p.138-F

この店には正式な店名がない。お店にも看板は出ていない。しかし「オウチウ通りのフォーボー屋」だけで通じてしまうほど愛されている店だ。白湯麺のように濁り気味のスープはコクがある。1杯5万5000VND。

交 大教会から徒歩1分　住 34 Ấu Triệu, Q. Hoàn Kiếm
電 なし　営 6:30～11:00（売り切れたら閉店）
休 なし　予算 ★

| 市街南部 | **マイアイン** *Mai Anh* | 鶏肉フォー専門店 |

鶏肉のフォーを食べたいなら
ここで決まり！

map●切りとり-39、p.137-L

牛肉のフォー（Phở Bò）が多い中、鶏肉のフォー（Phở Gà）一筋で勝負してきた老舗中の老舗。料金は鶏肉の種類によって異なり5万5000VND～6万5000VND。大盛可。澄んだスープは見た目の通りさっぱり味だ。閉店時刻が早いので要注意。

交 大教会から車で12分　住 32 Lê Văn Hưu, Q. Hai Bà Trưng
電 39438492　営 05:00～16:00
休 なし　予算 ★

ハノイの市外局番☎024　予 予約　予算 予算の目安　★$5以下　★★$5～$15　★★★$15以上

レストラン●フランス料理

旧市街　グリーン・タンジェリン　Green Tangerine　フランス料理

map●切りとり-29、p.139-G

築100年近い由緒あるヴィラで定評あるフレンチを

料理のレベルの高さ、そして1928年に建てられた瀟洒な洋館を使ったお店の雰囲気の良さで、ハノイに多数あるフレンチの中でも人気がある老舗。天気の良い日は中庭の席も気持ちがいい。お得なランチセットは29万5000VND〜。

- 交 大教会から徒歩13分
- 住 48 Hàng Bè, Q. Hoàn Kiếm
- ☎ 38251286　営 11:00〜23:00　定 なし　予 ディナーは予約が望ましい
- 予算 ★★★

中心部　プレスクラブ　Press Club　フランス料理

map●切りとり-35、p.139-L

ハノイでもっとも格式の高いフレンチレストランの1つ

1997年の創業以来、ハノイを代表するフレンチレストランの座にある名店。ランチセットが45万VND〜、ディナーセットは110万VND〜。一品料理は75万VND〜。ワインはフランス産を中心に600種類以上。建物は1920年代までさかのぼる。

- 交 ホアンキエム湖周辺（大教会から徒歩10分）
- 住 59A Lý Thái Tổ, Q. Hoàn Kiếm　☎ 39340888
- 営 7:00〜23:00　定 なし　予算 ★★★

タイ湖　ジャーディン・フレンチ・ビストロ　Le Jardin French Bistro　フランス料理

map p.135-B

味も雰囲気もサービスも湖のそばで頂く高級フレンチ

タイ湖畔に建つ緑豊かな一軒家をつかったフランス料理店で、落ち着いた雰囲気で、優雅な食事が楽しめる。各種チーズの盛り合わせ19万9000VND、鴨肉のステーキ29万VNDなど。多彩なデザートも美味しいので見逃しなく。

- 交 タイ湖周辺（大教会から車で20分）　住 54 Quảng An, Q. Tây Hồ
- ☎ 62593300　営 10:00〜22:30
- 定 なし　予算 ★★★

体験！フレンチコロニアルの名建築

ハノイには、ホーチミン以上にフレンチコロニアル様式の建築が数多く残っています。観光名所以外でも建築美が楽しめる場所もたくさん！下にあげたのはごく一部。街歩きをしながら探してみてはどうでしょうか？

●**国防省ゲストハウス**　map●切りとり-35、p.137-L
Nhà Khách Bộ Quốc Phòng
1877年にフランス軍の兵舎として建てられたハノイで最も古い西洋建築。
住 33A Phạm Ngũ Lão, Q. Hoàn Kiếm

●**ハノイ国家大学**　map●切りとり-40、p.137-L
Đại Học Quốc Gia Hà Nội
インドシナ様式で1926年に建てられた。
住 19 Lê Thánh Tông, Q. Hoàn Kiếm

●**ベトナム国家銀行**　map●切りとり-35、p.137-H
Ngân Hàng Nhà Nước Việt Nam
アールデコ様式で1930年に建てられた。
住 49 Lý Thái Tổ, Q. Hoàn Kiếm

レストラン ● 個性豊かなハノイのカフェ

中心部　コンカフェ　*Cong Café*　〈カフェ〉

配給時代のハノイを再現した
レトロな雰囲気が大人気

map●切りとり-34, p.138-F

　80年代に使われていた調度品や古い書籍をインテリアに使い、まだベトナムが素朴で貧しかった頃の生活を、お洒落な感じで再現している。ハノイが発祥で、次々と店舗を増やし、ホーチミン、ダナンにも進出している。コーヒー3万VND〜。

- 交 大教会周辺（大教会から徒歩1分）
- 住 27 Nhà Thờ, Q. Hoàn Kiếm　☎ なし　営 8:00〜23:00　定 なし
- 予 不要　予算 ★

旧市街　カフェジャン　*Cafe Giảng*　〈カフェ〉

2018年4月、日本に支店を出した
エッグコーヒーの元祖

map●切りとり-29, p.139-G

　日本でも一気に注目を集めるようになったベトナムのエッグコーヒーは、1946年創業のこの店が元祖。味は濃厚で「飲むティラミス」と形容される。入口は狭いが、階段を登ったところにある店内は意外と広い。アイス、ホット共に2万5000VND。

- 交 旧市街（大教会から車で5分）　住 39 Nguyễn Hữu Huân, Q.Hoàn Kiếm
- ☎ 0989892298　営 7:00〜22:30
- 定 なし　予算 ★

中心部　ハイランズコーヒー　*Highlands Coffee*　〈カフェ〉

オペラハウスの隣という
絶好のロケーション

map●切りとり-35, p.139-L

　全国に展開するカフェチェーンだが、立地が素晴らしい。ガーデンカフェになっていて、オペラハウスを眺めながら、パラソルの下や木陰の席で優雅な時間を過ごそう。ここもメニューは他店と同じで、コーヒー2万9000VND〜。

- 交 ホアンキエム湖周辺（大教会から徒歩10分）
- 住 1 Tràng Tiền, Q. Hoàn Kiếm　☎ 39334947
- 営 7:00〜23:00　定 なし　予算 ★

中心部　ジョマ・ベーカリー・カフェ　*Joma Bakery Café*　〈カフェ〉

おすすめは焼き立てベーグル
サンドイッチからスイーツまで

map●切りとり-33, p.138-F

　クリームチーズ入りベーグル6万VNDをはじめ、ドーナッツ2万5000VND、マフィン4万VNDなどが楽しめる。素材にこだわっており、コーヒーはオーガニック。屋外席と屋内席があり、落ち着いた雰囲気で、つい長居をしてしまう人が多い。

- 交 大教会から徒歩2分
- 住 22 Lý Quốc Sư, Q. Hoàn Kiếm　☎ 37473388　営 7:00〜21:00
- 定 なし　予 不要　予算 ★★

ハノイの市外局番 ☎ 024

レストラン●スイーツ

中心部　ケムチャンティエン　Kem Tràng Tiền　［アイスクリーム］

map●切りとり-34、p.139-K

半世紀以上の歴史を持つ
ハノイっ子が大好きなアイス

見た目は単なる普通のアイス屋さんだが、実は50年以上、ハノイ市民に愛され続けて来た老舗だ。緑色の棒付きアイスのケムコム（Kem Cốm）8000VNDが看板商品で、それ以外にも緑豆のアイスなど、素朴な味のアイスが売られている。

交 ホアンキエム湖周辺（大教会から徒歩7分）
住 35 Tràng Tiền, Q. Hoàn Kiếm　☎ 39412849
営 8:00～22:00　定 なし　予算 ★

中心部　クラブバー　Le Club Bar　［スイーツ］

map●切りとり-34、p.139-L

チョコレートビュッフェは
甘い物好きなら必食

最高級ホテル・メトロポールの中にあり、大人気なのが毎日15:00～17:30まで提供されているチョコレートビュッフェ60万VNDだ。かつてここに泊まった名優の名前を頂いたパフェ「チャーリー・チャップリン」28万VNDもおすすめ。

交 ホアンキエム湖周辺（大教会から徒歩10分）
住 15 Ngô Quyền, Q. Hoàn Kiếm　☎ 38266919（ホテル代表番号）
営 11:30～23:00　定 なし　予算 ★★★

旧市街　ホアベオ　Hoa Béo　［カットフルーツ］

map●切りとり-29、p.138-F

南国の果物の盛り合わせ
ヨーグルトかアイスをのせて

ハノイで人気のスイーツがカットフルーツを盛り合わせたホアクアザム（hoa quả dầm）だ。ここは人気店で人だかりがしている。1皿2万5000VND。ヨーグルトのせhoa quả sữa chuaは3万VND、アイスのせhoa quả kemは3万5000VND。

交 大教会から徒歩5分　住 17 Tố Tịch, Q.Hoàn Kiếm
☎ 0937541988　営 9:00～23:00
定 なし　予算 ★

ワンポイントアドバイス　ONE POINT ADVICE

庶民的な店が集まる
旧市街の中の屋台街

ドンスアン市場の近くに庶民が集う美食街があります。特に名前はついていないのですが、クアドン（Cầu Đông）通りとハンチエウ（Hàng Chiếu）通りを結ぶ路地の中に、多種多様な屋台が軒を連ねています。エビ、カニといったシーフードから、気軽に食べられる麺類、さらにはチェーなどのおやつ類まで楽しめます。

バイクがようやく1台通れるくらいの狭い通りには、ベトナム人だけでなく外国人旅行者の姿もよく見かけます。ハンチエウ通り側から入ったほうがわかりやすいでしょう。営業時間は店によって異なりますが、どこも早朝から夜まで営業しています。

map●切りとり-29、p.138-B

ショップ●雑貨

中心部　ナグ　Nagu

なごみ雑貨

**普段使いにしたい
さりげないデザインの品が並ぶ**

map●切りとり-34、p.138-F

　お土産用の品は、普段使いにしづらいことが多いが、ここの雑貨類は日常生活にも馴染むテイストだ。編み笠をちょこんとかぶったオリジナルのクマのぬいぐるみは、この店のトレードマークのような存在。日本人オーナーで、ホーチミン店もある。

- 交 大教会から徒歩1分
- 住 20 Nhà Thờ, Q. Hoàn Kiếm　☎ 39288020　営 8:00～21:00
- 定 なし

教会通り　アジサイ　Ajisai

雑貨

**日本人にターゲットを絞った
日本人オーナーの店**

map●切りとり-34、p.138-J

　日本人オーナーがベトナム各地の雑貨を集めた店で、日本人旅行者の好みのものが幅広く揃っている。バラマキ土産にぴったりな、手頃な値段の小物も多い。コーヒーやお菓子など食品類も多数。ハノイに5店舗、ダナン、ホイアンにも店舗あり。

- 交 大教会から徒歩1分
- 住 8 Nhà Chung, Q. Hoàn Kiếm　☎ 39380219
- 営 9:00～20:00　定 なし

タイ湖　クラフトリンク　Craft Link

少数民族

**少数民族への直接注文と
徹底した品質管理で高品質を維持**

map●切りとり-32、p.136-F

　少数民族の雑貨の品揃えと質ではハノイ随一の店。2階まである店内には少数民族の工芸品が並び、それらを作った民族を紹介するパンフレットが添えられている。少数民族の手仕事のクオリティは高く品数も多い。NGOが運営している。

- 交 タイ湖周辺（大教会から車で13分）
- 住 43 & 51 Văn Miếu, Q. Đống Đa　☎ 37336101
- 営 9:00～18:00（ただし12:15～13:15は昼休み）　定 なし

ワンポイントアドバイス　ONE POINT ADVICE

カフェ＋お土産＋情報源＝安南パーラー

　旧市街にある「安南パーラー」は、「ベトナムの魅力を発見できる場」がコンセプトのショップ＆カフェ。日本語ツアーも催行しており、最新の観光情報も入手できるので、ぜひ一度、足を運んでください。
　カフェコーナーでは、ベトナム産アラビカ豆を100％使用した安南コーヒーや、バインミー、チェーといった、ベトナムを代表するローカルフードなどが楽しめます。

　お土産では、マンゴー、パクチーなど9種類のラスクをセットにしたラスクアソート15万5000VNDが人気です。

map●切りとり-28、p.138-B
- 交 旧市街（大教会から車で10分）
- 住 24 Hàng Vải, Q. Hoàn Kiếm
- ☎ 32668096　営 9:00～21:00　定 なし
- HP http://annamparlour.com/

ハノイの市外局番 ☎024

ショップ ● ファッション

旧市街　タンミーデザイン　*Tân Mỹ Design*　【ファッション】

**創業は1969年。4世代にわたって
ハノイ女性が受け継ぐ伝統の技術**

map●切りとり-29、p.138-F

　1969年以来、ハノイを代表する刺しゅうの店として営業してきたタンミーが開いた大型ブティック。品質は折り紙付きだ。最高級シルクのドレスが約600万VND〜。カフェを併設。刺しゅう製品は1号店のタンミー（66 Hàng Gai）にも多数あり。

- 交 旧市街（大教会から徒歩10分）
- 住 61 Hàng Gai, Q. Hoàn Kiếm　☎ 39381154
- 営 8:30〜19:00　定 なし

タイ湖　ココシルク　*Coco Silk*　【シルク】

**ツボをおさえたデザインと品揃えで
日本人御用達**

map●切りとり-32、p.136-F

　店名に「シルク」とあるとおり、シルクウェアを中心に扱うブティック。アオザイ、ワンピースなど女性ものだけでなく、男性用のシャツやスーツのオーダーメードもできる。スカーフ、バッグなどの小物もあり。店員は日本語が話せるので安心だ。

- 交 文廟周辺（大教会から車で15分）
- 住 35 Văn Miếu, Q. Đống Đa　☎ 37471535
- 営 8:00〜18:00　定 なし

中心部　カナ　*Kana*　【ファッション】

**オリエンタルテイストが
さり気なく入った洋服が人気**

map●切りとり-29、p.138-F

　女性用ファッションの老舗。かわいい柄の洋服が店内にズラリと並ぶ。サイズも豊富で値段も手ごろ。中国風の襟にくるみボタンが付いたデザインが可愛い。刺しゅうやスパンコールをあしらったカバンも人気。同じ通りの56番地にも店がある。

- 交 ホアンキエム湖周辺（大教会から徒歩3分）
- 住 41 Hàng Trống, Q. Hoàn Kiếm
- ☎ 39286208　営 8:00〜19:30　定 なし

ワンポイントアドバイス　ONE POINT ADVICE

乗り降り自由なオープンデッキバス

　2018年5月30日から2階建てのオープンデッキバスの運行が始まりました。大教会、タンロン遺跡、文廟、オペラハウス、タイ湖など市内の観光名所13カ所を循環し、乗り降りは自由。乗車券は4時間有効のものが30万VND、24時間が45万VND、48時間が65万VNDとなっています。運行は30分間隔で9時から17時まで。ホアンキエム湖の北にインフォメーションセンターと乗り場があります。

詳細はウェブサイトでご確認ください。
HP https://hopon-hopoff.vn/

ショップ●専門店

旧市街　フックロイ　*Phúc Lợi*　【ハンコ】

小さい店だが手作りのハンコでは
長年人気ナンバーワンの存在

map●切りとり-29、p.138-F

　1個$3～と手頃に作れるオーダーメードハンコが旅行者に大人気。日本人客も多く、漢字、ひらがな、カタカナ、いずれにも対応してくれる。素材は木、石、ゴムなど。豊富なデザインサンプルから選んで注文できるので便利だ。

- 旧市街（大教会から徒歩7分）
- 6 Hàng Quạt, Q. Hoàn Kiếm　☎ 38245171
- 8:00～19:00　休 なし

中心部　ドンホー版画直営店　*Tranh Dân Gian Đông Hồ*　【版画】

ドンホー版画の専門店は
ベトナムでもここ1軒だけ

map●切りとり-28、p.138-F

　ドンホー版画は、ベトナムを代表する伝統工芸の1つだが、現在、その技術を継承しているのは2家族のみ。そのうちの1つ、チェー氏の家族が経営するショップ。絵はがきサイズは1枚2000VNDと値段も手頃なので、ぜひお土産に。

- 大教会から徒歩5分
- 16 Chân Cầm, Q. Hoàn Kiếm　☎ 0934651238
- 8:00～17:00　休 なし

旧市街　フオンセン　*Hương Sen*　【蓮茶】

皇帝たちが愛飲した
本物のハス茶を売る貴重な店

map●切りとり-28、p.138-F

　旧市街の一角にある小さなお茶屋。店構えは簡素だが、本物のハス茶を製造・販売している数少ない店の1つ。高級茶葉のハス茶は50g入りが27万5000VND。ハスの実の甘納豆もおいしいので合わせて購入したい。試飲も可能。

- 旧市街（大教会から徒歩8分）
- 15 Hàng Điếu, Q. Hoàn Kiếm　☎ 38246625
- 8:00～18:30　休 なし

中心部　クオックスー　*Quốc Sự*　【刺しゅう画】

1958年創業という老舗
驚くほど精緻な刺しゅう絵画

map●切りとり-29、p.138-F

　創業者はベトナムで、人間国宝級の扱いを受けている刺しゅうの職人。工房には200人以上の熟練職人を抱えている。刺しゅうによる絵画だけでなく、巾着袋など刺しゅう入りの実用品もある。

- 大教会から徒歩3分
- 21b Lý Quốc Sự, Q. Hoàn Kiếm　☎ 0912818168
- 8:30～19:00　休 なし

ハノイの市外局番 ☎024

ショップ ● 市場とショッピングセンター

旧市街　ドンスアン市場　Chợ Đồng Xuân　［市　場］

周辺にも露店が立ち並び、活気があふれるハノイ最大の市場

map ● 切りとリ-24、p.138-B

　フランス統治時代に、道端にあふれる露店を収容する目的で作られた。当時の建物は火災により消失し、現在のものはかつての風合いを残して再建されたものだ。1階では日用品や食料品、2階では衣料品や生地が売られている。

- 交 大教会から車で15分　住 Đồng Xuân, Q. Hoàn Kiếm
- ☎ 39280671　営 およそ6:00〜18:00
- 定 なし

市街南部　ホム市場　Chợ Hôm　［市　場］

ハノイ庶民の素顔が見られる2階の生地売り場がおすすめ

map ● 切りとリ-39、p.137-K

　旧市街のドンスアン市場と並ぶハノイの2大市場。こちらのほうがさらに生活感にあふれている。1階は生鮮食料品や果物の売り場で飲食コーナーもある。買い物をするなら2階へ。生地の品揃えが豊富だ。

- 交 大教会から車で10分
- 住 22 Huế, Q. Hai Bà Trưng　☎ なし
- 営 6:00頃〜18:30頃　定 なし

中心部　インティメックス　Intimex　［スーパー］

インスタント麺や調味料などベトナム食材を買うのにおすすめ

map ● 切りとリ-34、p.138-F

　インスタントのフォーをはじめ、ベトナムのコーヒーやお茶、調味料などをまとめ買いするときに便利だ。スーパーマーケットなので、もちろん定価制。夕方になると買い物にくる地元の人で混雑するので、昼間に訪れるのがお勧め。

- 交 ホアンキエム湖周辺（大教会から徒歩5分）
- 住 120 Hàng Trống, Q. Hoàn Kiếm　☎ 38256148
- 営 8:00〜22:00　定 なし

ワンポイントアドバイス　ONE POINT ADVICE

奇跡の宝石・スタールビー　ベトナムは世界有数の産地の1つ

　光が当たると、その表面に星があらわれるスタールビーは、希少性が高く「奇跡の宝石」といわれています。その世界有数の産地の1つがベトナムなのです。

　歌舞伎俳優の市川海老蔵さんが、フリーアナウンサーの故・小林麻央さんと結婚したときに、ベトナム産のスタールビーのネックレスを贈った話は有名です。

　そんなスタールビーを扱っているのがこのお店。ルビーは1つ$300前後〜。オーナーの日本人はこの道20年以上というプロ中のプロ。

- ● スターロータス　Star Lotus　map p.135-I
- 交 市街南部（大教会から車で10分）
- 住 58 Tô Hiến Thành, Q. Hai Bà Trưng
- ☎ 0904855353（日本語）　営 9:00〜21:00
- 定 なし　HP http://www.starlotus.com.vn/

リラックス●本格的なスパを楽しもう

タイ湖　ゼンスパ　Zen Spa　スパ

ナチュラル系スパの代表選手。
2004年の創業以来、日本人にも人気

map p.135-B

ベトナム産の薬草を使用した伝統的トリートメントを提供。40分80万VNDのフェイシャルから、3時間20分のパッケージ302万VNDまで、メニューは豊富だ。創業者でオーナーのフォン女史は、ベトナムのスパ業界では知らない人がいない有名人。

- タイ湖周辺（大教会から車で20分）
- 164 Từ Hoa, Q. Tây Hồ　☎ 37199889
- 9:00～21:00　定 なし　HP http://zenspa.vn/

旧市街　SFスパ　SF Spa　スパ

落ち着いた雰囲気とレベルの高い施術で
在住日本人女性から絶大な支持

map●切りとり-28、p.138-B

フェイシャル、フット、ボディマッサージからパッケージメニューまでコースが多彩。設備もジャクジー、サウナなど充実。アロマセラピートリートメント60分49万9000VND。ホアンキエム湖が見える2号店（7 Cầu Gỗ, Q. Hoàn Kiếm）もある。

- 大教会から車で8分
- 30 Cửa Đông, Q. Hoàn Kiếm　☎ 37475301、37475637
- 9:00～23:30　定 なし　要　HP https://sfintercare.com/

旧市街　ハノイラベルスパ　Hanoi La Belle Spa　スパ

「値段以上の満足が得られる」と
多くの旅行者が絶賛

map●切りとり-29、p.139-G

アロマの香りが心地よい店内で、事前に飲み物と茶菓子をいただきながら、問診表に希望を記入して施術を受ける。フットマッサージは45分35万VND～。ボディマッサージは60分49万VNDから。フェイシャルなどスパメニューも評判がいい。

- 大教会から車で8分　20 Hàng Thùng, Q. Hoàn Kiếm＊入口はNguyễn Hữu Huân通りにあるので要注意　☎ 66869163
- 9:00～23:00　定 なし　HP http://hanoilabellespa.com/

タイ湖　アナムキューティースパ　Anam QT Spa　スパ

数々の賞を受けている老舗スパ
パッケージメニューがお得

map p.135-B

1996年創業で、数々の賞を受けている老舗。フェイシャル、ネイルなどの単品メニューからパッケージプランまである。ボディマッサージ60分82万VND～。男性には3時間15分208万VNDのメンズデイドリームパッケージが人気だ。

- タイ湖周辺（大教会から車で20分）
- 9 Xuân Diệu, Q.Tây Hồ　☎ 0902286116　10:00～22:00
- なし　不要　HP https://www.anamqtspa.com/

ハノイの市外局番☎024

リラックス ● 庶民派マッサージ

旧市街 ヴァンスアン *Vạn Xuân* 【フットマッサージ】

市内に3店舗を展開する
2001年創業の老舗

map ● 切りとり-29、p.138-F

　長年、地元のベトナム人に支持されている最大の理由は、施術士のレベルが揃っていること。70分、90分、120分と3つのコースがあり、15万VND〜。フット1時間＋ボディ1時間のパッケージ28万VNDが人気。チップは5万VND〜を目安に。

- 交 大教会から徒歩3分
- 住 18 Lý Quốc Sư, Q. Hoàn Kiếm
- ☎ 22188833
- 営 10:00〜23:30
- 定 なし
- 予 不要

旧市街 アールアンドエム・プラス *R&M Plus Relaxation Massage* 【フットマッサージ】

45分のお手軽コースあり
料金にはチップ込みで日本人に人気

map ● 切りとり-29、p.138-F

　大教会近くにあって人気のR&Mが2018年5月にオープンした2号店で、こちらはシャワーと男女別の更衣室がある。45分、70分、90分、120分と4つのコースが設定されており、15万VND〜。フット1時間＋ボディ1時間のパッケージは36万VND。

- 交 大教会から徒歩8分
- 住 60 Hàng Gai, Q. Hoàn Kiếm
- ☎ 62604799
- 営 10:00〜23:15
- 定 なし

タイ湖 フォンセンヘルスケアセンター *Huong Sen Healthcare Center* 【健康ランド】

1992年創業のベトナム式健康ランド
女性客にも人気

map p.135-B

　ハノイ在住の外国人にもファンが多い庶民派健康ランド。いちばん高い2時間のVIPパッケージには、薬草風呂、ミストサウナ、あかすり、1時間のボディマッサージ、それから軽食がついている。市内に全部で4店舗を展開している。

- 交 タイ湖周辺（大教会から車で15分）
- 住 68 An Dương, Q. Tây Hồ
- ☎ 0353183888
- 営 9:30〜22:30
- 定 なし

ワンポイントアドバイス ONE POINT ADVICE
不快な経験をしないために マッサージに関する注意事項

　大変残念なことですが、癒し与えてくれるはずのマッサージが、不愉快な思い出になってしまうことがあります。そういうことのないよう、以下の点にご注意ください。

● **VIP Massageには近づかない**
　ハノイでは「VIP Massage」という看板をときどき見かけます。これは男性向けの風俗店。高額のチップを要求され、断ると店の奥から強面のお兄さんが出てくることもあります。

● **事前に情報収集をしておく**
　ガイドブックを読む、ホテルや旅行会社の人に聞く、インターネットを見るなどして、評判の良いお店の目星をつけておきましょう。飛び込みで知らない店に入るのは、当たり外れが大きいのでおすすめしません。

● **女性は女性の施術士を指名する**
　ボディ、フット、どちらの場合でも、女性は必ず女性の施術士を指名しましょう。

伝統芸能

ハノイで水上人形劇を鑑賞する

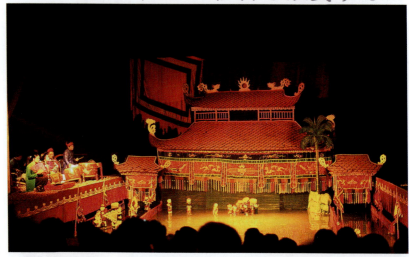

ハノイを訪れたなら、一度は見ておきたいのがハノイの伝統芸能「水上人形劇」。その名の通り、水の上を舞台に繰り広げられる人形たちのパフォーマンスは、ユーモラスな人形たちの動きとダイナミックかつ素朴な音楽が印象的だ。いつの間にかハッピーな気分になってしまう約60分は、一日の締めくくりにもおすすめ。

水上人形劇について

　水上人形劇の歴史は古く、今から1000年近く前には存在していたといわれている。はじめは、ベトナム北部の暑く湿気の多い地域の農民たちが、収穫の祭りの時などに池や湖を舞台に上演していたものだった。それが、李朝・陳朝時代には宮廷芸能としても楽しまれるようになっていたという。水上人形劇はそんな歴史ある伝統芸能だが、ステージはコミカルでユーモラスなので旅行者にも親しみやすい。1969年10月に9人で立ち上げた劇場も、今や人形使いと音楽家がそれぞれ20人以上、舞台技術者5人による2組のパフォーマンスチームを持つまでになった。また、劇場の管理のもと、劇に欠かせない人形制作も行っている。一方、近年は海外遠征も増えてきた。これまでに20カ国以上での公演を行い、世界各国でも賞賛を受けている。

水が濁っているのにも訳がある

操作の秘密

　水中と聞くと人が潜って人形を動かす姿を思い描く人が多いだろう。実は人形使いのパフォーマーは、池を囲むように掛けられた薄い布の奥に隠れ、人形に付けた長い竹と糸を操って人形を動かしているのだ。パフォーマーは腰まで水に浸るものの潜る必要はないし、濁った池の水がこの仕掛けをうまく隠しているというわけだ。

言葉がわからなくてもOK

ステージは17の短編で構成されていて、1編は3～5分ほど。伝統楽器の演奏と、男女の歌手たちの歌とセリフをバックに、妖精が舞い、牛が飛び跳ね、龍が昇天し、人は田植えをし……と目まぐるしく場面が変わる。内容は庶民の生活を描いたものから、古くから伝わる伝説をモチーフにしたものまで多種多様。人形はコミカルでリアル。照明、水しぶき、花火などの見せ場も盛りだくさんだ。人形たちのユニークな表情と動き、そしてテンポの速い展開に引き込まれ、息つく間もなく過ぎる60分。言葉が分からなくても、子供から大人まで充分に楽しめる。

ステージが終わると、パフォーマーが顔を見せてくれる

演奏者の顔ぶれ

クラッカーなどの効果音も使われるようになったが、楽器には伝統的なものが使用されている。奏者は男女混合の7人ほどで、太鼓、横笛、ハープや三味線、琴のような弦楽器などのベトナムの伝統的な楽器を演奏する。なかには、1人でいくつもの楽器を担当する人もいるので見逃せない。

手作りの伝統楽器が奏でる音色は素朴

人形の種類

田植えなどの農作業をする農民や子供、龍、亀、不死鳥など、水上人形劇の役者には人間のほかに伝説上の生き物も多く見られる。劇場では中くらいのサイズのものが1体$5で売られているが、町中の方が安く、さまざまなサイズのものが手に入る。

コミカルな表情の人形たち

ハノイで鑑賞できる！その他の伝統芸能

チェオ 11世紀が始まりという歌と踊りで物語をつむぐベトナム版ミュージカル。伝説や農村の生活を題材としている。

カトゥー ベトナム版の雅楽。弦楽器のダンダイ、打楽器のファック、太鼓のチャンチャウ、この3つの楽器をバックに、歌い手が詩を謡う。静かな中にもしみじみとした情感が漂う。

トゥオン ベトナム伝統歌劇の中心として国外でも高く評価され、チェオと並び称されることが多い。13世紀に伝わった中国の京劇が起源とされている。

水上人形劇場

Nhà Hát Múa Rối Nước Thăng Long
map●切りとり-29、p.139-G
交 ホアンキエム湖周辺（大教会から徒歩3分）
住 57 Đình Tiên Hoàng 電 38249494
開 15:00～、16:10～、17:20～、18:30～、20:00～の5回公演。これに加えて9:30～、21:15～の公演が行われる場合もある
休 なし
料 10万、15万、20万VNDの3種類。カメラ持ち込み料2万VND、ビデオカメラ持ち込み料6万VND。ただ観光客は無料持ち込みが黙認されている

チケット購入法

毎日公演されているのにいつも満席という人気ぶり。公演直前にチケットを買うことはほぼ不可能。チケット売り場は劇場の前にあり、販売時間は8:30～11:30、13:00～18:30、19:00～ラスト公演開始時間前までとなっている。早めに購入しておいたほうがいいだろう。

劇場前のチケット売り場は公演のない昼間も営業している。付近にはシクロやポストカード売りなど、客引きが多い

ナイトスポット●夜景／ライブハウス

市街西部　トップオブハノイ　*Top of Hanoi*　　レストラン＆バー

**ベトナムでいちばん高い
ルーフトップレストラン**　　map p.134-D

　高層ビル「ロッテンセンターハノイ」の屋上にある。オープンエアの席から上を見ると星空が、下に目を向けると発展しつつあるハノイ市街の夜景が満喫できる。ビールが12万VND〜、西洋料理もあり1品20万VND前後〜。12歳以下は入店不可。

- 交 大教会から車で20分
- 住 54 Liễu Giai, Q. Ba Đình　☎ 33333016
- 営 17:00〜23:00　定 なし　予算 ★★★

タイ湖　ザ・サミット　*The Summit*　　バー

**夜景も素晴らしいが
タイ湖の向こうに沈む夕日が絶景**　　map p.135-B

　5つ星ホテルのパンパシフィックホテル（旧：ソフィテルプラザハノイ）の20階にあり、360度の眺望が楽しめるルーフトップバー。自慢のカクテルが1杯19万VND〜。本格的な食事もできる。ドレスコードがあり短パンやサンダルは不可。

- 交 タイ湖周辺（大教会から車で15分）
- 住 11 Thanh Niên, Q. Ba Đình　☎ 38238888
- 営 16:00〜24:00　定 なし　予算 ★★★

中心部　ビンミンジャズクラブ　*Binh Minh's Jazz Club*　　ライブハウス

**ハノイの音楽好きなら誰もが知る老舗
ベトナム民謡を織り込んだジャズも**　　map●切りとり-35、p.139-L

　この店を20年ほど前に開いたオーナーでサックス奏者のミン氏は、ベトナムのジャズ界の第一人者。今もほぼ毎晩、ステージに立っている。ライブは毎晩21時〜23時。この時間帯は飲み物代が高くなる。ビール1杯8万VND程度。ライブは要予約。

- 交 ホアンキエム湖周辺（大教会から徒歩15分）
- 住 1 Tràng Tiền, Q. Hoàn Kiếm　☎ 39336555
- 営 8:00〜23:30。　定 なし　予算 ★★

街角ワンショット

普段着の街を見たいなら早朝散歩

　滞在中に、ぜひ一度は早起きをして、町中を散歩されることをおすすめします。特に旧市街や、市街南部のホム市場周辺など。青空市場が出ていたり、天秤棒をかついだ物売りが歩いていたり、花売りの人たちが路上に並んでいたりと、日中のハノイとは違う顔を見ることができます。お寺に行ってみるのもおすすめです。お祈りに来ている敬虔な人たちの姿を見ることができるでしょう。

ハノイの市外局番☎024　予 予約　予算 予算の目安　★＄5以下　★★＄5〜＄15　★★★＄15以上

ホテル ●ホアンキエム湖周辺の高級ホテル

中心部 ソフィテル・レジェンド・メトロポール・ハノイ　Sofitel Legend Metropole Hanoi 【高級】

map●切りとり-34、p.139-K

ベトナム100年の歴史に浸る
伝統と格式あるコロニアルホテル

1901年創業。白亜の建物、木目を基調とした客室、静かな中庭など、時間を忘れて優雅な時を過ごせる最高級ホテルだ。チャップリン夫妻が新婚旅行で泊まったのをはじめ、宿泊客リストには歴史上の有名な人物が名前を連ねている。

ホアンキエム湖周辺（大教会から徒歩13分）　15 Ngô Quyền, Q. Hoàn Kiếm　38266919　FAX 38266920　S/T $248〜　364室
HP https://www.sofitel-legend-metropole-hanoi.com/
Email h1555@sofitel.com

中心部 ドゥ・ロペラ・ハノイ　De L'Opera Hanoi 【高級】

map●切りとり-34、p.139-K

オペラハウスが目の前
19世紀と現代が融合したデザイン

ホアンキエム湖とオペラハウスの間という最高の立地にある、2011年創業の高級ホテル。コロニアル様式をベースにしながらも内装は現代的。部屋はコンパクトにまとまっている。ベッドの寝心地の良さが評判。中庭も素敵だ。仏アコー系列。

ホアンキエム湖周辺（大教会から徒歩10分）
29 Tràng Tiền, Q. Hoàn Kiếm　62825555　FAX 62822888
S/T $135〜　107室　HP https://www.accorhotels.com/gb/asia/index.shtml　Email H7832-RE@accor.com

中心部 メリア・ハノイ　Melia Hanoi 【高級】

map●切りとり-34、p.138-J

立地、設備、値段の
三拍子が揃った5つ星ホテル

5つ星ホテルが増えてきたハノイでも、バランスが取れていると定評がある。ホアンキエム湖まで徒歩圏内という便利な立地。開業は1998年だが、2015年に改装されて設備は一新された。高層階から眺めるハノイの情景は素晴らしい。

ホアンキエム湖周辺（大教会から徒歩15分）　44B Lý Thường Kiệt, Q. Hoàn Kiếm　39343343　FAX 39343344　S/T $99〜　306室
HP https://www.melia.com/　Email melia.hanoi@melia.com

中心部 ヒルトン・ハノイ・オペラ　Hilton Hanoi Opera 【高級】

map●切りとり-35、p.137-L

大劇場と調和する優美さ
観光に便利な立地も魅力

美しいコロニアル様式の外観は、隣接する大劇場にひけをとらないゴージャスさだ。1999年創業の老舗ホテル。広々としたロビー、リゾート感が楽しめる屋外温水プールを備えている。館内のベトナム料理レストラン・バーミエンは人気が高い。

ホアンキエム湖周辺（大教会から徒歩15分）　1 Lê Thánh Tông, Q. Hoàn Kiếm　39330500　FAX 39330530　S/T $146〜
269室　HP https://hiltonhotels.jp/　Email hanoi.opera@hilton.com

料金　部屋数　HP ホームページアドレス　Email メールアドレス

ホテル ● 国際ホテルチェーン

タイ湖　インターコンチネンタルホテル・ウェストレイクハノイ　Intercontinental Hotel West lake Hanoi　[高級]

客室はタイ湖の上に。
最高級リゾートタイプホテル

map p.135-B

このホテルの最大の特徴は「客室が湖の上にある」こと。部屋からの眺めが素晴らしい。いちばん下のカテゴリーでも43㎡と広く、バルコニーがつく。市内中心部から車で約20分かかるが、リゾート気分での滞在を楽しみたいなら最高の選択肢だ。

▶ タイ湖周辺（大教会から車で20分）　住 1A Nghi Tàm　☎ 62708888
FAX 62709999　料 ⑤①$143～　室 359　HP http://hanoi.intercontinental.com/　Email reservation.hanoi@ihg.com

タイ湖　シェラトン・ハノイ　Sheraton Hanoi Hotel　[高級]

天皇皇后両陛下も宿泊した
伝統と格式の5つ星ホテル

map p.135-B

都会的な雰囲気、充実した設備、国際チェーンならではのきめ細かいサービスで、快適な滞在が楽しめる。ホテル周辺はレベルの高い飲食店が増えており、注目されているエリアだ。タイ湖畔にあり、市内中心部までは車で約20分。

▶ タイ湖周辺（大教会から車で18分）　住 K5 Nhi Tàm-11　☎ 37199000
FAX 37199001　料 ⑤①$153～　室 299　HP https://sheraton.marriott.com/　Email reservations.hanoi@sheraton.com

市街南部　ニッコー・ハノイ　Hotel Nikko Hanoi　[高級]

日本人スタッフが常駐
日系ホテルならではのサービス

map ● 切りとり-38、p.136-J

ハノイを代表する日系高級ホテルで、宿泊客も大半が日本人。日本語が話せるスタッフがいるのはもちろんのこと、朝食ビュッフェは、納豆をはじめ和食が充実しているなど、随所に日本人の好みに合わせたきめ細かな配慮が感じられる。

▶ 大教会から車で13分　住 84 Trần Nhân Tông
☎ 38223535　FAX 38223555　料 ⑤①$110～　室 257
HP http://www.hotelnikkohanoi.com.vn/
Email sales@hotelnikkohanoi.com.vn

市街西部　ロッテ・ホテル・ハノイ　Lotte Hotel Hanoi　[高級]

どの部屋からも眺望が抜群
設備、サービスともに高レベル

map p.134-D

ハノイで2番目に高い「ロッテンセンターハノイ」の40階から64階が客室になっている。どの部屋も窓が大きく、そこからの眺望はハノイのホテルでトップクラスの素晴らしさだ。中心部まではシャトルバスを運行。日本人には大浴場が人気だ。

▶ 大教会から車で20分
住 54 Liễu Giai, Q. Ba Đình　☎ 33331000　料 ⑤①$145～　室 318
HP http://www.lottehotel.com/global/ja/Default.asp

ハノイの市外局番☎024

ホテル●大教会周辺

中心部　アプリコット　Apricot Hotel　　高級

大教会とホアンキエム湖の間にある「貴族の館」のような高級ホテル

map●切りとり-34、p.139-K

外観も室内も白を基調としたクラシックなデザイン。ロビーの大きなシャンデリアが印象的。下のカテゴリーの部屋は25㎡と、このクラスにしては狭いので、プレミア以上がおすすめ。屋上には感じのいいプールとバーがある。

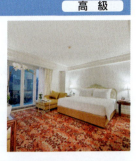

- 大教会から徒歩3分　136 Hàng Trống, Q. Hoàn Kiếm
- 38289595　ⓈⓉ$$117〜
- 123　http://www.apricothotels.com/

中心部　チャーチブティックホテル　Church Boutique Hotel　　中級

大教会まで徒歩1分と最高のロケーション

map●切りとり-34、p.138-F

高級感のある内装、アメニティの充実度、そして親切なスタッフが人気で、現在ハノイで6軒のホテルを運営するチャーチブティックホテルグループの第1号がここ。7階の共有テラスは大教会が目の前に見える眺望ポイントだ。

- 大教会から徒歩1分　9 Nhà Thờ, Q. Hoàn Kiếm
- 39288118　38285793　ⓈⓉ$58〜　16
- http://www.churchhotel.com.vn　info@churchhotel.com.vn

中心部　メゾン・ド・オリエント　Maison d'Orient Hotel　　エコノミー

おしゃれでアットホームなブティックホテル

map●切りとり-34、p.138-F

大教会近くにあるので便利で、かつ路地の奥なので静か。ナチュラルテイストで統一されたインテリアは洗練されていて、値段以上の満足感が得られる。12室だけの小さなホテルだが、スタッフのホスピタリティがそれを補って余りある。

- 大教会から徒歩2分　26 Ngõ Huyện, Q. Hoàn Kiếm
- 39382539　39766247　ⓈⓉ$40〜　12
- http://www.maison-orient.com　info@maison-orient.com

中心部　シナモン・ホテル　Cinnamon Hotel　　エコノミー

フレンドリーなもてなしに定評がある家庭的なミニホテル

map●切りとり-34、p.138-F

インテリアに少数民族の染物などを使っており、お洒落な雰囲気だ。大教会の隣にあるので、鐘の音が気になる人には不向きだが、大教会側の部屋の窓からの景色は風情たっぷり。同じ通りの38番地に2015年オープンの系列ホテルあり。

- 大教会から徒歩2分　26 Ấu Triệu, Q. Hoàn Kiếm
- 39380430　39380429　ⓈⓉ$69〜　6
- https://cinnamonhotel.net/en/　hanoi@cinnamonhotel.net

ホテル●旧市街

旧市街　ギャラリープレミアホテル　O'gallery Premier Hotel　　中級

「接客は星5つ」と
旅人からの評価が高いホテルグループ

map●切りとり-33、p.138-F

丁寧な接客で人気を集めているオリエンタルグループの最新にして3軒目のホテル。木を多用した内装、部屋に置かれた上品な家具など、隅々にまで細かな気配りが感じられる。系列のオリエンタルセントラルとオリエンタルスイーツもおすすめ。

交 大教会から徒歩10分　住 122 Hàng Bông, Q. Hoàn Kiếm
電 33633333　料 ⑤①$165〜　室 55
HP http://www.ogallerypremierhotel.com/

旧市街　シエスタ　La Siesta　　中級

旅行会社と口コミで高評価
その理由はサービスレベルの高さ

map●切りとり-29、p.139-C

宿泊客の顔と名前を覚えて対応してくれる、スタッフのホスピタリティが人気。にぎやかな旧市街の中にあって、静かで落ち着いた滞在が楽しめる。室内もフローリングで温かい雰囲気だ。レストラン、スパも好評。系列ホテルが他に3軒ある。

交 大教会から車で10分　住 94 Mã Mây, Q. Hoàn Kiếm
電 39263641〜44　料 ⑤①$85〜　室 47
HP https://www.hanoilasiestahotel.com/

旧市街　シルクパス　Silkpath Hotel　　中級

旧市街散策に便利。
設備も充実した4つ星ホテル

map●切りとり-33、p.138-E

館内、室内ともに現代的なデザインでまとめられている。宿泊客はジム、サウナを無料で使うことができる。創業は2010年。ホアンキエム湖の南に2015年開業した系列ホテル・シルクパスブティックホテルも評価が高い。

交 大教会から車で5分　住 195-199 Hàng Bông, Q. Hoàn Kiếm
電 32665555　FAX 39381288　料 ⑤①$75〜　室 106
HP http://silkpathhotel.com/　E-mail sales@silkpathhotel.com

旧市街　バビロンガーデンイン　Babylon Garden Inn　　エコノミー

1泊$7のドミトリー宿なのに
屋内プールなど充実の設備が自慢

map●切りとり-29、p.139-C

屋内プール、シネマルーム、眺めのいいレストラン、屋上のテラスと、ドミトリー宿でありながら、設備が充実しているのに驚かされる。館内はカラフルな内装で、若いスタッフたちの元気のいい応対も好評だ。個室もある。

交 大教会から車で12分　住 53 Hàng Chiếu, Q. Hoàn Kiếm
電 39232828　料 $7（ドミ）〜、個室$35〜　室 ドミトリー7室、個室2室　HP http://www.babylongardeninn.com/

ハノイの市外局番☎024　予 予約　予算 予算の目安　★$5以下　★★$5〜$15　★★★$15以上

ホテル ● 手頃な日系ホテル

市街南部　東屋　*Azumaya*　　　　　　　　　　　　　中　級

和朝食、露天風呂、日本語対応
ハノイに5軒ある人気ホテル

map●切りとり-39、p.137-K

　2011年創業で、ベトナムに10軒を展開する日系ホテルチェーン。和朝食、露天風呂、館内はすべて日本語でOK、日本のテレビ視聴可と、日本人には嬉しいサービスを提供している。館内のフットマッサージは宿泊者割引あり。

- 大教会から車で10分　16 Bùi Thị Xuân, Q. Hai Bà Trưng
- ☎ 62786688　FAX 62786689　⑤①$50〜　部 31
- http://www.azumayavietnam.com/
- E-mail reservationhanoi@azumayavietnam.com

タイ湖　サクラホテル　*Sakura Hotel*　　　　　　　　中　級

日本人にターゲットを
絞ったサービスを提供

map p.134-D

　2014年創業の日本人向けビジネスホテルで、ハノイ市内に3軒ある。大浴場と和朝食を提供し、日本のテレビを視聴可能。スタッフは全員日本語対応。3号店には女性用の大浴場も備えている。

- タイ湖周辺（大教会から車で20分）　16 Liễu Giai, Q. Ba Đình
- ☎ 71065678　FAX なし　⑤①$60〜　部 47
- http://www.sakurahotel.net

旧市街　ホテル・ル・カルノ　*Hotel Le Carnot*　　　　中　級

日本人に特化したサービス
旧市街で快適な滞在を楽しむ

map●切りとり-23、p.137-C

　日本のスーパーホテル・チェーンのベトナム進出1号店として親しまれていたが、2018年10月からル・カルノに名称変更された。ウォッシュレット、日本語TVなど、サービス内容は従来と同じ。朝食は日本料理、ベトナム料理の両方がある。

- 大教会から車で18分　3A, Phan Đình Phùng, Q. Hoàn Kiếm
- ☎ 39271888　FAX 39276138　⑤①$49〜　部 46
- http://www.hotellecarnot.com/

ワンポイントアドバイス ONE POINT ADVICE
ハノイには日系ホテルがたくさん 出張者だけでなく旅行者にも人気

　ハノイのホテル事情で特徴的なのは、日系ホテルが多いこと。上に紹介した以外にも以下のようなホテルがあります。宿泊料金は$50前後が中心です。

- ●くれたけインキムマー132
  http://www.kuretake-inn.com/hanoi/
- ●パークサイドサンライン
  http://parksidesunline.vn/home-ja.htm
- ●ホテル123
  http://hotel123hanoi.com/
- ●ホテル呉竹荘トーニュム84
  http://www.kuretake-inn.com/thonhum84/
- ●モミジビジネスホテル
  http://momizi.com.vn/
- ●ハッピーハウス（ドミトリー＋個室）
  http://happyhouse.vietnam-hh.com/
- ●イージーステイハノイ（ドミトリー）
  http://ezstayhanoi.com/

オプショナルツアー
ハノイ発

ハノイにもさまざまあるオプショナルツアー。半日程度の定番市内観光から、数泊かけて参加するネイチャーツアーまで、多彩にそろうメニューから、興味と時間に合わせて賢く利用しよう！

ハロン湾はハノイに行ったら必ず訪れたい場所だ

ツアー名	所要時間	内容
市内観光	4時間	ホーチミン廟、一柱寺、文廟、ホアンキエム湖など定番スポットを回る。歩いて回るのは難しいので、ツアーに参加すると効率がよい。午前発、午後発と2つの時間帯が設定されているほか、回る箇所が多い1日コースもある。
ハロン湾・日帰り	10時間	ハノイに来たら必ず訪れたいハロン湾へは、ハノイ・ハロン湾間の送迎がセットになったツアーへの参加が便利だ。バチャン村に立ち寄るツアーもある。
ハロン湾・船上で宿泊	1泊2日	近年、宿泊設備を持ったクルーズ船が増え、人気が上昇しているのが、ハロン湾の船上で1泊するツアーだ。こちらもハノイ発着ツアーを利用しよう。（→p.176）
古都・ホアルーとチャンアン渓谷	9時間	世界遺産に登録されたチャンアン渓谷と古都・ホアルーを訪ねる。個人で動くと移動に時間がかかるので、ツアーの利用価値は高い。ホアルーではなくバイディン寺を訪れるコース、チャンアン渓谷ではなくタムコック渓谷を訪れるコースなど、いくつかのバリエーションがある。（→p.170）
少数民族の村・サパ	1泊2日	2014年9月、高速道路が開通して1泊2日でも訪れることができるようになったサパは、今、人気が急上昇中。自分でツアーバスを手配することもできるが、往復の移動と現地での宿泊がセットになったツアーが便利だ。（→p.172）
ドゥンラム村	8時間	100年以上の家々や街並みがそのまま残されたドゥンラム村。今も村の人々がそこで生活をしている「生きる歴史遺産」だ。路線バスで行く方法は難易度が高いのでツアーの利用価値が高い。村での家庭料理の昼食がついてくる。
伝統工芸村を訪ねる	半日～1日	ハノイ近郊は、陶器で有名なバチャン村をはじめ、様々な伝統工芸村がある（→p.171）。バチャン村を除き、路線バスを使って個人で訪れるのは難しいので、ツアーに参加しよう。訪れる村は旅行会社によって様々なので、比較検討した上で選びたい。
日帰りで少数民族村を訪ねる	1日	ハノイから日帰りで訪れることができる少数民族の村がいくつかある。個人で訪れるのは難しいので、ツアー参加が必須だ。ツアーの内容は旅行会社によって、それぞれ異なる。
水上人形劇	3時間	ベトナムを代表する伝統芸能・水上人形劇はハノイが本場。人気があってチケットが取りにくいので、旅行会社で手配をするのが楽。夕食と人形劇鑑賞をセットにしたツアーが組まれている。

現地の旅行会社を活用しよう！ ハノイ編

ハノイには日系旅行会社がデスクを設けているほか、旧市街の中にはバックパッカー向けの旅行会社が多数ある。人気のハロン湾ツアーは、会社によって値段も内容も異なるので、充分に比較検討したい。

エイチアイエス
H.I.S.

取扱いツアー例	所要時間/目安金額
ハロン湾＋バチャン村日帰り	12.5時間 $105
少数民族の村サパ	1泊2日 $308〜
古都・ホアルー＋チャンアン渓谷	10時間 $105

HISが運営するSky Hubハノイラウンジでは、日本人スタッフが常駐し、気軽に旅の相談ができる。多彩なツアーを催行しており、すべて日本語ガイド付き。店内にはガイドブックなどを置いた休憩コーナーがあり、お土産物の販売もしている。HIS支店のみの限定販売となる「ドラえもんクッキー」が人気。アオザイレンタルや携帯電話の充電サービスなどサービス内容は多彩だ。

map●切りとり-34、p.138-J
🚗 大教会周辺（大教会から徒歩2分）
🏠 8 Nhà Chung, Q. Hoàn Kiếm（土産物屋アジサイの3階）
☎ 33938866
🕐 9:00〜18:00
HP https://songhantourist.com/skyhub/han/index.html
E-mail han.objp@his-world.com

ティーエヌケートラベル
TNK Travel

取扱いツアー例	所要時間/目安金額
半日市内観光	3.5時間 $35
ハロン湾・1泊2日	1泊2日 $278
ドゥンラム村ツアー	4.5時間 $45

他の日系旅行会社に比べ安価で、日本語ガイド付きツアーを催行している。お店では分かりやすくて可愛いイラストマップを無料で配布している。TNKという看板を出している店は、旧市街の中に何軒かあるが、ホーチミンに本店があるTNK Japanのハノイ支店は下記の1軒のみ。鉄道チケット、オープンツアーバスなども日本語で予約代行できも可。また英語ツアーのアレンジも可。

map●切りとり-24、p.139-C
🚗 旧市街（大教会から車で5分）
🏠 5 Hàng Chiếu, Q. Hoàn Kiếm
☎ 0915761905
🕐 8:00〜20:00
HP http://www.tnkjapan.com
E-mail hanoi@tnkjapan.com

シンツーリスト
Sinh Tourist

取扱いツアー例	所要時間/目安金額
ハロン湾・日帰り	12時間 $35
ハロン湾・船上1泊2日	1泊2日 $105
ハロン湾・船上2泊3日	2泊3日 $220

1993年創業で、全国に支店網を持つ格安ツアー会社の代表格。旧市街の中には「シンカフェ」（同社の旧名称）を掲げた旅行代理店が多数あるが、本物のシンツーリストの店舗は以下の2つだけだ。

【オフィス1】
map●切りとり-29、p.139-C
🚗 旧市街（大教会から車で10分）
🏠 52 Lương Ngọc Quyến, Q. Hoàn Kiếm
☎ 39261568 🕐 6:30〜22:00
【オフィス2】
map●切りとり-24、p.139-C
🚗 旧市街（大教会から車で12分）
🏠 64 Trần Nhật Duật, Q. Hoàn Kiếm
☎ 39290394 🕐 6:00〜20:30
【両店舗共通】
HP http://www.thesinhtourist.vn/
E-mail hanoi@thesinhtourist.vn

スケッチトラベル
Sketch Travel

取扱いツアー例	所要時間/目安金額
市内観光・終日	8時間 $70
ハロン湾・日帰り	11時間 $100

日本人または日本語の話せるベトナム人スタッフが対応する。

map p.135-E
🚗 市街西部（大教会から車で20分）
🏠 3F, Lancaster Ha Noi, 20 Núi Trúc, Q. Ba Đình
☎ 39449509 🕐 9:00〜18:00（土曜〜15:00、日祝休）
HP https://vietnam.sketch-travel.com/
E-mail vietnam@sketch-travel.com

ジェイティービー
JTB

取扱いツアー例	所要時間/目安金額
鉄道に乗って古都・ナムディン訪問	13時間 $120
仏教の聖地・香寺観光	11時間 $110

郊外のユニークな見どころを訪れるツアーを揃えている。

map p.135-B
🚗 タイ湖周辺（大教会から車で15分）
🏠 1st Floor, Pan Pacific Hanoi, 1 Thanh Niên, Q. Ba Đình
☎ 38245116 🕐 9:00〜17:30
HP http://www.mybus-asia.com/vietnam/
E-mail jtbhanoi@jtbap.com
※ホテルニッコー・ハノイにもデスクあり

ウェンディツアー
Wendy Tour

取扱いツアー例	所要時間/目安金額
クックフン国立公園＋チャンアン渓谷	8時間 $117
ハノイ市内の博物館を巡る	4時間 $34

各種日本語ガイド付きツアーを催行している。

map p.135-I
🚗 市街南部（大教会から車で10分）
🏠 12F Grand Bldg. 30-32 Hòa Mã, Q. Hai Bà Trưng
☎ 39765970 🕐 9:00〜18:00、土9:30〜17:30（日祝休）
HP http://vietnam.wendytour.com/
E-mail wendy.ha@wendytour.com.vn

注：旅行会社によりツアー料金の通貨表示（US$かVNDか）は異なるが、ここではUS$に概算して掲載している。

ハノイ オプショナルツアー＆現地旅行会社

ひと足のばして！

古都ホアルーとチャンアン渓谷
ニンビン

川の流れは非常に静かだ

2014年6月に登録されたベトナムでいちばん新しい世界遺産「チャンアン景観の複合体」があるのが、ハノイから南方へ約100キロのところに位置するニンビン省（map p.6-B）だ。

魅力 1　神秘とスリルのチャンアン渓谷

チャンアン渓谷では、大小様々な奇岩が林立する間を流れる渓流を、4人乗りの小さな手漕ぎボートに乗ってクルーズする。その間、9つの洞窟をくぐり抜けるのが特徴だ。洞窟の中には体をかがめないといけないほど狭いものもあり、スリル満点。

渓流の両側は手つかずの自然が残されており、ところどころに現れる古い寺院を除けば人工物は目に入らず、静寂が支配する世界。煩わしい物売りも皆無だ。川の水は底が見えるほど透明度が高い。

ボートは屋根がないので、暑い時期は日差しに注意しよう。また手荷物は最小限にとどめ、汚れてもいい格好で参加したい。

魅力 2　歴史を体感する古都・ホアルー

ニンビン観光のもう1つのハイライトが、古都・ホアルーだ。ベトナムは938年に念願の独立を勝ち取るまで、約1000年間に及ぶ中国の支配を受けていた。その後、ディン・ボ・リン（ディン・ティン・ホアン）が北部ベトナムを平定し、ベトナム初の統一王朝を打ち立てた。そのときに都となったのがホアルーだ。首都が置かれたのは986年から、1010年にハノイに首都が移るまでの24年間と短いが、ベトナムの歴史上、非常に深い意味を持つ場所である。

ディン（Dinh/丁）朝の初代皇帝ディン・ティン・ホアンを祀るディンティエンホアン祠

■日帰りモデルプラン

8:00	ハノイを出発
～10:00	ホアルー到着
～12:00	古都・ホアルー観光
～13:00	ニンビン名物のヤギ料理で昼食
～16:00	チャンアン渓谷のクルーズ
～18:00	ハノイに帰着

ニンビンを訪れるツアーは、大きく3つに分かれる。ホアルー＋チャンアン、バイディン寺＋チャンアン、それにホアルー＋タムコックという3つのパターンだ。

ハノイ・ニンビン間には、バスと列車もあるので、ツアーに参加せずに訪れることも可能。ただホアルーからチャンアン、またはタムコックへ効率よく移動するにはツアーのほうが便利だ。

ニンビンには他にも歴史的な名所があり、近年、設備の整ったホテルも増えているので、1泊してみるのも選択肢になるだろう。

オレンジ色の救命胴衣をつけてボートに乗船する

ひと足のばして！

職人技にうなる！ 陶器の村へ
バチャン

魅力1　村全体が陶器のテーマパーク

日本でもすっかり有名になったベトナムを代表する陶器・バチャン焼き。その産地がハノイ郊外にあるバチャン村だ（map p.134-A）。先祖代々、村人の大部分が製陶業に携わっているという焼き物の村。

村の中を歩くと、絵付けをしている職人、焼き釜、出来上がった焼き物を出荷用に梱包している人たちなど、バチャン焼きと生きる人たちの姿を目の当たりにすることができる。村自体がバチャン焼きのテーマパークのような感じだ。

伝統的な赤絵と青絵のデザイン

村の中では至るところで焼き物を見かける

魅力2　バチャン焼きを少しお得に

村の中にはバチャン焼きを売る店も多数、軒を連ねている。種類は豊富で、ハノイで買うよりも若干安い。日本への発送をしてくれるお店もある。

魅力3　ろくろ回しや絵付け体験ができる

見学したり、買ったりするだけでなく、自分でもバチャン焼き体験をしてみてはどうだろう。

貫入と呼ばれるヒビ状の模様が特徴の一つ

お店によってはろくろ回し体験や絵付け体験をさせてくれるところがある。

魅力4　車で30分！ 気軽に行ける

バチャン村はハノイ中心部から車で約30分と近いので、気軽に訪れることができる。

日本人客御用達の店・チュンタンセラミックス

■半日モデルプラン

9:00	ハノイを出発
～9:30	バチャン村到着
～11:00	バチャン村観光。陶器工房の見学、絵付け体験など
～12:00	ハノイ市内中心部に帰着

バチャン村を訪れるには、いろいろなパターンがある。半日ツアーは、午前発、午後発の両方があり、どちらも昼食付き・昼食無しを選ぶことが可能だ。路線バスに乗って個人で訪れる人も多い（→p.133）。

ハロン湾の往路または復路に、バチャンへの立ち寄りが組み込まれたツアーもある。

ハノイ近郊にはバチャン村以外にも、ドンホー版画のドンホー、シルク村のヴァンフック、螺鈿細工のドンキー村など、さまざまな伝統工芸村がある。バチャン村以外は交通が不便なので、旅行会社のツアーに参加して訪れるのがいいだろう。

ひと足のばして！

少数民族を訪ねてトレッキング
サパ

カラフルな衣装の花モン族

魅力1　色とりどりの少数民族

サパ（map p.6-A）の最大の魅力は、異なる民族衣装をまとったさまざまな少数民族に会えることだ。

サパおよびその周辺に暮らしている主な少数民族は以下の通り。
花モン族：少数民族の中でも最もカラフルだといわれる衣装と精緻な刺繍が特徴。
黒モン族：黒っぽい藍染の民族衣装を身にまとっている。サパ周辺でよく見かける。
赤ザオ族：頭の上に座布団のような赤い布を乗せているのが目印。
ザイ族：赤、青、緑、黄色などの鮮やかな蛍光色の上着を着ている。

魅力2　山村を訪ねるトレッキング

これら少数民族はサパの街にもいるが、彼らが住む村々を訪れるトレッキングツアーに参加してみたい。道に迷いやすいので、地元の旅行会社が催行するツアーへの参加は必須だ。

半日コース、1日コース、1泊2日のコースが一般的。これ以外にも1週間近くの長いツアー、1泊2日で山岳民族の家でのホームステイができるツアーなどもある

魅力3　世界で最も美しい棚田

サパには、「世界で最も美しい棚田」の1つにも選ばれた素晴らしい棚田群がある。

魅力4　高速道路開通で便利に

ハノイ・ラオカイ間に高速道路が開通し、従来10時間余りかかっていたサパまでの移動が約半分に短縮され便利になった。ハノイ・サパ間の直通バスが多数運行されている。

●**インターバスライン**
HP https://interbuslines.com/en/
E-mail info@interbuslines.com
料 $15〜（毎日数便運行）
ハノイ発7:00→サパ着12.45
サパ発13.30→ハノイ着19.00

美しい棚田の風景

■1泊2日モデルプラン

【1日目】
7:00　　　バスでハノイを出発
〜12:00　サパに到着
〜13:30　ベトナム料理の昼食
〜17:00　ラオチャイ村、タヴァン村をトレッキング。ホテルにチェックイン
18:00〜　サパ名物の夕食。フリータイム
【2日目】
8:00　　　ホテルを出発
〜11:00　カットカット村へトレッキング
〜12:00　休憩後、チェックアウト
〜13:00　昼食。ハノイへ向けて出発
〜18:00　ハノイに帰着

サパツアーには多様な選択肢がある。最短1泊2日で訪問可能だが、2泊はしたいところ。サパから約100kmのところにあるバックハー村の日曜市場は、多数の少数民族が集まる。ぜひ日曜日に訪れよう。

サパ周辺にもっとも多く住む黒モン族

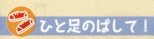

ひと足のばして！

火焔樹が美しい港町
ハイフォン

ハイフォンのシンボルである火焔樹

魅力1　コロニアル様式の建物群

ハノイから東へ約100kmのところに位置する港町・ハイフォン（map p.6-B）。ベトナム第3の人口を持つ大都市だ。観光スポットは少ないが、町の随所に残るコロニアル様式の建物が落ち着いた雰囲気を醸し出している。

左上：ハイフォン郵便局　右上：ハイフォン博物館　右：人民裁判所

魅力2　名物麺・バインダークア

ハイフォンにはバインダークアという名物麺がある。茶色をした平麺にカニ肉がたっぷり入ったもの。ハノイなど他の都市でも食べられるが、やはり本場はひと味違う。地元の人が口を揃えて推薦するのは次の2軒。

●バインダークア　Bánh Đa Cua（屋台）
住 Trần Phú　営 7:00～19:00

●バークー　Bà Cụ（店舗）
住 179 Cầu Đất　営 7:00～22:00

海で獲れるカニを使ったバークーのバインダークア

町いちばんの人気店は屋台。看板は出ていないがすぐにわかる

魅力3　街を彩る真っ赤な火炎樹

ハイフォンのシンボルといわれるのが、赤い花を咲かせる火炎樹。開花時期は5～6月で、最盛期の5月には「ハイフォン市・火炎樹フェスティバル」が開かれる。

ベトナムでは5月は卒業のシーズンで、火炎樹は「卒業の花」ともいわれている。

魅力4　旅情あふれる列車の旅

ハノイからハイフォンには列車が出ている。所要時間は2時間半～3時間と手頃なので、ベトナム庶民と一緒に列車の旅を楽しんでみてはどうだろう。

魅力5　カジノもあるドーソン海岸

さらにひと足のばしてドーソン海岸を訪れてみてはどうだろう。週末にもなると行楽に訪れるハイフォン市民で賑わう。本格的なカジノホテルもある。ハイフォンから路線バスで所要時間は40分程度、運賃は7000VND。

■日帰りモデルプラン

8:00	ハノイのザーラム・バスターミナル（map p.135-F外）から高速バスで出発
～9:30	ハイフォンに到着
～12:00	ハイフォン中心部を散策
～13:00	名物バインダークアの昼食
～15:30	ハイフォン中心部を散策
～17:00	高速バスでハノイに帰着

2017年に高速道路が開通し、これまで列車やバスで3時間かかっていたところが、半分の1時間半で行けるようになった。日帰りでも気軽に訪れることができる。

旅情豊かな列車で訪れるのもいい。ロンビエン駅（map p.137-C）から1日3往復あり、所要時間は2時間半～3時間。

日程に余裕があればハイフォンで1泊したり、ハイフォンから近いドーソンを訪れたりしてみたい。

オススメ 旅のポイント

いつ？
乾季の前半8〜10月頃。ただしこの時期、台風に注意。

何日？
日帰りツアーはもったいない。船上に1泊する行程で。

何する？
クルーズはシーフード、カヤック体験など楽しみがいっぱい。

ハロン湾
Vịnh Hạ Long
map p.6-B

深い翡翠色の海に無数の岩が林立するハロン湾。水墨画のような眺めを中国の景勝地桂林にたとえて、「海の桂林」ともいわれる。世界遺産に指定された幻想的な風景を漂いたい。

市外局番 ☎ 0203

access
ハロン湾へのアクセス

●飛行機
ハロン湾には空港はなく、ハノイから入るのが一般的。

●鉄道
ハノイから約2時間40分
→p.214参照

●バス
ハノイから約3時間30分
→p.216参照

ハロン湾には水上で生活する人たちがいる

基礎知識 数千の奇岩が林立するベトナム随一の景勝地

■**海中から林立する岩の間をクルーズ**
クルーズ船は数千といわれる奇岩の間をぬって進む。甲板に出て次々と現れる岩を見るのは、不思議と飽きない。

■**神秘的な洞窟を訪れる**
日帰りツアーでも湾内の島に上陸し洞窟見学を行う。大自然が織りなす神秘的な造形を楽しもう。

■**船上でシーフードを満喫する**
船上でいただく新鮮なシーフードは、舞台設定の素晴らしさもあって格段に美味しく感じられる。

■**カヤックを楽しもう**
無数の岩のお陰でハロン湾は波が立たない。クルーズ船から小さなカヤックに乗り移り、パドリングを楽しもう。

■**ハロン湾で一夜を過ごす**
1泊2日のクルーズに参加し、ハロン湾に停泊した船の上で神秘的な一夜を過ごすのは、一生の思い出になるだろう。

■**カットバ島に上陸してみよう**
ハロン湾に浮かぶ最も大きな島・カットバ島 (Đảo Cát Bà) は、エコツアーも行われる自然豊かな漁業の島だ。

■**バイチャイの街でプラスアルファ**
ハロン湾はクルーズだけではない。バイチャイの街には人気ホテルや大型テーマパークもあって楽しめる。

町並み　旅行者を迎えるための街・バイチャイ

　ハロン湾クルーズの起点になる町はバイチャイだ。観光客向けの開発が進んでおり、海沿いに走るハロン通り沿いに、高級ホテルやレストランが建ち並んでいる。ミニホテルが多いのは、並行して走る小さな通り、ヴオンダオ（Vườn Đào）通りとアインダオ（Anh Đào）通りに囲まれたエリアだ。夜になると、ビーチ沿いのエリアではナイトマーケットも行われている。

　下町の活気を感じたいなら、海峡を挟んだ反対側にあるホンガイの街を訪れてみよう。ハロン市場を中心に地元民の生活を垣間見ることができる。

市内交通　ここでもマイリンタクシーが安心

　バイチャイでの移動はタクシーが便利だ。全国展開しているマイリンタクシーが走っている。運賃の目安としては、バイチャイ市場からトゥアンチャウ島まで15万VND程度。

●ハロンの回り方

　ハノイから「ハロン湾の日帰りクルーズ」に参加した場合、街を回る時間はない。ツアーと個人旅行を組み合わせて、ハロンの街を楽しむのもおもしろい。ハノイからハロン湾クルーズをするところまではツアーに入り、船を降りたところでツアー別れ、バイチャイかホンガイのホテルに1泊するという方法だ。

●評判のよいタクシー会社
マイリン　☎3628628
Mai Linh Taxi

海を超えてバイチャイとホンガイを結ぶクイーンケーブルカー（→p.178）

●新しい橋ができて、ハロン湾がより身近に
2018年9月1日、ハロン市とハイフォン市を結ぶ高速道路にかかるバクダン橋が開通した。これにより、従来3.5時間程度かかっていたハノイ・ハロン湾間の所要時間が、2.5時間程度に短縮される見込みだ。

■気温と降水量

ハロン湾	1月	2月	3月	4月	5月	6月	7月	8月	9月	10月	11月	12月
平均温度（℃）	16.9	17.2	19.5	23.3	27.4	28.9	29.1	28.6	27.9	25.7	22.1	18.5
平均低温（℃）	13.8	14.6	16.8	20.3	24.0	25.6	25.8	25.3	24.5	22.1	18.4	15.1
平均高温（℃）	20.1	19.9	22.2	26.3	30.8	32.3	32.4	31.9	31.3	29.3	25.8	22.0
降水量	18.0	39.0	43.0	79.0	194.0	280.0	481.0	454.0	333.0	87.0	33.0	20.0

体験！ハロン湾で1泊2日クルーズ

林立する奇岩の向こうに沈んでいく夕日を眺め、物音1つしない静寂の中で一夜を過ごす。そして朝は、岩ツバメのさえずりで目を覚ます……。世界遺産であるハロン湾で過ごした一夜は、忘れられない体験になった。

龍はハロン湾のシンボル的存在だ

大小さまざまなクルーズ船がある

■シーフード三昧の食事で幕開け

朝7時頃、ホテルの前まで迎えに来てくれたマイクロバスに乗り込み、一路、ハロン湾を目指す。今回、一緒にハロン湾クルーズに参加したのは、アメリカ人、韓国人、フランス人など国際色豊かな顔ぶれ。バスの中で、片言の英語で挨拶を交わした。

ハロン湾に到着したのは11時過ぎ。さっそく船に乗り込み、クルーズに出発だ。船が出るとすぐに昼食が出された。ハロン湾名物だという巨大なシャコに驚く。それ以外にもカニ、イカ、タコとシーフード三昧。食事をしている間にも、窓の向こうには海からニョキニョキと伸びる奇岩群が近づいてくる。そしてお昼を食べ終わる頃、最初の目的地・ティエンクン洞窟に到着した。

■洞窟観光とシーカヤック

14時、上陸して洞窟観光に出発。階段を登ったところにある入り口から、洞窟に入る。内部は色とりどりにライトアップ。巨大な鍾乳石を見ながら、約1時間かけてゆっくりと洞窟見学をした。その後、船はさらにハロン湾の奥を目指す。

途中で「闘鶏岩」の横を通過。日帰りツアーだと、このあたりで港に引き返す場合が多いそうだ。確かに、ハノイとの往復で7時間くらいかかってしまうため、実質的なクルーズ時間は4時間くらいしかないから、これくらいが限度なのだろう。

確かにここまででも、ハロン湾の雄大な風景は楽しめたが、日帰りコースを外れたころから、周りの船の数も少なくなり、どんどん幽玄の世界へと入っていく。

天気が良かったのでシーカヤックに挑戦。ハロン湾は、湾内にある2000以上の岩のお陰で波が立たない。だから素人でも安心してシーカヤック遊びができるのだ。水面に近い高さから見上げる岩の林は、デッキから見るのとはひと味違った威厳を感じる。

色とりどりにライトアップされた洞窟

幻想的な日没

シーカヤックが人気

小舟で営業する雑貨屋さん

闘鶏岩

■奇岩の向こうに沈む夕日を眺める

夕方、今日の停泊地で船は錨を降ろす。どこからともなく生活雑貨やお菓子を載せた小舟がやって来た。こうしてクルーズ船を回って商売をしているという。

夕食前に日没を鑑賞。岩の向こうに太陽が落ちるのを見守った。普段の生活で、こうして日が沈んでいくのを、じっと眺めるなんていう時間はなかなか持てない。心が洗われるような貴重な体験だった。

夕食もシーフードバーベキュー。ロウソクでロマンティックにライトアップされたテーブルで頂く。新婚旅行でハロン湾クルーズを選ぶカップルもいるというのがうなずける。

■見あきない船上からの風景

翌朝、ティップトップ島とスンソット洞窟を見学した後、船はバイチャイの町に向かって引き返し始めた。

回りに見える奇岩は1つとして同じものがなく、船の両側に流れ去っていく情景を船上のデッキから見ているだけで、まったく飽きない。すれ違ういろんなクルーズ船を見ているのも楽しい。「1泊2日なんて退屈するかも」という心配はまったくの杞憂だった。

船長さんと話をしたら、
「ハロン湾クルーズというと日帰りか1泊2日が一般的ですが、弊社では5泊6日まで、いろんなクルーズを催行しているんですよ。それでもハロン湾を全部、回りきれないくらい、ハロン湾は広いんです」

とのこと。それも充分うなずける。次回、ハロン湾を訪れる機会があれば、2泊3日のクルーズに参加したいものだと思った。

シーフードを満喫しよう

● 宿泊クルーズを扱う主な会社

ハロン湾クルーズを選ぶ際は、旅行会社にハノイ・ハロン湾間の送迎も含んだツアーをパッケージで頼むのが一般的だ。クルーズ船は、複数の旅行会社が販売している場合もあれば、特定の旅行会社でしか販売していないクルーズ船もある。

クルーズの良し悪しは船で決まるといっていい。一生に一度かもしれないハロン湾クルーズを楽しめるよう、船の情報も調べておこう。
● インドチャイナセイルズ社
🅷 http://www.indochinasails.com/
● エメロードクラシッククルーズ社
🅷 http://www.emeraude-cruises.com/
● バーヤクルーズ社
🅷 https://www.bhayacruises.com/
● パラダイスクルーズ社
🅷 https://www.paradisecruise.com/
● ヘリテイジライン社
🅷 http://heritage-line.com/
● フンハイ社
🅷 http://huonghaihalong.com/

クルーズ船は大きさもスタイルもさまざまだ

● ハロン湾ツアーガイド

■ 日帰りか宿泊か

ハロン湾クルーズを楽しむためだけに、この地を訪れるといっても過言ではないだろう。以前はハノイからの日帰りツアーが多かったが、現在は船に乗って湾内で1泊するクルーズの人気が高まっている。宿泊可能なクルーズ船のほとんどは、ジャンク船と呼ばれる伝統的なスタイルの木造船。大手から小さな会社まで、数え切れない会社がクルーズを催行している。

■ 定番・日帰りハロン湾ツアー

まずは日帰りクルーズの紹介をしよう。ハノイを朝7時〜8時頃にバスで出発して、11時頃、ハロンに到着する。船に乗り込み、船上で昼食。その後、本土からいちばん近いところにあるティエンクン洞窟を見学する。闘鶏岩などの奇岩を見ながらクルーズして15時半頃、船着き場に帰着。18時半から19時頃、ハノイに戻るという行程だ。ツアー代金は60万VND（英語ツアー）〜170万VND（日系）。

■ 宿泊はある程度以上の値段のツアーが安心

宿泊クルーズは1泊2日が主流で、複数の洞窟を訪れる、夜釣りに行くなど、アクティビティが増える。ハノイの出発・到着時刻は同じだ。ツアー代金は宿泊船のランクによって変わり、200万VND（英語ツアー）〜900万VND（日系）まで非常に幅がある。いずれもハノイ・ハロン湾間の送迎込みだ。

100万VND少々の安いツアーもあるが内容は値段相応だ。食事にシーフードが全く出ない、洞窟に1箇所しか寄らない、夜は奇岩の中ではなく湾内にある島の港に停泊した、などに加え、「船上泊ツアー」を申し込んだのに「キャビンが一杯なので、カットバ島のホテルで泊まってくれ」と船を下ろされたという例もある。また、近年、宿泊用クルーズ船が沈没するという事故もあったので、一応の目安としては200万VND以上のツアーのほうが安心だ。500〜600万VND出せば、豪華な船旅を楽しむことができる。

ワンポイントアドバイス ONE POINT ADVICE

クルーズ以外のハロンの楽しみ方

● ロープウェイで海を越える

ハロンには、東南アジア最大級のテーマパークというふれこみの「サンワールド・ハロンパーク」があります。2017年にその一部が開業し、その後も施設を拡張し続けています。ドラゴンパーク、タイフーンウォーターパーク、ミスティックマウンテンコンプレックスなど複数のパークが集まって1つのテーマパークになっており、そのスケールには驚かされます。

中でも海峡で隔てられたバイチャイとホンガイという2つの街を結ぶ、クイーンケーブルカー（ロープウェイ）は迫力満点です。

運営しているのは、中部のバーナー高原などベトナム各地で大規模テーマパークを手がけているサンワールドグループ。
Sun World Ha Long Park
🅷 https://halongcomplex.sunworld.vn/en/

● カジノで一攫千金！

夜はカジノに出かけてみてはいかがでしょうか。ロイヤルハロンホテルの中にロイヤルカジノという老舗のカジノがあります。入場できるのは外国人のみですので、パスポートをお忘れなく。24時間営業。
Royal Ha Long Hotel
🅷 http://royalhalonghotel.com/

Travel Information ~Japan~
トラベルインフォメーション
〈日本編〉

- 行き先・日数・時期を決める
- ツアー利用か？　個人旅行か？
- ウェブサイトで情報収集
- 現地で役立つアプリ
- 出発日検討カレンダー
- フライトを選ぶ
- ホテルを探す＆予約する
- オプショナルツアーを申し込む
- パスポートと海外旅行傷害保険
- ビザ（査証）を取得する
- 旅先の通信手段を確保する
- 服装と持ち物チェック
- 現地で必要なお金の用意
- ベトナムを知ろう

出発3日前にやることチェックリスト

- ☐ 持ち物チェックリストで荷物のチェック
- ☐ スーツケースを空港に送る
- ☐ パスポートのコピーをとる（本人写真が掲載されているページ）
- ☐ パスポート紛失時のための本人写真（4.5cm×3.5cm）を2枚用意する
- ☐ 新聞などを留め置きにする連絡
- ☐ テレビ番組をチェックして予約録画を準備
- ☐ 植物やペットの留守中の世話の再確認
- ☐ 持病がある人は病院や薬局で薬をもらう
- ☐ 宿泊ホテル、ツアー会社の連絡先を家族や知人に伝える
- ☐ 留守番電話のメッセージを変える
- ☐ 冷蔵庫の生ものの処理
- ☐ 空港への列車、リムジンバス、タクシーなどの予約手配や時刻の確認

STEP 1 行き先・日数・時期を決める

テト前の街には国旗があふれる

■ベトナムの正月は毎年変動するので注意

ベトナムは旧暦の新年を祝う。これを「テト」といい、1月下旬から2月下旬の間で毎年変動する。テトの前後1週間くらいは、観光名所も含めてお休みになるところが多いので、「ベトナムの正月を体験したい」という場合以外、避けたほうがいいだろう。4月30日と5月1日は連休になるので、リゾート地はベトナム人旅行者でいっぱいになる。早めの予約が望ましい。出発日検討カレンダーも参照（→p.184）。

■ホイアンを訪れるなら旧暦の14日

中部にある世界遺産の町・ホイアンでは、毎月旧暦の14日には、街中の電灯を消して、提灯だけで町を照らす「フルムーン・フェスティバル（満月祭）」が開かれる。ホイアンを訪れる場合は、この祭りのある日を狙うのがおすすめだ。

ベトナムは縦に細長く、エリアによって気候が異なるので、どこを旅するかによって、おすすめの時期がまったく異なってくる。「行き先・日数・旅行時期」の3つをセットにして、慎重に検討したい。

乾季と雨季に注意

ベトナムは北部を除き、ほぼ乾季と雨季の2季に分かれている。旅行をするなら乾季がおすすめだ。地域によって雨季と乾季の時期は異なる。詳細は下記「乾季雨季早見表」を参照のこと。

最適の季節は都市によって違う

ハノイのおすすめの月は10〜11月。酷暑の夏が終わり、ジメジメと寒い冬が始まる前で、日本の初秋のような天候が続く。

ホーチミンは乾季の初期に相当する12〜1月がいいだろう。乾季自体は4月まで続くが、テト（1月下旬〜2月中旬）の前後は旅行には不向きで、3月下旬以降は暑さが非常に厳しいので避けたほうがいい。

中部は乾季後半の7〜8月ごろが、ビーチを楽しみたい人にはおすすめ。ただし非常に暑いので、観光を楽しみたい場合は、乾季初期の3〜4月のほうが適している。9〜10月は台風による洪水が発生することがあるので、避けたほうが無難だ。

北部の冬は寒いので要注意

常夏なのはホーチミンを中心とする南部のみであることも、覚えておきたい。ハノイを中心とする北部では、四季に似た季節の変化があり、日本の冬にあたる時期は、息が白くなるほど冷え込む日もある。

都市別月別乾季雨季早見表　○乾季　×雨季

都市名	1月	2月	3月	4月	5月	6月	7月	8月	9月	10月	11月	12月
ハノイ	○	○	○	○	×	×	×	×	×	×	○	○
ハロン湾	○	○	○	○	×	×	×	×	×	○	○	○
サパ	○	○	○	×	×	×	×	×	×	○	○	○
ハイフォン	○	○	○	○	×	×	×	×	×	×	○	○
フエ	×	○	○	○	○	○	○	○	×	×	×	×
ダナン	×	○	○	○	○	○	○	○	×	×	×	×
ホイアン	×	○	○	○	○	○	○	○	×	×	×	×
ダラット	○	○	○	○	×	×	×	×	×	×	○	○
ニャチャン	○	○	○	○	○	○	○	○	×	×	×	○
ホーチミン	○	○	○	○	×	×	×	×	×	×	○	○
ヴンタウ	○	○	○	○	×	×	×	×	×	×	○	○
ファンティエット／ムイネー	○	○	○	○	×	×	×	×	×	×	○	○
ミトー	○	○	○	○	×	×	×	×	×	×	○	○
カントー	○	○	○	○	×	×	×	×	×	×	○	○
フーコック	○	○	○	○	×	×	×	×	×	×	○	○

STEP 2 ツアー利用か？ 個人旅行か？

近年、ベトナム人気は高まり続け、日本からのツアーも非常に多種多様になっている。その一方で、予約サイトなどの利用によりホテルが個人でも安く泊まれるようになったので、個人旅行も便利になってきた。

初心者もリピーターも、ツアー利用が経済的

主要都市を訪れる場合、ズバリ、ツアーへの参加をおすすめする。航空券とホテルを別々に個人で手配したほうが、ツアー代金より高くなる場合が多いからだ。ツアーの内容は、すべての行程が決まっていて、食事も付いている「フルパッケージ型」から、航空券とホテルの手配のみで、現地ではすべて自由行動という「スケルトン型」まで、いろいろなツアーがある。また「ツアーは5泊6日だけど1日延泊したい」という場合には、追加料金さえ払えば、それに対応してくれるツアーもある。つまりベトナム初心者から、気ままな個人旅行を希望する人まで、ツアーの利用価値は大なのだ。

アンコール観光との組み合わせも人気

世界遺産のアンコールワットとベトナムをセットにしたツアーは、定番コースの1つだ。ハノイもしくはホーチミンとアンコールワットを組み合わせた4日間程度のツアーから、「ハノイ＋アンコールワット＋ホーチミン」という6日間程度のツアーも催行されている。アンコールワットもツアーに含めるかどうかも、選択肢に加えたい。

アンコールワットも魅力的な場所だ

ツアーを選ぶときのチェックポイント

ウェブサイトや旅行会社のパンフレットを見ると、似たようなツアーがたくさんあって迷ってしまう。どのツアーが自分に向いているのか、右欄のチェックポイントを参考にしながら確認しておこう。

個人旅行が向いているのは？

では、どういうときに個人手配の旅行が必要かというと、「ツアーでは対応していない特殊な旅行をしたい場合」だ。例えば、帰国予定日を決めずに長期間かけて周遊したい場合、ハノイやホーチミンには滞在せずに地方都市を回る場合、ハノイからホーチミンの移動中に第三国を経由する場合、などが考えられる。

■ "わがまま歩き"を実現できる 旅のコンシェルジュ

●ウェブトラベル
HP https://www.webtravel.jp
E-mail blueguide@webtravel.jp

「こんな旅行にしたい」というイメージはあっても、「パッケージツアーではなかなか希望のものがない…」「個人手配ではサポートがなく不安」というときには、旅の専門家にオーダーメイド旅行を依頼することもできる。その国・エリアに詳しいトラベルコンシェルジュと相談しながら、自分だけの旅行を企画・手配までしてもらえる。

■ ツアー選びのチェックポイント

□ 飛行機は直行便か経由便か
　おおむね経由便のほうが安いが、移動にかかる時間を考えると、直行便のほうがおすすめ。

□ ホテルを指定できるか
　ホテルが指定できない場合、中心部から外れた不便なホテルが割り当てられる場合があるので注意したい。いくつかのホテルの中から、希望のホテルを指定できるツアーもある。

□ 空港・ホテル間の往復送迎が含まれているか
　空港からホテルまでの移動は、意外とトラブルが多い。送迎付きのツアーにしたほうが安心だ。

□ ツアーに含まれている食事の回数と内容
　ベトナムの場合、朝食はホテルの宿泊費に含まれている。安いツアーだと、「クルーズに出たのにシーフードがまったく出なくて、普通の食事だった」「毎日、似たような食事が続いた」というような場合がある。

□ 添乗員が同行するかどうか
　添乗員が同行するのは比較的高額のツアー。そうでない場合は、日本の旅行会社と提携している現地旅行会社のスタッフが対応する。日本語が話せるベトナム人ガイドである場合が多い。

STEP 3 ウェブサイトで情報収集

■ダナン観光案内所
HP https://ダナン観光ガイド.com/

■ベティック
HP http://viethich.com/

■ホーチミンの美味いもん
HP http://cheritheglutton.com/

■ホーチミンおすすめカフェ
HP https://cafe.ho-chi-minh.info/

■ミーツベトナム
HP https://www.meetsvietnam.com/

ベトナム現地在住者が運営しているウェブサイトやブログの中には、日本ではなかなか得られない情報が掲載されているものが少なくない。商業サイト顔負けの充実度を持つ個人サイトもあるので、旅の計画を立てるときには見ておきたい。

以下に紹介するのは、いずれも現地在住者が情報を発信しているサイトだ。運営者の「こだわり」が全面に出ている「一芸あり」の内容となっており、一味違った旅を楽しみたい人は、有益な情報が得られるだろう。

■ダナン観光案内所
〜中部ベトナムに関する情報サイトの決定版
　今、注目を集めているダナンとホイアンの情報を専門に扱っているサイト。ホテル紹介ページは1軒の紹介記事が長く、各種予約サイトでの評価の比較まで掲載されており、ホテル選びの参考になる。病院や両替など基本情報から、最新のイベント情報まで掲載しており、網羅性も高い。

■ベティック
〜ハノイの情報が充実。在住者にも人気
　ハノイ在住者からの支持が高いサイトだが、旅行者にも有用な情報が多数掲載されている。写真や動画を多使った体験取材記事がわかりやすい。1軒1軒のお店の紹介が非常に詳しくて読み応えがある。ベトナム人の素顔がうかがいしれるコラム類も楽しい。

■ホーチミンの美味いもん
〜ホーチミンのグルメ情報に関してはナンバーワン
　ホーチミン在住のフードアナリスト・ちぇりさんが運営するサイト。路上の屋台から高級レストランまで幅広く取り上げており、プロの目による主観的なコメントが「信頼できる」と、在住者から絶大な支持を得ている。このサイトで紹介されると、お客さんが目に見えて増えるといわれるほど。

■ホーチミンおすすめカフェ
〜これを読むと思わずカフェに行きたくなる
　ホーチミンにあるカフェを丹念に取材して紹介しているサイト。Wi-Fiの接続速度やコンセントの有無、椅子の座り心地まで掲載している。「隠れカフェ」「自然たっぷり森カフェ」など、いろいろな切り口からカフェを紹介している「特集」ページは、読んでいるだけで楽しい。

■ミーツベトナム
〜ベトナム航空が発信する現地情報
　2018年7月27日に大幅にリニューアルされいっそう使いやすくなった。「遊ぶ」「食べる」「泊まる」「買い物」という4つのカテゴリーと6つの都市別に記事を検索できる。日本で行われるベトナム関連イベントの情報も掲載しているので、ベトナム好きなら普段からチェックしておきたいサイトだ。

STEP 4 現地で役立つアプリ

今やスマホなしでの旅行は考えられない。ベトナム現地で役に立つアプリは、出発前にインストールして、使い方に慣れておこう。現地のSIMカードを買えば、Wi-Fiがなくても4Gで常時接続が可能になるので、空港で入手しておこう。

以下に紹介するのは、日本では馴染みのないものもあるが、現地ではベトナム人、在住外国人が「スマホに必ず入れている」といわれる人気アプリばかりだ。短い滞在時間を有効に使うためにも、ぜひインストールしておこう。

■グラブ　Grab
〜これで移動のときの悩みとはおさらば

ベトナムで圧倒的なシェアを持つ配車サービス。このアプリを起動させると、現在地周辺で客待ち中の自動車と二輪車が表示される。目的地までの料金を確認してから予約するので、料金で揉めることがない。運転手の質も従来のタクシー、バイクタクシーに比べて良好だといわれている。

■マップスミー　maps.me
〜オフラインでの使い勝手がいい

地図アプリでは「グーグルマップ」を使っている人が多いが、この「maps.me」は、地図をダウンロードするので、ネットへの接続がなくても地図が確認できる点が便利だ。精度はグーグルマップのほうが上なので、両方をインストールしておき併用するのがおすすめ。

■フーディ　Foody
〜15万軒のお店が掲載されている巨大グルメサイト

フーディは「口コミのグルメ情報」の定番サイトで、アプリ版も愛用されている。レストラン情報が始まりだが、今は、ショッピングやエステ関連のお店情報も掲載。ホーチミン、ハノイ、ダナンで合計15万軒を掲載する総合情報サービスになっている。英語版もあり、旅行者でも活用できる。

■バスマップ　Bus Map
〜これがあれば旅行者でも路線バスが乗りこなせる！？

現在地と目的地を入力すると、最寄りのバス停までの距離、乗るべきバスの番号、所要時間がリストで表示される。地図とも連動している。表示言語は英語になるが、使い方はわかりやすい。ハノイ版とホーチミン版があるが、ハノイ版は現在アンドロイドのみに対応。

■グーグル翻訳
〜これがあれば現地の人とも交流できる

アプリ版のグーグル翻訳は、かなり精度が高くなってきており、ベトナム語でも簡単な日常会話程度なら十分使える。日本語⇔ベトナム語は、まだ間違いが多く、英語⇔ベトナム語で使うほうが安心だ。声調記号はアプリが推測して補ってくれるのが便利。オフラインでも使うことができる。

■グラブ
Grab

■マップスミー
maps.me

■フーディ
Foody

■バスマップ
Bus Map

■グーグル翻訳
Google Translation

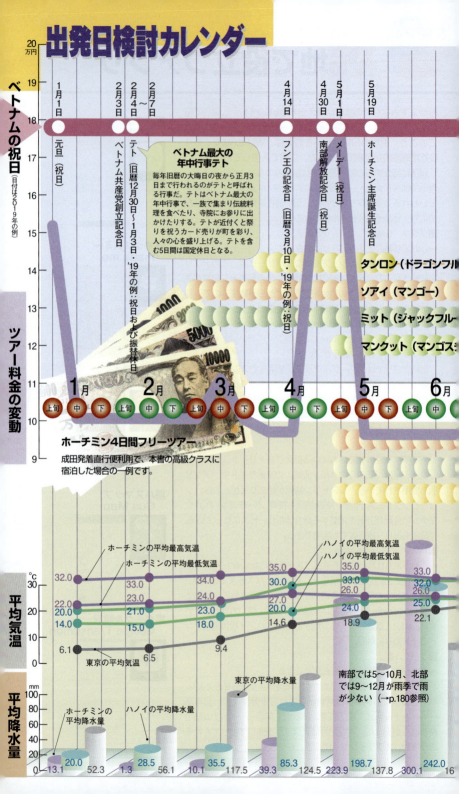

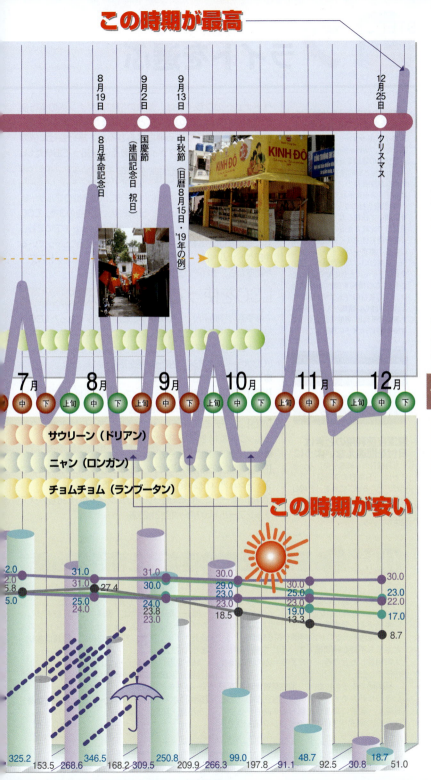

STEP 5 フライトを選ぶ

ベトナムへのフライトは、便数の増加、ダナンへの直行便の就航、さらにLCCの参入など、選択肢が年々増えている。自分で航空券を手配する場合はもちろん、旅行会社に依頼をする場合も、どんなフライトがあるのか知っておきたい。

人気の中部にも直行便が2本

現在、日本とベトナムの間には、FSC（従来型のフルサービスキャリア）がベトナム航空、日本航空、全日空の3社、LCC（格安航空会社）がジェットスター、ベトジェットエアの2社、計5社が直行便を運航している。日本で注目度が上がっている中部ベトナムへは、ベトナム航空が成田から、ジェットスターが関空から、それぞれ直行便を運航している。

LCCを使って広がる選択肢

今や空の移動手段として欠かすことができなくなったLCC。「とにかく安く移動したい」という人には心強い味方だ。日本とベトナムを往復する経由便の組み合わせはたくさんある。以下、LCC大手・エアアジアを使った例を紹介しておこう。

●エアアジア：羽田・ホーチミン
【往路】羽田23:45発→クアラルンプール05:55着／クアラルンプール11:10発→ホーチミン12:10着
【復路】ホーチミン08:35発→クアラルンプール11:30着／クアラルンプール14:25発→羽田22:30着

●エアアジア：関空・ホーチミン
【往路】関空09:55発→バンコク・ドンムアン13:50着／バンコク・ドンムアン19:25発→ホーチミン21:05着
【復路】ホーチミン08:35発→クアラルンプール11:30着／クアラルンプール14:00発→関空21:25着

■複数の航空会社を比較して、最安値を調べてくれるサイト

スカイスキャナー
HP https://www.skyscanner.jp/

航空券の値段を比較できるサイト。出発地と目的地を入力すれば、様々な航空会社のフライト料金を調べてリスト表示してくれる。いちいち、航空会社のウェブサイトを別々に開いて比較しなくても、料金を一目で比較できるのが便利だ。

直行便だけでなく経由便も対象になる。東京→ハノイ→ホーチミン→東京といった複数都市を経由するフライトにも対応している。ただしLCCの情報を調べたい場合は、LCC各社のウェブサイトを見たほうが詳しい情報が入手できる。

実際の予約は、各航空会社もしくは旅行会社のサイトに移動して行う。

■深夜便利用のときは日付を間違えないように

「月曜日の0時5分発」ということは、「日曜日の深夜発」のことだ。ところが、これを「月曜日の深夜」と思い込んで、飛行機に乗りそこねてしまう事例が、時々発生している。

体験！ 予想以上に快適だった香港経由便

ホーチミン旅行の際に香港経由のフライトを使い、とても楽でした。

ホーチミン発成田行きの直行便は2便ありますが、現地を出るのが24時頃か朝6時頃という、どちらも不便な時間帯です。そこで旅行会社の人に相談したところ、すすめられたのが香港経由便でした。

昼間便であるのに加え、羽田発着便があるというのも魅力です。私は町田市在住なので成田は遠く、朝便に乗ろうと思ったら前泊が必要ですから。キャリアはキャセイパシフィックで、料金は直行便より少し安いくらいでした。

唯一心配だったのは、香港での乗り継ぎでしたが、そのときには、キャセイパシフィックの係員が丁寧に誘導してくれたので、問題はありませんでした。

私が利用したフライトは以下の通りです。
【往路】羽田10:35発→香港14:20着／香港16:20発→ホーチミン17:55着
【復路】ホーチミン10:40発→香港14:20着／香港16:25発→羽田21:35着

（YOさん）

◆直行便／LCC／経由便

直行便タイムテーブル (2018年10月現在)

■日本⇒ベトナム
＊2018年11月8日就航予定

出発地	到着地	時刻	運航日	航空会社
羽田	ハノイ	08:55→13:10	毎日	全日空
		16:35→20:05	毎日	ベトナム航空
成田		10:00→13:30	毎日	ベトナム航空
		18:25→22:15	毎日	日本航空
関西		10:30→13:10	毎日	ベトナム航空
		09:20→13:10	毎日	ベトジェットエア＊
		22:15→00:40	月水金日	ジェットスター
中部		10:15→13:20	毎日	ベトナム航空
福岡		10:30→13:20	毎日	ベトナム航空
羽田	ホーチミン	01:25→05:15	毎日	日本航空
成田		09:30→13:30	毎日	ベトナム航空
		15:25→19:35	毎日	ベトナム航空
		16:45→21:45	毎日	全日空
		17:55→22:00	毎日	日本航空
		19:05→00:05	毎日	全日空
関西		10:30→13:55	毎日	ベトナム航空
中部		10:00→13:40	毎日	ベトナム航空
福岡		10:30→13:30	水木日	ベトナム航空
成田	ダナン	10:00→13:40	毎日	ベトナム航空
関西		09:15→12:00	月火木土	ジェットスター

■ベトナム⇒日本

出発地	到着地	時刻	運航日	航空会社
ハノイ	羽田	08:25→15:05	毎日	ベトナム航空
		15:40→22:15	毎日	全日空
	成田	00:05→07:20	毎日	日本航空
		00:55→07:35	毎日	ベトナム航空
ホーチミン	羽田	23:25→06:55	毎日	日本航空
	成田	00:30→08:00	毎日	ベトナム航空
		06:25→14:00	毎日	ベトナム航空
		07:30→15:10	毎日	全日空
		08:10→16:00	毎日	日本航空
		23:05→06:45	毎日	全日空
ダナン	成田	00:05→07:35	毎日	ベトナム航空
ハノイ	関西	00:30→06:40	毎日	ベトナム航空
		01:45→08:15	月火木土	ジェットスター
		01:45→07:50	毎日	ベトジェットエア＊
ホーチミン		00:25→07:20	毎日	ベトナム航空
ダナン		14:30→21:15	月水金日	ジェットスター
ハノイ	中部	00:15→06:55	毎日	ベトナム航空
ホーチミン		00:05→07:30	毎日	ベトナム航空
ハノイ	福岡	01:45→07:20	毎日	ベトナム航空
ホーチミン		00:20→07:20	水木日	ベトナム航空

■ベトナム航空が関空・ダナン線を就航

成田発に続きダナンへの2本目の直行便となる。毎日運航。
◆2018年10月28日就航
関空　09:30→ダナン　12:05
ダナン　00:20→関空　07:00

■ベトジェットエアが日本直行便を3路線

ベトナム大手LCCのベトジェットエアが、日本直行便を3路線就航させる。いずれも毎日運航。
◆2018年11月8日就航
関空　09:20→ハノイ　13:05
ハノイ　01:40→関空　07:50
◆2018年12月14日就航
関空　09:30→ホーチミン　13:30
ホーチミン　01:40→関空　08:30
◆2019年1月11日就航
成田　09:30→ハノイ　14:00
ハノイ　00:55→成田　08:00

■フライト時刻は変動が多い

飛行機の発着時刻が、月によって30分程度、早くなったり遅くなったりすることは珍しくない。旅行会社のウェブサイトを見るか、または旅行会社に問い合わせをして、最新の情報を入手しておこう。

■ベトナム航空の月初のキャンペーンを見逃すなかれ！

ベトナム航空では、月初の5日間限定で、航空券を特別価格で販売することがある。ウェブサイトで購入した場合のみの適用で、座席数が限られているが、往復3万円台前半とお得なので要チェックだ。

■共同運航便とは？

1つの便を2つの航空会社が運航しているのが「共同運航便」。例えば、ベトナム航空と全日空は業務提携をしており、成田発ハノイ行きのベトナム航空VN311便と全日空NH9715便は同じものだ。
航空会社の2文字コードの後ろの数字が4桁になっているものが、他社との共同運航便だ。同じフライトでも、ベトナム航空で買うのと、全日空で買うのとでは料金が異なる場合がある。

トラベルインフォメーション [日本編] フライトを選ぶ

STEP 6 ホテルを探す＆予約する

■ホテルの評価を知るには
トリップアドバイザー
https://www.tripadvisor.com/
世界中の旅行先やホテルの口コミが掲載されている、世界最大の閲覧数を持つサイト。予約サイトで提示されている料金を比較することができる。実際の予約は、ここからリンクされているホテル予約サイトで行う。

■大手ホテル予約サイト
ブッキング・ドットコム
https://www.booking.com/
エクスペディアと並ぶ世界２大オンライン旅行会社。ホテル予約サイトの宿泊実績は世界最多。

アゴダ
https://www.agoda.com/
ブッキング・ドットコムの関連会社で、アジアを中心とするホテルの予約を扱っている。

エクスペディア
https://www.expedia.co.jp/
ブッキング・ドットコムと並ぶ世界の２大オンライン旅行会社の１つ。ホテル、航空券、ツアーなどの販売を行っている。

ホテルズドットコム
https://jp.hotels.com/
エクスペディアの子会社で、ホテル予約に特化したサービスを行う。

■民泊仲介サービス
エアビーアンドビー
https://www.airbnb.jp/

ホテルを手配する方法としては、予約サイト、旅行会社、レップ（予約専門会社）などがあり、どれがいいかは旅のスタイルによって変わってくる。最近、注目されているAirbnb（エアビーアンドビー）に代表される民泊サービスも選択肢に加えたい。

ホテル予約サイトが便利

ベトナムでも主要なホテルは各種予約サイトに登録されており、これを使うのがいちばん便利だろう。ホテルに直接予約をするよりも安く手配できる場合も少なくない。同じホテルでも、予約サイトによって料金や条件が異なる場合もあるので、複数のサイトを見比べてみるといいだろう。

旅行会社に頼むメリット

旅行会社に手配を頼んだほうが得をするケースもある。例えば、空港送迎やレイトチェックアウト（通常は宿泊料金の半額が加算される）を無料でつけてくれる場合があるのだ。宿泊料金自体は予約サイトのほうが安くても、こういう特典を計算に入れると旅行会社経由のほうが得になる。また２つの部屋をつないで、１つの部屋のように使う「コネクティングルーム」を手配したいときも、予約サイトでの対応は難しく、旅行会社に頼む必要がある。

単に泊まるだけなら予約サイト、何かリクエストがあるときは旅行会社という使い分けをするといいだろう。

民泊の人気が急上昇中

民泊仲介のAirbnbがベトナムでも人気だ。本来は個人の住居に泊まる「民泊」を仲介するサービスだが、実際に登録されている宿泊施設の中には、「ホテル」という看板こそ出していな

体験！ 家族旅行でコンドミニアムに滞在

先日のベトナム旅行は家族三世代一緒でした。せっかくなので祖父母から孫たちまで、一緒の時間を長く持ちたい。一方、生活のリズムが違うのでお互いに邪魔にならないようにしたい。そこで旅行会社の人に推薦されたのがコンドミニアムでの滞在です。これが大正解でした！

泊まったのは、ドンコイ通りまで車で５分のところに建つ26階建てのマンションの15階でした。広さは約100平米で、ダブルベッドの入った寝室が３つ。家族団らんが楽しめるリビング＆ダイニングルームが嬉しかったです。住居用なので大型冷蔵庫、電子レンジ、食器類、洗濯機なども揃っています。屋上には無料で使えるプールが、１階にはコンビニとカフェがあって助かりました。

ホテルでいうと４つ星くらいのレベルでしょうか。これで１泊約１万円なのですから驚きです。最初、シャワーのお湯の出が悪かったのですが、オーナーさんに連絡したら、夜にも関わらずすぐに来て対応してくれました。

コンドミニアムは本来、長期滞在用なのですが、物件によっては短期宿泊も受け付けているのだそうです。

（ANさん）

◆高級からエコノミーまで

いものの、ホテルと同一の設備・サービスを提供しているところがある。例えば、建物全部が宿泊施設になっており、1階のフロントにはスタッフが常駐。毎日部屋の掃除やリネン類の交換もしてくれる。宿泊料金は、同レベルのホテルよりも割安なので狙い目だ。

一人で何軒ものアパートを持っている人が、Airbnbを利用して短期宿泊者に貸し出している場合もある。この場合、常駐のスタッフはおらず、チェックイン時とチェックアウト時に物件のオーナーと鍵の受け渡しをする。宿泊料金は同レベルのホテルに比べて2～3割安い印象だ。ただし宿泊中のサポートが手薄なので、旅慣れた人向けの選択肢だ。

レイトチェックアウトが便利

日本への帰国便は深夜発が多い。その際、便利なのが「レイトチェックアウト」だ。大抵のホテルでは部屋代の50％の料金を払えば、18時まで部屋を使わせてくれる。これを過ぎると、1泊分の宿泊料を払うことになる。レイトチェックアウトを希望の場合は、予約時に申し込んでおくと確実だ。

2～3時間程度の早めのチェックインは、部屋さえ空いていたら、無料で応じてくれるホテルが多い。

コロニアルホテルに泊まろう

根強い人気があるのが、ベトナムならではの雰囲気が楽しめるコロニアルホテルだ。「コロニアルホテル」とは、かつてフランスの植民地（コロニー）だった頃（1850年頃～1945年頃）に建てられたホテル、もしくはその当時の建物を使ったホテルのことを指す。

どのホテルの設備も改修されてはいるが、古い建物を使っているため、防音が今一つだったり、水回りが弱かったりする場合があるので、要注意。また、新館を増築しているホテルもあるので、「本物」のコロニアルホテルに泊まりたい人は、「創建当時の建物に泊まりたい」と指定しよう。

ハノイならソフィテル・レジェンド・メトロポール（1901年創業）、ホーチミンならマジェスティック（1925年創業）、コンチネンタル（1880年創業）、グランドホテル（1930年創業）が人気だ。

安いホテルでの注意点

$30以下くらいのホテルでは、特に気をつけたい点がある。まず門限がある。夜遅くなると、ホテルの入口ドアに鍵をかけて閉めてしまうのだ。中級クラスのホテルでも安い部屋を選ぶと窓なしという場合があるので、気になる人は、事前に確認をしておこう。安いホテルだと3階、4階以上の高さでもエレベータがないことがある。

■主なレップ問い合わせ先

①マックマーケティングサービス
☎ 03-5419-3741
HP http://www.macmarketingservice.com/

②ヒルトンホテルズ＆リゾーツ
☎ 03-6864-1633
HP http://hiltonhotels.jp/

③アコーホテルズ
☎ 03-4455-6404
HP http://www.accorhotels.co.jp/

④マリオットインターナショナル
☎ 0120-142890
HP http://www.marriott.co.jp/

⑤オークラニッコーホテルズ予約センター
☎ 0120-582586
HP https://www.okura-nikko.com/jp/nikko/

⑥ワールドホテルズ
☎ 0120-557537
HP http://www.worldhotels.com/

⑦ハイアットホテルズ＆リゾーツ
HP http://hyatt.jp/

⑧ザ・リーディングホテルズ
☎ 0120-086230
HP http://www.lhw.com/

⑨IHG（インターコンチネンタルホテルズグループ）
☎ 0120-455-655
HP http://www.ihg.com

⑩シックスセンシズリゾート＆スパ
☎ 0120-921324
HP http://jp.sixsenses.com/

STEP 7 オプショナルツアーを申し込む

日程、行き先、ホテルが決まったら、ベトナムで何をして過ごすのか、旅の計画を作り込んでいこう。その際、現地での限られた時間を有効に使うための心強い味方がオプショナルツアーだ。個人では行けない場所が見られるツアーもある。

オプショナルツアーの長所・短所

オプショナルツアーを利用することの長所は、①ガイドが同行するので、訪れた場所への理解が深まる、②移動手段が確保されているので迷う心配がなく、時間も有効に使える、③個人では訪れることが難しい場所でも、ツアーなら行ける場合がある、などだ。

逆に短所は、①団体行動になることが多いので決められたスケジュール通りに動かなければならない、②行きたくないお土産物屋に強制的に連れて行かれる、③お金がかかる、などだ。ただし②に関しては、近年改善されており、苦情は少なくなっている。また③に関しては、個人でタクシーなどを手配して行ったほうが割高になることもあり、一概にツアーのほうが高いとは限らない。

ツアーの申し込みは日本か、現地か

パッケージツアーに参加してベトナムを訪れる場合、それと同時に、現地のオプショナルツアーを申し込むことができる。これがいちばん安心だろう。

現地の旅行会社では、パッケージツアーでは提供されていないユニークなオプショナルツアーを催行している会社もある。それらの会社もウェブサイトやメールでツアーの申し込みを受け付けているので、ぜひ比較検討してみたい。同内容のツアーでも、現地の会社に申し込んだほうが安くなる。

いずれにしても、人気のツアーは、定員に達することもある。参加を決めているのであれば、出発前に申し込んでおこう。

ツアーの料金の差はどこから？

同じ場所に行くツアーでも、催行する会社によって料金が2倍以上違うことが珍しくない。いちばん大きな要因は、日本語ガイドが付くのか、それとも英語ガイドなのか、だ。日本語ガイド付きのツアーのほうが5倍程度の料金になることもある。

一方、高いツアーには、金額相応のメリットがあるのも確かだ。高いツアーのほうが、少人数で動くことが多いので、時間のロスが少ない。それから食事の質。安いツアーだと、訪れた先の名物料理などが出てこない場合もある。そして忘れてはならないのが、トラブルが起きたときの対応だ。安いツアーだと、車が故障して修理のために長時間立ち往生することもある。また事故の際の補償も少ない。

最近は新しい車両を使っているバスツアーが多い

■オプショナルツアーとは？

オプショナルツアーとは、日本や現地の旅行会社が主催する観光地訪問ツアーのこと。別料金が必要で、日本での予約はもちろん、滞在ホテルのツアーデスクや現地の旅行会社などで申し込むことができる。パッケージツアーの自由行動の日や個人旅行のスケジュールなどに自由に組み込んで、ぜひ利用してみよう。

■オプショナルツアー＆現地旅行会社の情報

ホーチミン→p.73
ニャチャン→p.90
フエ→p.102
ダナン・ホイアン→p.112
ハノイ→p.168

■日本語オプショナルツアーに同行するのはベトナム人ガイド

日本語オプショナルツアーについてくれるのは、すべて日本語が話せるベトナム人ガイドさん。というのも、ベトナムでは、外国人はツアーガイドをすることが禁じられているからだ。

■ガイドさんへのチップは？

チップは必須ではないが、3～4人の小グループで終日ツアーに参加した場合、ガイドさんに20～30万VND程度、ドライバーさんに10～15万VND程度のチップを渡すと喜ばれるだろう。まとめてガイドさんに渡してもよい。

比較的小型のマイクロバスを使うツアーもある

STEP 8 パスポートと保険の用意

日本人はビザなしでの入国が可能だが、その際、パスポートの有効期間が6カ月以上あることが必要だ。出発直前になってあわてないために、早めに確認しておこう。海外旅行保険も出発前に加入しておきたい。

パスポートの残存期間に注意

2015年1月から施行された新入国管理法により、ビザなし入国をするために必要となるパスポートの残存有効期間が、従来の「3カ月以上」から「6カ月以上」へと変更になっている。残存期間が足りない場合は、日本を出国する飛行機に搭乗させてもらえないので注意したい。

パスポートは残存有効期間が1年未満になったら切り替え発給ができるので、早めに用意しておこう。

海外旅行傷害保険にはぜひ加入を

ベトナムで急病になり病院に運び込まれたが、所持金が不足しており、しかも海外旅行傷害保険に未加入だったため、治療が受けられないという事態が時々発生している。ベトナムでは治療費の前払いが求められ、クレジットカード払いを受け付けてくれない場合も多い。

さらにケガや病気の症状が重く、ベトナム国内の病院では対応できなかった場合、日本または近隣諸国の病院に緊急搬送されるが、その場合の費用は非常に高額だ。最低でも200万円程度必要で、チャーター便での国外搬送ともなると、在ベトナム日本国大使館によれば「1500～2000万円の費用を要することもある」という。

こういうときに助かるのが海外旅行傷害保険だ。保険を選ぶ際は、どこまでをカバーしてくれるのかを確認しておこう。

■パスポート申請に必要な書類

パスポートは有効期限が5年（紺色）と10年（赤色）があり、いずれか選択できるが、20歳未満は5年用のみ取得可。年齢にかかわらず1人1冊必要。残存有効期間が1年未満になると更新できる。

新規発給の申請には、以下の書類をそろえて住民登録をしている都道府県の旅券課へ。

①一般旅券発給申請書1通（各都道府県旅券課で入手可能）。
②戸籍抄（謄）本1通（6カ月以内に発行されたもの）。
＊ただし、すでにパスポートを持っている場合、記載事項に変更がなければ不要。
③写真1枚（縦4.5cm×横3.5cm、6カ月以内に撮影されたもの）。
④本人確認の書類原本（運転免許証等の公的証明書など）
＊③、④については細かい規定があるので、詳細は外務省ホームページ（下記参照）や、旅券課にある資料を参照のこと。
＊申請料（5年用1万1000円、10年用1万6000円、12歳未満6000円）は受領時に支払う。受け取りは本人のみ。代理不可。受領まで7～10日。
＊姓の変更などの訂正申請、住民登録地以外での申請、紛失による再発行などは、各旅券窓口へ問合せを。

●外務省パスポートA to Z
www.mofa.go.jp/mofaj/toko/passport

ワンポイントアドバイス ONE POINT ADVICE

「救急車は来ない」と覚悟

ベトナムで活動する緊急医療の専門家は、このようにアドバイスする。

「ベトナムは日本のように救急車のシステムが整備されていません。事故にあっても『救急車は来ない』と考えておいたほうがいいでしょう」

「クレジットカードに付帯している保険は、一般的に補償範囲が狭いので、これで十分と考えるのは非常に危険です。いちばんお金がかかるのは、ベトナム国外への緊急移送。これをカバーしている保険に加入しておくことを強くおすすめします」

保険に入っていれば、原則としてキャッシュレスで治療が受けられるが、これも過信は禁物だという。

「すべての病院で海外旅行傷害保険が使えるわけではありません。保険に対応している病院でも、『最初に現金で支払いをして、日本帰国後に保険会社から還付を受けてください』と言われる場合もあります。クレジットカードは大都市はともかく、地方の病院では受け付けてくれません。やはり現金もある程度は持っておくべきでしょう」

STEP 9 ビザ(査証)を取得する

現在、日本人が15日以内の短期滞在をする場合、ビザなしでの入国が認められている。しかし、30日以内に再入国する場合にはビザが必要なので、周辺国を含んだ周遊型の旅行をする人は注意したい。

ビザ関連のトラブルが増えている

現在、日本人の場合は、ビザなしでベトナムに入国が可能になっている。便利になったのは確かだが、反面、ビザが必要だったときには発生しなかったトラブルが発生しているのも事実だ。自分がビザなしで入国できるかどうか、もう一度、確認してみよう。

ビザなしで入国するための5つの条件

ビザなしでベトナムに入国できるのは、以下の条件を満たしている場合だ。
(1) 滞在日数が入国日より15日間以内であること。
(2) 入国目的が観光およびビジネスであること。
(3) パスポートの残存有効期間が出国時に6カ月以上あること。
(4) 往復航空券または第三国への航空券があること。
(5) 前回のベトナム出国から30日以上経過していること。
トラブルが起きる可能性があるのは(3)～(5)だ。

パスポートの残存有効期間は6カ月以上

以前は残存有効期間が3カ月でよかったため、そのつもりで空港に来て、航空会社の窓口で残存期間の不足を指摘され、搭乗できない事例が時々、発生している。

陸路で出国する際はビザが必要

「ベトナム入国後にタイに行く予定で、航空券はベトナム国内で購入するつもり」という場合や、「ホーチミンから長距離バスに乗ってカンボジアに行くので、ベトナム出国用の航空券は買っていない」という場合は、ビザが必要になる。

以前は「ベトナム国内で航空券を買うから」「陸路で出国するから」と説明すれば、入国審査を通してもらえることがあったが、現在は許可されない。

30日ルールに注意

日本→ホーチミン→カンボジア→ハノイというように旅行する人は、少なくない。2015年以前だと、ビザなしでベトナムへの再入国が可能だったが、今は、ホーチミンを出てから、ハノイに入るまでの期間が30日以下だと、ビザが必要だ。

日本→ホーチミン→カンボジア→ホーチミン→日本という経路で移動する場合であっても、往路または復路が乗り継ぎだけで、

■電子ビザの発給を試験運用中

ベトナム政府は、2017年2月1日から電子ビザの申請受付を開始した。ただし試験的なもので、2年後に評価と見直しが行われる。

電子ビザで発給が受けられるのは30日間有効のシングルビザ。手数料は$25で、支払いは専用サイト上でのカード決済のみとなっている。発給されたビザを印刷し、入国審査時にパスポートと共に提示する。

専用サイト:
https://evisa.xuatnhapcanh.gov.vn/ (英語ページ)

■カンボジアへの入国はビザが必要

ベトナムからカンボジアへ旅行する人は多い。カンボジア入国に際してはビザが必要だ。日本にいる間に取得もできるが、空港でもアライバルビザが簡単に取得できる。必要なものは以下の通り。
1. パスポート(残存有効期間が6カ月以上)
2. 写真(3.5cm×4.5cm)
3. ビザ申請書(機内もしくは空港に着いてから入手可能)
4. ビザ代($30)

ベトナム・ホーチミンとカンボジア・プノンペンの間は陸路で移動する人も多い。これは同ルートでいちばんよく使われるベトナムのモックバイ(Mộc Bài)国境。カンボジア側の街の名前はバベット(Bavet)。ビザは国境で取得可能だ。ホーチミン・プノンペン間は約300kmで所要約7時間。運賃は$10程度でツアーバスが毎日頻発している。

◆ビザなし入国の条件に注意

ベトナムに入国しない場合は30日ルールの適用外になる。

アライバルビザが便利

ホーチミン、ハノイ、ダナンの各空港では、アライバルビザ（Arrival visa）を取得することが可能だ。ベトナム大使館および総領事館がない都市（東京、大阪、福岡以外）に住んでいる人には便利だろう。

アライバルビザを取得するには、日本出国時に現地の業者が発行する招聘状を持っていることが必要だ。招聘状を作成してくれる業者はネット上で多数営業しており、招聘状はメールで送ってもらえる。それをプリントアウトしておこう。

現地に到着したら、入国審査窓口の手前にビザの発給窓口があるので、パスポートと一緒に提出する。招聘状の発給手数料は、業者によって異なるがおおむねUS＄30程度で、所要日数は2〜5日程度。超過料金を支払うことで、即日発行に対応してくれる業者もある。

空港で支払うビザ発給手数料は以下の通り。
シングル（1カ月・3カ月同額）　＄25
マルチ（1カ月・3カ月同額）　＄50

カンボジアでもビザはとれる

カンボジア・プノンペンにあるベトナム大使館でベトナムの入国ビザを取得することができる。特急料金の＄10を支払えば、午前申請なら即日、午後申請は翌日午前の受け取りが可能。

■ベトナムビザを取得できる駐日ベトナム公館

ベトナム社会主義共和国大使館
🏠 東京都渋谷区元代々木町50-11
☎ 03-3466-3311
⏰ 9:30〜12:00、14:00〜17:00
休 土・日曜、両国祝日

在大阪ベトナム社会主義共和国総領事館
🏠 大阪府堺市堺区市之町東4-2-15
☎ 072-221-6666
⏰ 9:00〜17:00。窓口受付は火〜金曜9:00〜12:00、14:00〜16:30（月曜が祝日の場合は翌火曜9:30〜）
休 土・日曜、両国祝日

在福岡ベトナム社会主義共和国総領事館
🏠 福岡県福岡市博多区中洲5-3-8 アクア博多4階
☎ 092-263-7668
⏰ 9:00〜12:00、14:00〜17:00
休 土・日曜、両国祝日

■プノンペンのベトナム大使館で取得可能なビザ

1カ月シングル　＄40
1カ月マルチ　＄50
3カ月シングル　＄50
3カ月マルチ　＄75

ベトナム大使館
🏠 436 Preah Monivong Blvd, Phnom Penh, Cambodia
⏰ 平日8:00〜11:30、14:00〜17:00／土曜8:00〜11:00（日曜、両国祝日休み）

体験！ノービザで入国のはずが、空港で青ざめた！

「お客様、入国ビザをお持ちですか？」
関空のチェックインカウンターで、航空会社のスタッフからこう聞かれて、私は驚きました。
「え？　ベトナムはビザなしで入国できるんでしょう？」
「そのためには、パスポートの残存有効期間が6カ月以上必要となります。しかしお客様は5カ月しかありません」
私は青ざめました。私はわらにもすがる思いでホーチミンにいる日本人の友人に国際電話をかけました。
「対応策はあるよ。空港でアライバルビザをとればいいんだ」
と友人。
「ネットに接続して、今から教える旅行会社のウェブサイトにアクセスして」
と言います。アライバルビザを取得するには、事前に現地の業者が発行する招聘状が必要。通常3日程度かかりますが、友人が教えてくれた会社は、特急料金を払うと、30分程度で発行してくれるそうです。

ウェブサイトは英語にも対応しており、その指示に従って申し込みフォームに記入をします。料金は前払いでクレジットカード決済でした。待つこと20分。私のメールアドレスに招聘状のPDFが届きました。それを見せて搭乗手続きを行います。

タンソンニャット空港に到着後、アライバルビザカウンターに行き、招聘状を見せてビザの申請をしました。あっけないくらいスムーズに終了。無事、ベトナムに入国できました。

（MIさん）

STEP 10 旅先の通信手段を確保する

昨今、旅行先でメールのやり取りをしたり、スカイプ、ライン、バイバーなどで日本の家族や友人と話をしたり、旅行中の写真をSNSにアップするのが当たり前になっている。旅行中の通信手段を事前に確保しておこう。

Wi-Fiでインターネットに接続する

ベトナムの都市部ではWi-Fiが非常に普及している。高級ホテルはもちろん、1泊$10程度の安いホテルでも、ほとんどの場合、無料でWi-Fiが使える。

またレストランやカフェでも、たいてい無料のWi-Fiを備えているので安心だ。パスワードが必要な場合は、スタッフに聞けば教えてくれる。空港でも無料のWi-Fiが提供されており、こちらはパスワード不要で利用できる。また夜行の長距離バスでも、Wi-Fiを備えている車両が多い。

日本で現地のSIMを入手する

ベトナムで使えるSIMカードを入手すれば、現地の人との通話はもちろん、3Gや4Gなどのモバイルデータ通信が使えるので、Wi-Fiがない場所でもインターネットに簡単に接続できる。

SIMカードは現地の空港でも販売しており、10万VND程度で購入できる。これを自分のスマートフォンや携帯電話に差し込むだけ。通話料はプリペイドカードを買って、チャージする。ただし、機種がSIMフリーであることが条件となる。

現地で使える携帯電話を入手する

使っているスマートフォンや携帯電話がSIMフリーでない場合、いくつかの方法がある。

まずは、海外で使える携帯電話のレンタルサービスをしている会社（左欄外参照）で、ベトナムで使える携帯電話をレンタルする方法だ。渡航前に現地で連絡がつく電話番号がわかるというメリットもある。

現地旅行会社の中には、携帯電話のレンタルサービスを行っているところもある。ベトナム滞在期間が長い場合や、何度か渡航する予定がある場合は、現地で携帯電話本体を買うというのも選択肢になるだろう。携帯電話の新品は日本円で大体3000円くらいで手に入る。

モバイルルーターをレンタルする

空港などでモバイルルーターを借りるという方法もある。これに現地のSIMを挿入すれば、Wi-Fiがないところでも、インターネットに接続できる。ルーターが1つあれば、複数人で同時にネットに接続することもできるので、グループ旅行のときは1台借りておく重宝するだろう。

■海外用携帯電話レンタルサービス

JALエービーシー
☎ 0120-086072
HP http://www.jalabc.com/

テレコムスクエア
☎ 0120-388212
HP http://www.telecomsquare.co.jp/

《利用料金例》
レンタル料　648円／日
1分当たりの通話料（国内外共）
　発信　300円
　着信　246円
（テレコムスクエア2018年9月現在）

■国内携帯キャリアの総合案内窓口

NTTドコモ
☎ 0120-800000
HP http://www.nttdocomo.co.jp/

au
☎ 0077-7-111
HP http://www.au.kddi.com/

ソフトバンク
☎ 0800-919-0157
HP http://www.softbank.jp/

■スマホで使える海外安全アプリ

外務省ではスマートフォンで使える海外安全アプリを無料で提供している。App StoreやGoogle playからダウンロードでき、GPS情報をもとに今いる地域の安全情報などを表示するもの。
HP https://www.anzen.mofa.go.jp/c_info/oshirase_kaian_app.html

現地で購入できるSIMカード

STEP 11

服装と持ち物チェック

ベトナムは南北に細長いため、南部と北部で気候が異なる。そのため訪れる場所と季節によって、適した服装、必要となる持ち物が大きく変わってくるのだ。出発日の1週間くらい前には、徐々に準備を始めておきたい。

冬のハノイは防寒具をしっかり

いちばん気をつけなければならないのは、地域によって気候にかなり違いがあるということだ。南部は常夏だが、北部の冬は、吐く息が白くなるほど冷え込むこともある。

暑い季節は半袖より長袖を

3月下旬から4月頃の南部、7月から8月の中部は、1年でもっとも暑く、乾季のため日差しも厳しい。そういう状況では、半袖より長袖がいい。半袖だと直射日光にあたって、皮膚がやけどしたような症状になるからだ。帽子も持参するといい。特に首の後ろまでカバーする、ツバの広いものがおすすめ。

靴はスニーカーが安心

靴に関しては、ベトナムは舗装状態が悪いところが多いので、ハイヒールなどは避けてスニーカーのほうがいい。

スマホ用の携帯電源と充電器

旅先では普段よりスマホの使用頻度が増える。地図アプリを使って移動し、スマホで写真を撮って友だちに送る。こんなふうにして使っていると、電源は1日持たないことが多い。携帯電源（モバイルバッテリー）はぜひ持参したい。忘れがちなのがスマホ用の充電器だ。コンセントの形状は、日本とは若干異なるが、ほとんどの場合、日本のプラグがそのまま使える。

■モバイルバッテリーは必ず機内持ち込みに

旅行には欠かせない携帯電源（モバイルバッテリー）だが、飛行機への持ち込みには注意が必要だ。国内線・国際線を問わず、受託手荷物の中に入れることはできず、必ず機内持ち込み荷物に入れる必要がある。

■液体物の手荷物に注意！

国際線全線で液体物の機内持ち込みが厳しく制限されている。ジェル・エアゾールを含むすべての液体物（医薬品、ベビーミルク、ベビーフードは適用外）は100mℓ以下の容器に入れ、さらに1ℓ以下のジッパー付無色透明プラスチック袋に余裕をもって入れる。荷物検査時には係員に提示すること。この措置はテロ防止のためで、受託手荷物には適用されない。

■電子タバコの持ち込み

近年、利用者が増えている電子タバコ。2018年8月現在、ベトナム税関ではこれを規制する規則はなく、紙巻きたばこと同じ扱いで持ち込みができている。ただし、厳しく規制されている国もあり、シンガポール、タイ、台湾では電子タバコの所持自体が禁止だ。ベトナムでも今後、規制が行われる可能性もあるので、旅行前に確認をしておきたい。

ワンポイントアドバイス
ONE POINT ADVICE

あると便利な小道具たち

ベトナム旅行に持参すると便利なものについて、現地在住者からのアドバイスを紹介しよう。
「現地在住者は、安全上の理由から、財布を2つに分けている人が多いです。メインの財布とは別に、小額紙幣をマネークリップなどに入れておくのです。そうすると、ひったくられても、被害を最小限に抑えることができます」（ANさん）

「虫除けスプレーやかゆみ止め薬は、日本から持ってきたほうがいいと思います」
（NMさん）

「小さなメモ帳があると便利です。住所をカタカナ発音で言っても通じないので、文字に書いてタクシーの運転手さんなどに見せます。それ以外にも、知り合ったベトナムの人に名前を書いてもらうなど、いろんな場面で使えますよ」
（TSさん）

「写真好きなら自撮り棒をぜひ持ってきましょう。ベトナム人もよく使っています」　（KHさん）

「折りたたみの傘は、雨のときだけでなく、日傘にも使えて重宝します。ベトナムにはあまり売っていないので」
（KKさん）

STEP 12 現地で必要なお金の用意

ベトナムでもクレジットカードが普及してきている。現金は日本円で持ち込んで、ベトナムドンに両替するのがベスト。現地のATMを使ってVNDをキャッシングすることもできる。現金で持参するのは少な目にしておこう。

クレジットカードはビザかマスター

ベトナムでいちばん普及しているクレジットカードはビザとマスターだ。このどちらかを持参するのがいいだろう。以下JCB、アメックス、ダイナースと続く。

現金は日本円で持ち込む

都市部の両替商では、日本円からベトナムドンへの両替が問題なくできる。例えば、1万円札を出して「4000円分だけベトナムドンに両替して、残りは日本円でお釣りが欲しい」と言っても、大手の両替商であれば対応してくれる。ベトナムドンは日本でも両替可能だが、現地のほうがレートはいい。

日本円を米ドルに両替して持ち込み、現地でベトナムドンに両替するのは、手数料が二重にとられて損をするので避けたい。

海外専用プリペイドカード

ATMが普及している都市部では、海外専用プリペイドカードを使うという選択肢もある。事前に決済用の口座を開設・入金し、それ専用のカードを作っておく必要がある。「Visaトラベルプリペイドカード」「MasterCardキャッシュパスポート」など、各社名称は異なるが、申し込みや利用方法は同じだ。

1日3000円〜1万円を目安に

現地での活動費として、いくら用意すればいいのか。節約派と贅沢派で1日の費用を比べてみよう。

<節約派>
昼食　5万VND
夕食　10万VND
カフェ　3万VND
フットマッサージ　25万VND
移動（タクシーなど）　1日10万VND
合計　53万ドン＝約3000円

<贅沢派>
昼食　20万VND
夕食　50万VND
ホテルのハイティー　40万VND
高級スパ　100万VND
移動（タクシーなど）　1日10万VND
合計　220万VND＝約1万1000円

節約派ホテル

贅沢派ホテル

■現地での両替事情
「現地で役立つお金の話」
→p.220参照

■現地物価の目安
飲料水500ml
　4000VND
コーヒー（高級カフェ）
　5万VND
コーヒー（路上）
　1万VND
フォー1杯
　5万VND
バゲットサンド
　1万5000VND
高級レストランのランチセット
　20万VND
フットマッサージ（1時間）
　25万VND

■主なプリペイドカード
◆Visaデビットカード
🅗 https://www.visa.co.jp/
◆MasterCard
キャッシュパスポート
🅗 https://www.jpcashpassport.jp/
◆GAICA
🅗 https://www.gaica.jp/
◆Gonna
🅗 http://www.gonna-jaccs.jp/
◆MoneyT Global
🅗 https://www.aplus.co.jp/prepaidcard/moneytg/
◆NEO MONEY
🅗 https://www.neomoney.jp/

■日本でもベトナムドンへの両替はできるがレートはよくない

外貨両替専門店のトラベレックスの日本国内の店舗では、日本円からベトナムドンへの両替も行っている。ただし、ベトナム国内で両替する場合に比べレートはよくない。利用するのは「真夜中に現地の地方空港に到着するので不安」など、特別な事情があるときに限ったほうが得だ。
トラベレックス
🅗 http://www.travelex.co.jp/JP/Home-jajp/

STEP 13 ベトナムを知ろう

現地のことを知れば知るほど、旅行は楽しく、また思い出深いものになる。出発までの間、ガイドブック以外にも、ベトナムの文化を紹介している本を読んで、理解を深めてみてはどうだろう。

『週末ちょっとディープなベトナム旅』

下川裕治（著）、阿部稔哉（写真）／756円（税込）／朝日文庫／2018年3月発行

　100冊以上の著書がある旅行作家・下川裕治氏の「週末シリーズ」の1つで、ベトナムはこれが第2弾。単なる旅行記ではなく、フォーの紹介ひとつとっても、ベトナム文化やベトナム人のメンタリティにまで踏み込んだ内容だ。

『ハノイ発夜行バス、南下してホーチミン』

吉田友和（著）／幻冬舎文庫／580円＋税／2016年6月発行

　ベトナムを旅するバックパッカーの定番ルートのひとつ、南北を縦断する「オープンツアーバス」。これは、ハノイからホーチミンまでの切符を買うと、好きな街で途中下車できる便利な長距離バス網だ。人気旅行作家・吉田友和氏が、それを使ってベトナムを北から南へ縦断した旅行記。

『ベトナムの基礎知識（アジアの基礎知識4）』

古田元夫（著）／めこん／2500円＋税／2017年12月発行

　「ベトナム研究の第一人者、日越大学（ハノイ）学長・古田元夫氏によるベトナム入門書の決定版」（発行元・メコン社の紹介文）と書かれている通り、ベトナムを深く知るには格好の1冊。主要都市の説明から歴史に至るまで、網羅的にカバーされている。

『アオザイ美人の仮説』

高橋伸二（著）／時事通信社／1200円＋税／2017年9月発行

　時事通信・ハノイ支局長としてハノイに滞在していたときのエッセイ。硬いテーマから柔らかい話まで、ユーモアあふれる軽妙な文体で書かれている。本職の記者だけあって、ベトナム文化の裏側を読み解く視点は鋭い。

『サイゴンから来た妻と娘』

近藤紘一（著）／小学館文庫／669円（税込）／2013年8月発行

　子連れのベトナム人女性と結婚した新聞記者が書いた伝説の名著。1979年の大宅賞受賞。ベトナム人のメンタリティを知るのに最適の1冊だ。40年前に書かれたものだが古さを感じさせない。小学館文庫で復刊されて手に入りやすくなった。

『週末ちょっとディープなベトナム旅』

『ハノイ発夜行バス、南下してホーチミン』

『ベトナムの基礎知識（アジアの基礎知識4）』

『アオザイ美人の仮説』

『サイゴンから来た妻と娘』

空港に行く 成田国際空港

成田国際空港インフォメーション
☎0476-34-8000
ウェブサイト…http://www.narita-airport.jp/

日本最大の国際線就航数を誇る空港で、東京都心から60kmの千葉県成田市にある。第1～3の3つのターミナルからなり、鉄道もバスも下車駅が異なる。東京寄りが第2ターミナルビル駅で、第1ターミナルへは終点の成田空港駅へ。LCC専用の第3ターミナルへは第2ターミナルから徒歩かバス利用で。

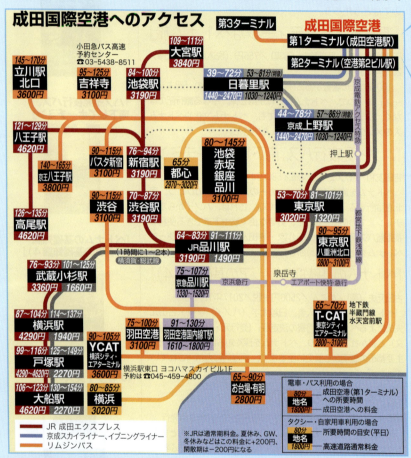

成田エクスプレス
時間に正確、大きな荷物も安心！
　東京、神奈川、埼玉の主要駅と成田空港を結ぶJRの特急で、荷物を置くスペースも完備。1日27便。八王子や大宮からは少なくとも1日2本のみ。夏期には横須賀、鎌倉からの臨時便も運行。従来の「立席特急券」は廃止。かわりに乗車日と乗車区間のみ指定の特急券「座席未指定券」を導入。料金は指定特急券と同額。

横須賀・総武線でも
　特急にくらべ時間はかかるが、JRの普通列車でも成田空港に行ける。横須賀線・総武線直通運転の快速エアポート成田は、日中ほぼ1時間に1～2本の運行。特急券は不要で、乗車券のみで利用できる。ただし車両は普通の通勤用なので、大きな荷物があると不便。
JR東日本お問い合わせセンター………………
☎050-2016-1600

 鉄道ダイヤの乱れや道路渋滞で遅れて飛行機に乗れなかったとしても、航空券の弁償はしてもらえない。ツアーの場合は旅行会社、個人旅行の場合も利用航空会社の緊急連絡先は控えておき、すぐに連絡をして善後策を相談。

Airport Guide

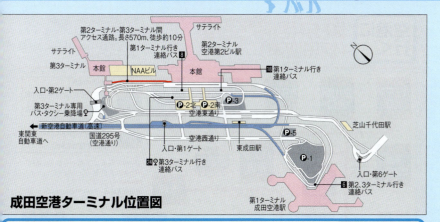

成田空港ターミナル位置図

第1ターミナルのエアライン

南ウィング

全日空
- IBEXエアラインズ
- アシアナ航空
- ヴァージン・オーストラリア
- ウズベキスタン国営航空
- エア・カナダ
- エアージャパン
- エアソウル
- エアプサン
- エジプト航空
- エチオピア航空

タイ国際航空
- エバー航空
- オーストリア航空
- 山東航空
- ジェットエアウェイズ
- シンガポール航空
- 深圳航空
- スイスインターナショナル エアラインズ
- スカンジナビア航空
- ターキッシュ エアラインズ

- 中国国際航空
- ニュージーランド航空
- Peach
- MIATモンゴル航空
- 南アフリカ航空
- ユナイテッド航空
- ルフトハンザドイツ航空
- LOTポーランド航空

北ウィング

ベトナム航空
- アエロフロート
- アエロメヒコ航空
- 廈門航空
- アリタリア－イタリア航空
- エアカラン

- エティハド航空
- エールフランス
- オーロラ航空
- ガルーダ・インドネシア航空
- KLMオランダ航空

第2ターミナルのエアライン

日本航空
- アメリカン航空
- イベリア航空
- イースター航空
- インドネシア・エアアジアX
- エア・インディア
- エア タヒチ ヌイ
- S7航空
- エミレーツ航空
- カタール航空
- カンタス航空
- キャセイパシフィック

- スクート
- スリランカ航空
- セブパシフィック航空
- タイ・エアアジアX
- タイガーエア台湾
- チャイナエアライン
- 中国東方航空
- ティーウェイ航空
- ニューギニア航空
- ノックスクート
- ハワイアン航空
- バンコク・エアウェイズ

マレーシア航空
- パキスタン航空
- ファイアーフライ
- フィジーエアウェイズ
- フィリピン航空
- フィンランド航空
- ブリティッシュ・エアウェイズ
- 香港エクスプレス
- 香港航空
- マカオ航空
- ラタム航空(TAM)
- ラタム航空(LAN)
- ロイヤルブルネイ航空

- 四川航空
- ジンエアー
- 大韓航空
- 中国南方航空

- デルタ航空
- マンダリン航空
- ヤクーツク航空

第3ターミナルのエアライン

- ジェットスター航空
- ジェットスター・ジャパン

- Spring Japan
- チェジュ航空

- バニラエア

スカイライナー
世界標準のアクセスタイムを実現

　成田スカイアクセス線経由のスカイライナーは、日暮里と成田空港駅（第1ターミナル）間を最速39分で結ぶ。料金は2470円。18時以降は京成本線経由のイブニングライナーが1440円と安くて便利。特急料金不要のアクセス特急は青砥から所要約45～50分、1120円。上野からだと京成本線経由の特急が1時間2～3本運行、1030円。

京成電鉄上野案内所 …………☎03-3831-0131

京急線、都営地下鉄からでも

　京浜急行、都営浅草線からも直通のエアポート快速特急とエアポート急行などが成田スカイアクセス線及び京成本線経由で羽田空港から毎日17～19本運行。

京急ご案内センター ……………☎03-5789-8686

リムジンバス
乗り換えなしでラクチン

　JRや京成電鉄の駅に出るのが面倒なら、自宅近くからリムジンバスや高速バスが出ていないか要チェック。都心や都下の主要ポイントを運行する東京空港交通（リムジンバス）のほかに、京王、小田急、神奈川中央バス、京成バスなどが関東や静岡などの主要都市から数多く運行している。

リムジンバス予約・案内センター…☎03-3665-7220
…… http://www.limousinebus.co.jp/
京王高速バス予約センター（聖蹟桜ヶ丘、多摩センター、調布など）………☎03-5376-2222
小田急バス高速予約センター（たまプラーザ、新百合ヶ丘など）………………☎03-5438-8511
神奈中高速バス予約センター（茅ヶ崎、相模大野、町田など）………………☎0463-21-1212

 東京駅八重洲口や銀座から成田空港まで900円～2000円（深夜早朝便）で格安の連絡バスが運行。詳細は京成バス「東京シャトル」 www.keiseibus.co.jp、平和・あすか交通・JRバス関東「THEアクセス成田」 accessnarita.jpへ。

空港に行く 東京国際空港（羽田空港）

東京国際空港ターミナル インフォメーション
☎03-6428-0888
ウェブサイト…http://www.haneda-airport.jp/inter/

就航中のエアライン

全日空(ANA)	カンタス航空	中国南方航空
日本航空(JAL)	吉祥航空	デルタ航空
ピーチ・アビエーション	キャセイドラゴン	天津航空
アシアナ航空	キャセイパシフィック	ニュージーランド航空
アメリカン航空	上海航空	海南航空
エアアジアX	春秋航空	ハワイアン航空
エア・カナダ	シンガポール航空	フィリピン航空
エールフランス	タイガーエア台湾航空	ブリティッシュ・エアウェイズ
エバー航空	大韓航空	ベトナム航空
エミレーツ航空	タイ国際航空	香港エクスプレス航空
奥凱航空	チャイナエアライン	ユナイテッド航空
カタール航空	中国国際航空	ルフトハンザドイツ航空
ガルーダ・インドネシア航空	中国東方航空	

羽田空港へのアクセス

●電車

京急急行と東京モノレールを利用。京浜急行の場合は品川から快特・エアポート急行で11〜23分、410円。横浜駅から16〜31分、450円。新橋から都営浅草線直通の快特・エアポート急行で22〜34分、530円。

モノレールの場合、山手線浜松町駅から13〜21分、490円。日中は3〜5分間隔で運行。

京急ご案内センター ☎03-5789-8686
東京モノレールお客さまセンター ☎03-3374-4303

●空港バス

都内各方面、神奈川・埼玉県など各地からリムジンバスが運行している。新宿・渋谷・横浜などでは深夜・早朝便を割増料金で運行。

リムジンバス予約・案内センター ☎03-3665-7220
京浜急行バス羽田営業所 ☎03-3743-9018

東京国際空港位置図

クルマ

首都高速湾岸線湾岸環八出口から国際線ターミナルまで約5分。国際線ターミナルの南側に国際線駐車場（24時間2100円。以後24時間ごと2100円、72時間超えた場合は1日の上限1500円）がある。ハイシーズンは満車の場合が多いので予約がベター。予約料1400円。

国際線駐車場 ☎03-6428-0121

Airport Guide

関西国際空港

関西国際空港総合案内所
☎072-455-2500
ウェブサイト…http://www.kansai-airport.or.jp/

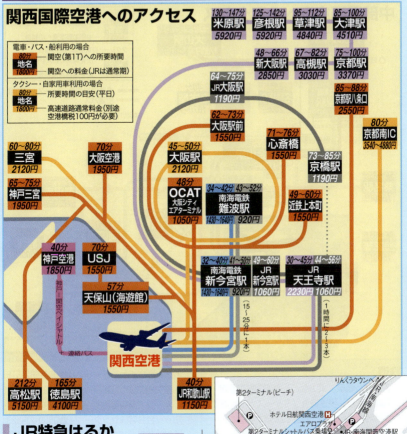

JR特急はるか

　京都、大阪と関空を結ぶJRの特急。一部米原、草津始発の列車もあるが、ほとんどは京都駅が始発。日中ほぼ30分に1本の間隔で運行。急いでいなければ京橋または天王寺始発の関空快速もおすすめ。所要時間は特急より+15分くらいだが、普通料金で利用できる。
JR西日本お客様センター……☎0570-00-2486

南海電鉄ラピートα・β

　難波から新今宮、天下茶屋、泉佐野、りんくうタウン停車で関空に行くのがラピートα、平日早朝4本運行。ラピートβは堺、岸和田にも停車し、合わせて32本運行。
南海テレホンセンター………☎06-6643-1005

空港バス

　関西から一部四国まで路線が充実しており、上図以外にも、JR・阪神尼崎駅、京阪守口市駅、JR・近鉄奈良駅発などがある。2週間有効の往復乗車券が割引率がよくておすすめ。予約が必要な便もあるので、要問い合わせ。
関西空港交通………………☎072-461-1374
http://www.kate.co.jp/

京都・神戸・芦屋エリアから関空まで乗合タクシーが走っている。料金は京都から1人4200円、神戸・芦屋2500～4000円など。予約は、MKスカイゲイトシャトル(京都☎075-778-5489/神戸・芦屋☎078-302-0489)、ヤサカ関空シャトル(京都☎075-803-4800)へ。

空港に行く 中部国際空港（セントレア）

セントレアテレホンセンター
☎0569-38-1195
ウェブサイト…http://www.centrair.jp/

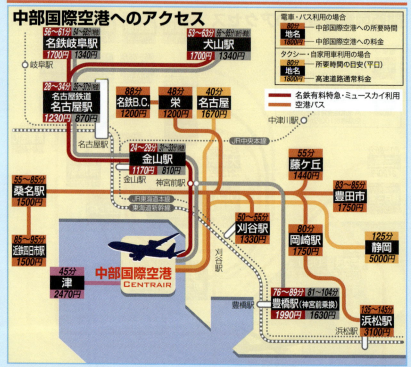

鉄道
名古屋、岐阜、犬山などと中部国際空港間は名鉄を利用。快速特急（ミュースカイ）を使えば名古屋からだと最速で28分で空港に。料金はミューチケット360円込みの1230円。
名鉄お客さまセンター………☎052-582-5151
http://top.meitetsu.co.jp/

空港バス
名古屋市内や近郊、愛知県各所、四日市、桑名、浜松、掛川ICなどから高速バスが運行している。乗り換えしなくてすむのが便利だ。

名鉄お客さまセンター………☎052-582-5151
三重交通四日市営業所………☎059-323-0808
　　　　　　桑名営業所………☎0594-22-0595
知多乗合お客様センター……☎0569-21-5234
遠州鉄道空港バス係…………☎053-451-1595

船
三重県の津から、津エアポートラインの高速艇が中部国際空港まで運航。所要45分、2470円。1日15便運航。冬期（年末年始は除く）は8便の運航。
津エアポートライン……☎059-213-4111（津）

空港に行く 福岡空港
福岡空港国際線案内…………☎092-621-0303
http://www.fuk-ab.co.jp/

空港に行く 仙台空港
仙台空港インフォメーション…☎022-382-0080
http://www.sendai-airport.co.jp

空港に行く 新千歳空港
新千歳空港総合案内…………☎0123-23-0111
http://www.new-chitose-airport.jp/ja/

Airport Guide

出国手続きの流れ

空港に着いてから飛行機に乗るまでの所要時間は約2時間。Webチェックインの場合は1時間。

START

00:20

チェックイン
10〜20分

利用航空会社のカウンターに行き、パスポートとeチケット等を示して、搭乗券と預けた荷物の預かり証(クレーム・タグ)をもらう。込んでいる時は自動チェックイン機を利用しよう。

⚠ ネットでチケットを購入した場合は、購入に使用したクレジットカードの提示を求められる

↓

荷物検査

チェックイン時にスーツケースなどの受託手荷物がある場合は、預けた荷物がベルトコンベアにのり、高性能X線検査機を無事通過するのを確認してからその場を離れること。制限品などが見つかると、ここで余計な時間を費やすことになる。

⚠ 単体のリチウム電池やモバイルバッテリーがスーツケースに入っていると、この検査で発見され、取り出すように指示されるので要注意

↓

00:50

両替、買い物、旅行保険
15〜30分

時間に余裕があれば、現地通貨に両替したり、レストランやショップへ。夏休みやGWなどは、この後の手続きにも時間がかかるので、早め早めに行動しよう。

⚠ 空港でも、海外旅行傷害保険に加入できる。掛け捨てになるが、もしもの時のために必要

↓

01:05

セキュリティチェック
10〜15分

機内持ち込み手荷物のX線検査と、金属探知器での身体検査がある。コインや時計、ベルトのバックルが反応することもある。

⚠ ノートパソコンはあらかじめ出しておく。機内に持ち込む化粧品類は、あらかじめ透明なビニール袋にまとめる

↓

01:20

税関申告
10〜15分

100万円を超える現金や小切手などを持ち出す場合は「支払手段等の携帯輸出・輸入申告書」、時計など高価な外国製品を所持の場合は「外国製品持出し届」を提出すること。未申告だと帰国時に免税範囲の超過分に関税が課せられる。

⚠ 高額の現金や外国製品を持っていない人は申告の必要がないので、そのまま出国審査へ

↓

01:40

出国審査
10〜20分

出国審査場の窓口にパスポートと搭乗券を提出しチェックを受ける。夏休みなどの旅行シーズンは自動化ゲートを利用すると出国審査が迅速にすむ。

⚠ すいている時期ならあっという間にすむが、夏休みなど混雑期には長蛇の列になる。こんな時は自動化ゲートがおすすめ。利用のための事前登録も簡単に当日空港内でできる

↓

02:00

搭乗ゲートへ
10〜20分

出国審査が終わったら、搭乗券に記されている搭乗ゲート番号と時刻を確認する。ゲートの案内板が出ているので、利用するゲートに向かおう。なお搭乗ゲートでもパスポートチェックがある。

⚠ 利用するゲートによっては移動に時間がかかることも。買い物やトイレなどは、利用するゲートの場所を確認してからにしよう

空港に行く / 中部国際空港 他 / 出国手続きの流れ

空港利用の裏ワザ

スーツケースは宅配便で

スーツケースなど重い荷物を空港まで運ぶのは大変。宅配便利用なら、そんな苦労もしなくてすむし、帰りも空港から自宅に荷物を送ることができる。距離、重さによって異なるが、スーツケース1個（25〜30kg以内）で成田、羽田、関空、中部とも2138円から。2〜8日前までに予約して、自宅等で集荷してもらう。

●主要空港宅配便連絡先
JAL ABC（成田・羽田・中部・関空）
☎0120-919-120　☎03-3545-1131（携帯から）
www.jalabc.com/airport/（ネット予約可）
ANA手ぶら・空港宅配サービス（成田・羽田・関空）
☎043-331-1111（成田）、03-4335-2211（羽田）、06-6733-4196（関空）
GPA（成田のみ）
☎0120-728-029　☎0476-32-4755（携帯から）
www.gpa-net.co.jp（ネット予約なし）
関西エアポートバゲージサービス（関空のみ）
☎072-456-8701
www.konoike-aps.net（ネット予約可）
セブンイレブン（関空第2ターミナル）
☎072-456-8751

Webチェックインで時間を有効活用

自宅のパソコンやスマートフォンを利用してチェックインが手軽にできるサービスがWebチェックイン。eチケットがあれば誰でも可能。出発の24時間前からでき、座席指定も可能。（チケットにより条件が異なる）パソコンで搭乗券を印刷するかモバイル搭乗券をスマートフォンで受け取れば完了。その代表例がANAの「オンラインチェックイン」や日本航空のWebチェックイン（Quic）。当日預ける手荷物がなければそのまま保安検査場へ。ある場合は手荷物専用カウンターで預けてから。空港には搭乗60分前までに着けばいいので楽だ。詳細は各航空会社のHPで。

手ぶらサービスを利用して、らくらく海外へ

日本航空と全日空は、成田・羽田・関空・中部（日本航空のみ）発の国際線（グアム・ハワイを含む米国路線、米国経由便、共同運航便は除く）の利用者に対して、自宅で預けた宅配便スーツケースを渡航先の空港で受けとれるサービスを行っている。前述のWebチェックインと併用すれば、空港での手続きも不要で大変便利。料金は、日本航空が従来の空港宅配便と同額、全日空がプラス324円。申し込みは日本航空http://www.jalabc.com/checkin/または☎0120-981-250、919-120。全日空https://www.ana.co.jp/。

定番みやげは予約宅配で

旅先で限られた時間を、義理みやげや定番アイテムを探すことに使うのはもったいない。そんな場合に活用したいのが、海外旅行みやげの予約宅配システム。成田にある海外おみやげ予約受付（第2北3F）では、チョコレートやお酒など、世界各国の定番のおみやげを豊富に揃えており、全国一律972円で指定の日に配達してくれる。出発前に商品カタログを自宅に取り寄せて（☎0120-988-275）申し込むか、空港の受付で注文しておけば、身軽に海外旅行が楽しめる。羽田、中部、関空にも同様のサービスがある。

成田空港までマイカーで行くなら

成田空港までのアクセスに車を使う場合、問題になるのが駐車場。空港周辺の民間駐車場をネット予約すれば、空港までの送迎タイプで4日間3000円、7日間4000円くらい。高速代を加味しても、複数なら成田エクスプレス利用よりは安くなるが、時間がかかる。

成田空港の駐車場を利用すると利便性は高まるが、民間より料金は高くなる。第1ターミナルならP1かP5駐車場、第2、3ターミナル利用ならP2・P3駐車場が近くて便利。このうち予約ができるのはP2とP5のみ。料金はP1、P2駐車場の場合、5日駐車で1万300円。それ以降は1日につき520円加算となる。GWや夏休みは混むので、予約は早めに。

成田空港駐車場ガイド（民間）
http://www.narita-park.jp/
成田国際空港駐車場案内
http://www.narita-airport.jp/jp/access/car

Travel Information ~Vietnam~
トラベルインフォメーション
〈ベトナム編〉

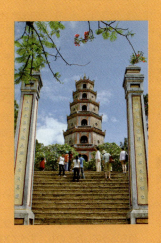

ベトナム入国＆出国ガイド
ノイバイ国際空港（ハノイ）
タンソンニャット国際空港（ホーチミン）
飛行機で移動する
鉄道で移動する
長距離バスで移動する
街中の移動

現地で役立つお金の話
知っておきたい通信事情
ベトナム豆知識
現地でのトラブル
健康管理は万全に
ベトナム語講座

日本出国とベトナム入国

成田空港から出国する場合は、事前に利用ターミナルを確認しておこう。ベトナムの入国手続きは、いずれの空港でもスムーズになったが、便が重なる時間帯は、到着してから税関通過まで30分以上かかることもある点を覚えておこう。

■アライバルビザ

アライバルビザを受ける場合、申請窓口は入国審査カウンターの前にある。

■空港を出る前に

税関を出たところには、両替ができる銀行窓口や携帯電話のSIMカードを販売している売店、タクシー会社の案内カウンターなどがある。両替は市内のほうがレートはいいが、携帯電話のSIMカードはここで入手しておくと便利だ。

■申告不要で持ち込めるもの

免税範囲は次の通り。$5000までの外貨、300gまでの金、22度を超える酒1.5リットル、22度以下の酒2リットル、紙巻きタバコ400本、葉巻100本、その他のタバコ500gまで。500万VNDの価値を超えない荷物。

日本出国：成田空港ターミナルに注意

出国時に成田空港を利用する場合、航空会社によってターミナルが異なる。第1と第2は離れているので注意しよう。
・ベトナム航空　第1ターミナル北ウィング
・全日空　第1ターミナル南ウィング
・日本航空　第2ターミナル

入国①：入国審査

到着ターミナルに入ったら、入国審査カウンターへ進む。パスポートと出国用の航空券（eチケット控え）を係官に提出すると、パスポートには審査済みのスタンプが押され、返却される。

入国②：荷物の受け取り

入国審査の後、機内に預けた受託手荷物を受け取る。空港を出る前に、空港の係員が搭乗券と荷物の預かり証（クレームタグ）を照合するので、捨てずに持っておく。

入国③：税関

課税対象となるものを持っている人は赤のカウンター、申告の必要がない人は緑のカウンターへ。緑のカウンターに進んだ場合でもX線の検査を受ける。受託手荷物にしたものも、機内持ち込みにしたものも、すべてX線検査の機械を通す。これを通過した後、到着ロビーに出る。

葉巻は100本まで

ワンポイントアドバイス ONE POINT ADVICE

週刊誌と多額の外貨に注意

「日本に比べてベトナムは猥褻書籍の基準がかなり厳しいので、持ち込みには注意しましょう」と、現地旅行会社のスタッフは注意を呼びかけている。
「日本で普通に売られている週刊誌であっても、ヌード写真などが掲載されていると、猥褻物として取り扱われる可能性があります。所持していた時点で法律違反と見なされてしまい、その場で放棄しても罰金が科せられます」
とのこと。DVDも「中身の検閲が必要」と持ち込みを許されないケースがあったそうだ。

もう1つ、注意が必要なのが、通貨の持ち込みだという。
「持ち込み金額自体には上限は設けられていませんが、$5000相当を超える通貨を持っている場合、税関申告が必要です。機内では用紙は配られないので、入国審査を終えたあと、税関窓口で用紙をもらってください」
入国時に止められることはなく通過しても、出国時に持っているお金が$5000を超えていると、「その場で没収され戻ってきません」とのこと。出国時のX線検査機は、かなり性能が良いそうで、「私自身、ちょっと分厚い札束を持っていて、止められたことがある」そうだ。

ベトナム出国と日本入国

ハノイ、ホーチミンともに、ベトナム航空や日系航空会社とLCCとでは出発時の利用ターミナルが異なるので注意しよう。空港のカウンターが混雑していることもあるので、必ず2時間前には到着しておきたい。

ホテルから空港まで：ラッシュに注意

近年は、ハノイ、ホーチミンでは朝夕のラッシュがひどくなっている。この時間帯に移動する場合は、十分な時間の余裕を見ておこう。

出国①：搭乗手続き

自分が搭乗する便のチェックインカウンターがどこかを確認しよう。カウンターで機内手荷物を預け、搭乗券を受け取る。

出国②：出国審査

搭乗手続きが済んだら、すぐに出国審査カウンターに向かおう。ここではパスポートと搭乗券を提示する。

出国③：税関＆保安審査

出国審査カウンターを出ると、すぐに税関＆保安審査カウンターだ。ここで手荷物の検査を受ける。ラウンジやレストラン、土産物屋などは、このカウンターの先にあるので、搭乗時刻まで余裕がある場合も、先に各種審査を終えてしまおう。

日本入国：入国審査＆税関審査

到着後は、入国審査カウンターへ進みパスポートを提示。審査を終えたら受託荷物を受け取る。その後、税関審査を受けたら終了だ。

■手元に残ったドンは
空港でベトナムドンを外貨に両替することは可能だが、実際には難しい。残ったドンは空港で使い切ってしまうか、空港内にある「寄付箱」に入れよう。

■オンラインチェックイン
各航空会社ではオンラインチェックイン（ウェブチェックイン）に対応している。これを利用すれば、空港での手続き時間を短縮することが可能だ。

■付加価値税の還付制度
ベトナムには付加価値税（VAT）があり、外国人は、空港で税の還付を受けることができる。条件としては（1）還付手続きが可能な店で購入すること、（2）購入額が200万VND以上であること、（3）購入した品物が未使用であること、となる。高額の商品を購入した場合、その店が還付手続き対象店であるかどうか、確認してみよう。還付金の受け取りはベトナムドンのみとなる。

■「携帯品・別送品申告書」の提出が必要
日本の税関では帰国する人全員に同申告書を提出することが義務付けられている。免税範囲でも提出が必要。

体験！ 空港で緊急アップグレード

楽しかったホーチミン旅行の最終日、暑さに負けたのか、体調が悪くなってしまいました。帰国便は夜行便です。
「この状態で夜行便に乗るのは辛いな」と思い、ビジネスクラスにアップグレードすることにしました。
空港でベトナム航空のカウンターに行って相談を持ちかけると、奥からすぐに日本語がとても上手な若い女性職員が登場。チケットカウンターに案内してくれました。そこで空席があることを確認した後、手持ちの航空券との差額を支払います。

支払いにはクレジットカード（JCB）が使えました。現金払いの場合はベトナムドンのみだそうです。隣には銀行のカウンターがあるので、そこで日本円を必要な金額だけベトナムドンに両替して支払うこともできます。
ビジネスクラスのチケットを持ってチェックイン。その後「ビジネスクラスは優先出国カウンターがありますから」と、出国審査カウンターまで案内してくれました。ずっと同じスタッフが同行して、世話をしてくれたのは、とても心強かったです。

（TNさん）

ノイバイ国際空港案内

T2の3階出発ロビー。日系航空会社のカウンターはBになる

■ノイバイ国際空港の公式ウェブサイト
 http://noibaiairport.vn/HOME/Default.aspx（英語ページあり）

◆ファーストエイドルーム
　T2の到着ロビーと出発ロビー、およびT1の到着ロビーのA棟。
◆手荷物一時預かり所
　T2東ウィングの2階。
◆ベイビーケアルーム
　T2西ウィングの3階。
◆子ども用の遊戯室
　T2の33番ゲートの近く。
◆市内への交通手段
　→p.130参照

ノイバイ国際空港の「スリープポッド」

首都ハノイの空の玄関口・ノイバイ国際空港は市内中心部の北方約45kmのところに位置する。国際線のターミナル2（T2）、国内線のターミナル1（T1）がある。各ターミナル間は離れているので、間違えないよう注意したい。

国際線ターミナルの施設案内

　国際線ターミナルのT2は、1階が到着ロビー、3階が出発ロビーだ。出発時のカウンターは、ベトナム航空がF、G、H、全日空、日本航空、ベトジェット、ジェットスターがBを使っている。

国内線ターミナルの施設案内

　国内線ターミナルのT1も、1階が到着ロビーで3階が出発ロビーだ。ただしLCCのベトジェット、ジェットスターは少し離れたEウィングを使用している。A～Dウィングがある建物からEウィングは歩いて行けるが、市内からタクシーで空港に行く場合はEウィングで降ろしてもらったほうが楽だ。

2つのターミナル間の移動

　T1とT2の間は、無料シャトルバスと電気自動車（1人7000VND）が運行されている。所要時間はともに約5分。バスの運行時間は朝4:30から深夜24:45まで。運行間隔は10～20分に1本。電気自動車は乗客がいるとすぐに発車する。

空港内は無料Wi-Fiが使える

　T1、T2とも、無料のWi-Fiサービスが提供されている。使い方は簡単。「NoiBai AirPort Free Wifi」というアクセスポイントを選ぶと、別画面が立ち上がるので「Access Free Wifi」というボタンをクリックする。

体験！空港内のカプセルホテル

　ハノイからホーチミンに移動するときの飛行機が遅延。私が予約をしていたのは夜10時の便で、しかも6時間も遅れるというので、T1にあるカプセルホテルで仮眠を取ることにしました。正式名称は「Sleep Pod」。空港の中に受け付けカウンターがあります。
　利用料金は1時間単位で設定されており、シングル13万VND、ツイン15万VNDと意外と高め。もっとも空港と市内中心部のタクシー代を考えると、それでもカプセルのほうが得。T2にもあって、そちらはツイン利用のみで16万VNDだそうです。
　案内されたのは、まさに日本のカプセルホテルを少し広くしたような感じです。スナック菓子、飲料水、ウェットティッシュ、液晶TV、それからエアコンが付いていました。
　小さいながらも清潔で、ベッドも寝心地がよく、外の騒音も入ってきません。朝まで熟睡することができました。
　ウェブサイト経由で予約も可能で、ホテル予約サイトでも取り扱っているそうです。
Sleep Pod
 http://vatc.vn/?lang=en

（KWさん）

空港内の施設と国内線の乗り継ぎ方

ハノイ／ノイバイ国際空港

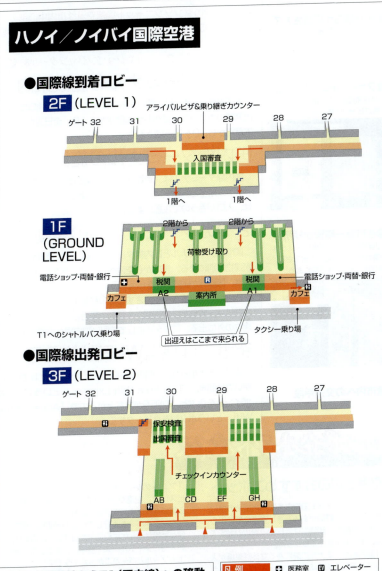

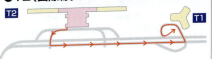

タンソンニャット国際空港案内
ホーチミン

ホーチミンのタンソンニャット国際空港は市内中心部の北西約8kmのところに位置する。国際線ターミナルと国内線ターミナルに分かれているが、徒歩で移動できる距離だ。空港の近くにはレストランやショッピングセンターがある。

■空港情報が掲載されているウェブサイト
HP https://www.hochiminhcityairport.com/（英語ページ）

国際線ターミナルの施設案内

国際線ターミナルは1階が到着ロビーで、3階が出発ロビーだ。出発時のカウンターはベトナム航空がA、B、全日空がK、日本航空がC、Dを使っている。

国内線ターミナルの施設案内

国内線ターミナルは、到着ロビーも出発ロビーも1階になる。ベトナム航空と、LCCのベトジェットおよびジェットスターでは、入口が違うので注意しよう。

■ファーストエイドルーム
24時間対応。国内線ターミナル到着ロビー（1階）。

2つのターミナル間の移動

国際線ターミナルと国内線ターミナルは、同じ敷地内にあるが建物が別になる。市内から空港へ行く際、タクシーの運転手には、国際線か国内線かを伝えよう。

国際線と国内線を乗り継ぎする際の移動手段は徒歩で、所要時間は4～5分だ。国際線から移動の場合は、1階まで下りて建物の外に出る。建物を背にして右側に国内線への通路がある。

■手荷物一時預かり所
24時間対応。国際線ターミナル到着ロビー（1階）を出て右手、国内線ターミナル方向にある。

空港内は無料Wi-Fiが使える

両ターミナルとも、無料のWi-Fiサービスが提供されている。使い方は簡単。「TSN Free Wifi Express」というアクセスポイントを選ぶと、別画面が立ち上がるので「Access Free Wifi」というボタンをクリックする。

■市内への交通手段
→p.30参照

ワンポイントアドバイス　ONE POINT ADVICE

空港周辺のおすすめスポット

タンソンニャット国際空港は、市街地の中にあるだけに、時間があるときは空港の外に出ることも可能だ。現地在住者に空港周辺のおすすめスポットを教えてもらった。

「国内線ターミナルの前にある立体駐車場が入っているビルの中のBay Spa & Massageがよかったです。ボディとフットのパッケージが60分が40万VND、90分が50万VND。チップは込みとのことでしたが、60分コースで5万VND渡しました。開業は2018年1月25日だそうです」
（TMさん）

「アコーグループ系列の4つ星ホテルibis（イビス）が、空港から歩いて行けるくらいの至近距離にあります。空港までは24時間、30分ごとにシャトルバスを運行しているのが便利。帰国便が早朝発だった友人は、最終日はここに泊まり、朝4時のシャトルバスで空港に行きました。屋上のプールとバーがよかったそうです」
（HHさん）

「空港に早めに着いたときは、向かい側にあるパークソンParksonというデパートのフードコートで時間をつぶします。ガラス張りの窓から空港が一望できますよ」
（AYさん）

◆ 空港内の施設と国内線の乗り継ぎ方

ホーチミン／タンソンニャット国際空港

●国際線到着ロビー
2F (LEVEL 1)

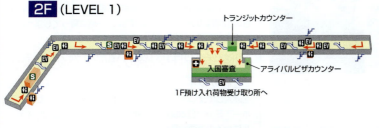

1F (GROUND LEVEL)

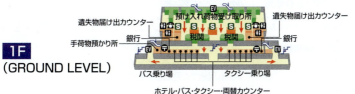

●国際線出発ロビー
3F (LEVEL 2)

※国際線ターミナルから国内線ターミナルには徒歩で移動できる。国際線ターミナルを出て、ビルを背にして右側に連絡通路がある。所要約5分。

国内交通

飛行機で移動する

ベトナム国内では、ベトナム航空に加え、ベトジェットエア、ジェットスターパシフィックという2社のLCCが運航している。航空券はウェブサイトで購入できるので、日本にいる間に手配しておくと安心だ。

ホーチミンのタンソンニャット国際空港のチェックインカウンター。搭乗手続は早めに済ませておきたい

■航空会社問い合わせ先
　以下の電話番号はホットラインで、ベトナム国内どこからでも、この番号が窓口になる。
ベトナム航空（24時間対応）
☎ 1900-1100
ベトジェットエア
☎ 1900-1886
ジェットスター
☎ 1900-1550

国際線と同時購入でお安く

　ベトナム国内を飛行機で移動する場合、チケットは、日本からの国際線のチケットを買う際に、一緒に買ってしまうのがいちばん安心だ。値段も別々に買うより安い。

国際線＋国内線の航空券の注意点

　日本→ハノイ→ホーチミン→日本という経路でまわる航空券を購入して、ハノイ→ホーチミン間の国内線をキャンセルすると、ホーチミン→日本間の国際線のチケットまで自動的にキャンセルになるので要注意だ。

航空会社のウェブサイトで購入する

　どの航空会社も、航空券はウェブサイトから購入するのが一般的だ。支払いは基本的にクレジットカード決済になるが、ベトナム現地での窓口払いもできる。

LCCは安いが遅延が多い

　例えば、ハノイ・ホーチミン間の往復運賃を例にとると、LCCの最安値は片道約40万VNDで、ベトナム航空が約100万VNDと、2倍くらい料金が異なる。ただし、LCCは遅延が多いので要注意だ。利用するときは、余裕をもったスケジュールを組もう。例えば、目的地で朝からツアーを申し込んでいる場合には、前日の夜のうちに入っておくなどの工夫が必要だ。

体験！ 遅延のときにこう対応した

　国内線での移動につきものなのが「遅延」だ。国内を飛行機で移動することが多い現地駐在員に体験談を聞いてみた。

「空港に着いたら、ホーチミンからハノイに飛ぶ飛行機が3時間遅れるという表示。しかし同じベトナム航空で、1時間後に飛ぶ便がありました。チェックインカウンターで、その便への振り替えをお願いしたところ快諾。お陰で3時間も待たずに済みました」
（TNさん）

「ハノイ出張最終日に、私が予約していたホーチミン行きのフライトが欠航というショートメッセージが、携帯電話に入りました。ベトジェットエアに電話をしたところ、英語の上手なオペレータが出てきて『明日の同じ便か、今日のご希望の便か、空席があればどちらでも手配します』とのこと。その日の夜の便に振り替えてもらいました。早めに連絡をもらって助かりました」
（HKさん）

「ダナンからの戻りに飛行機が大幅に遅れました。チェックインカウンターに行くと、航空運賃の一部払い戻しと、食事券をくれました」
（HYさん）

◆長距離移動は飛行機が断然便利

◆ハノイ発の主な航空路線

■ハノイ⇔ホーチミン（所要：約2時間10分）		
ベトナム航空	毎日25便	片道98万5000VND～
ベトジェットエア	毎日23便	片道49万9000VND～
ジェットスター	毎日9便	片道49万VND～
■ハノイ⇔フエ（所要：約1時間10分）		
ベトナム航空	毎日3便	片道70万5000VND～
ベトジェットエア	毎日2便	片道19万9000VND～
■ハノイ⇔ダナン（所要：約1時間20分）		
ベトナム航空	毎日12便	片道70万5000VND～
ベトジェットエア	毎日15便	片道19万9000VND～
ジェットスター	毎日2便	片道19万VND～
■ハノイ⇔ニャチャン（所要：約1時間50分）		
ベトナム航空	毎日4便	片道103万5000VND～
ベトジェットエア	毎日3便	片道59万9000VND～
ジェットスター	毎日1便	片道38万VND～
■ハノイ⇔フーコック（所要：約2時間10分）		
ベトナム航空	毎日3便	片道114万5000VND～
ベトジェットエア	毎日6便	片道69万9000VND～
ジェットスター	毎日1便	片道89万VND～

◆ホーチミン発の主な航空路線

■ホーチミン⇔ハノイ（所要：約2時間10分）		
ベトナム航空	毎日25便	片道98万5000VND～
ベトジェットエア	毎日23便	片道39万9000VND～
ジェットスター	毎日9便	片道49万VND～
■ホーチミン⇔ハイフォン（所要：約2時間）		
ベトナム航空	毎日4便	片道103万5000VND～
ベトジェットエア	毎日6便	片道59万9000VND～
ジェットスター	毎日2便	片道59万VND～
■ホーチミン⇔ダナン（所要：約1時間20分）		
ベトナム航空	毎日16便	片道70万5000VND～
ベトジェットエア	毎日10便	片道19万9000VND～
ジェットスター	毎日4便	片道19万VND～
■ホーチミン⇔ニャチャン（所要：約1時間10分）		
ベトナム航空	毎日7便	片道70万5000VND～
ベトジェットエア	毎日6便	片道9万9000VND～
ジェットスター	毎日1便	片道5万5000VND～
■ホーチミン⇔フーコック（所要：約1時間）		
ベトナム航空	毎日5便	片道87万VND～
ベトジェットエア	毎日5便	片道19万9000VND～
ジェットスター	毎日3便	片道9万VND～

（2018年8月現在の最低運賃）

ニャチャンの玄関口、カムラン空港

■国内線利用の豆知識

出発ロビーに入る前のX線チェックで、持ち込み禁止物が見つかってしまった場合、別送を依頼すれば応じてくれる。その場合は、到着地の空港の遺失物届出カウンター（lost & found）で受け取ることになる。

■都市名と空港が異なる例

ホイアンには空港がないので、最寄りはダナン空港。そこから車で40分程度。
ニャチャンにも空港がなく、最寄りはニャチャン南方のカムラン空港。ニャチャンへの移動は車で40分程度。

■国内線を利用する際もパスポートは必要

国内線にチェックインの際もパスポートの提示が必要なので、スーツケースの中ではなく、いつでも取り出せるところに入れておこう。

成田からの直行便が就航しているダナン国際空港

鉄道で移動する

国内交通

ハノイからホーチミンまでベトナムを南北に縦断する統一鉄道の他に、ハノイ・ハイフォン間、ハノイ・ラオカイ間、ホーチミン・ファンティエット間など、いくつかの路線がある。時間はかかるが、旅情はたっぷりだ。

■ベトナム鉄道
Vietnam Railways
https://dsvn.vn/#/

■座席のクラス
乗車する列車によってクラスの分け方は違うが、たいていは以下の4種類になるだろう。ベッドはハード、ソフトともに下の段ほど料金が高くなる。

ハードシート・コンパートメント
木製の硬いベンチのようなシート。ベトナム人でいつも込み合っている。

ソフトシート・コンパートメント
クッションのあるリクライニング付きのシート。ハードシートよりも快適。

ハードベッド
木製の3段ベッドがコンパートメントに2組設置されている。

ソフトベッド
クッション付きの2段ベッドがコンパートメントに2組設置されている。

ハードシートの車両

■都市名と駅名が異なる例
ホーチミンにあるのが「サイゴン駅」というように、都市名と、そこへの最寄りの駅名が異なる場合がある。以下、参考にされたい。

ニンビン駅
世界遺産・チャンアン景観の複合体への最寄り駅。

ドンホイ駅
ドンホイは、世界遺産であるフォンニャ・ケバン公園への最寄りの町で、ここから多数のツアーが催行されている。

ダナン駅
世界遺産であるホイアンへの最寄り駅で、ここから車で40分程度。

ディウチ駅
クイニョン駅はあるが、ほとんどの列車はディウチ駅までしか行かない。クイニョン市街までは車で15分程度。

タップチャム駅
チャム遺跡の町・ファンランにある駅。

チケットの購入

チケットは、1) 旅行会社に依頼する、2) 直接駅で購入する、3) ウェブサイトで予約・購入する、という3つの方法がある。手数料はかかるが、旅行会社に手配を頼むのがいちばん安心だろう。ウェブサイトは英語に対応しており、運行予定や料金を確認するのにも便利だ。ウェブ購入の場合、クレジットカード決済と後払いが選べる。

テト(ベトナム旧正月)をはじめ、ベトナム国内が休みのときには、切符が早々に売り切れてしまうので、早めに予約したい。

■主な路線／所要時間／距離

主な路線	所要時間	距離
ハノイ・ホーチミン路線	31時間25分〜	1726km
ハノイ・ラオカイ路線	7時間55分〜	294km
ハノイ・ハイフォン路線	2時間25分〜	100km
ホーチミン・ファンティエット路線	3時間48分〜	185km

＊所要時間は利用する列車によって異なる。

南北統一鉄道に乗ってみよう

ハノイ・ホーチミン間を結ぶ南北統一鉄道は、上り・下りとも毎日5便が運行。数字が小さい列車ほど所要時間が短い。最速のSE 1およびSE 2は、ハノイ・ホーチミン間を約31時間半で結んでいる。ダナン・フエ間(約3時間)、ホーチミン・ニャチャン間(約7時間)などの区間は手頃に利用できる。

運賃は、利用する列車および座席によって10種類以上に設定が分かれている(左欄外参照)。ソフトベッド・コンパートメントは、ベッドごとに車内灯やコンセントがついており快適。

運行はおおむね時刻表通りで正確だ。運賃は、ハノイ・ホーチミンの全区間を、最速のSE 1およびSE 2に乗車した場合、64万8000VND(座席・ハードシート)〜162万VND(エアコン付きソフトベッド・コンパートメントの2段ベッド下段)となっている(2018年8月現在)。

ハノイ駅

ホーチミンのサイゴン駅

時間はかかるが旅情は満点

南北統一鉄道の時刻表

＊時刻はすべて発車時刻

■ハノイ→ホーチミン

駅名	列車番号	SE 1	SE 3	SE 5	SE 7	SE 9	距離 km
Hà Nội	ハノイ	22:20	19:30	9:00	6:00	14:30	0
Giáp Bát	ザップバット	↓	↓	↓	↓	14:45	4
Nam Định	ナムディン	23:59	21:13	10:45	7:42	16:27	87
Ninh Bình	ニンビン		21:47	11:20	8:17	17:16	115
Thanh Hoá	タインホア	1:31 (+1日)	22:55	12:36	9:28	18:30	175
Vinh	ヴィン	3:56 (+1日)	1:23 (+1日)	15:07	12:09	21:02	319
Đồng Hới	ドンホイ	8:04 (+1日)	5:33 (+1日)	19:30	16:34	1:36 (+1日)	522
Đông Hà	ドンハー	9:42 (+1日)	7:18 (+1日)	21:11	18:35	3:28 (+1日)	622
Huế	フエ	10:59 (+1日)	8:37 (+1日)	22:28	19:51	4:55 (+1日)	688
Lăng Cô	ランコー	↓	↓	↓	↓	↓	755
Đà Nẵng	ダナン	13:45 (+1日)	11:25 (+1日)	1:21 (+1日)	22:36	7:50 (+1日)	791
Trà Kiệu	チャキェウ						825
Tam Kỳ	タムキー	14:56 (+1日)	13:17 (+1日)	↓	0:04 (+1日)	9:11 (+1日)	865
Quảng Ngãi	クアンガイ	16:01 (+1日)	14:27 (+1日)	3:56 (+1日)	1:32 (+1日)	10:35 (+1日)	928
Diêu Trì	ディウチ	18:51 (+1日)	17:31 (+1日)	7:00 (+1日)	4:32 (+1日)	13:56 (+1日)	1096
Tuy Hoà	トゥイホア	20:29 (+1日)	19:12 (+1日)	0:50 (+1日)	6:18 (+1日)	15:40 (+1日)	1198
Ninh Hoà	ニンホア	↓	↓	↓	7:51 (+1日)	17:30 (+1日)	1281
Nha Trang	ニャチャン	22:26 (+1日)	21:12 (+1日)	10:51 (+1日)	8:39 (+1日)	18:19 (+1日)	1315
Tháp Chàm	タップチャム	↓	22:46 (+1日)	12:43 (+1日)	10:13 (+1日)	20:10 (+1日)	1408
Bình Thuận	ビントゥアン	2:37 (+2日)	1:13 (+2日)	15:12 (+1日)	12:33 (+1日)	22:32 (+1日)	1551
Biên Hòa	ビエンホア	5:07 (+2日)	4:00 (+2日)	17:57 (+1日)	15:25 (+1日)	2:00 (+2日)	1697
Sài Gòn	サイゴン	5:45 (+2日)	4:45 (+2日)	18:38 (+1日)	16:10 (+1日)	2:47 (+2日)	1726

■ホーチミン→ハノイ

駅名	列車番号	SE 2	SE 4	SE 6	SE 8	SE 10	距離 km
Sài Gòn	サイゴン	21:55	19:45	9:00	6:00	14:40	0
Biên Hòa	ビエンホア	22:34	20:32	9:42	6:44	15:28	29
Bình Thuận	ビントゥアン	1:10 (+1日)	23:20	12:30	9:31	18:42	175
Tháp Chàm	タップチャム	3:19 (+1日)	↓	14:45	11:48	21:24	318
Nha Trang	ニャチャン	4:54 (+1日)	3:21 (+1日)	16:23	13:33	23:51	411
Ninh Hoà	ニンホア	↓	↓	↓	14:14	0:31 (+1日)	445
Tuy Hoà	トゥイホア	6:51 (+1日)	5:21 (+1日)	18:37	15:37	1:57 (+1日)	528
Diêu Trì	ディウチ	8:39 (+1日)	7:11 (+1日)	20:58	17:27	3:48 (+1日)	630
Quảng Ngãi	クアンガイ	11:22 (+1日)	10:04 (+1日)	23:47	20:24	7:03 (+1日)	798
Tam Kỳ	タムキー	12:27 (+1日)	11:11 (+1日)	↓	21:31	8:15 (+1日)	861
Trà Kiệu	チャキェウ					9:05 (+1日)	901
Đà Nẵng	ダナン	12:55 (+1日)	12:49 (+1日)	2:23 (+1日)	23:04	10:03 (+1日)	935
Lăng Cô	ランコー	↓	↓	↓	↓	10:16 (+1日)	971
Huế	フエ	16:26 (+1日)	15:31 (+1日)	5:00 (+1日)	1:39 (+1日)	13:05 (+1日)	1038
Đông Hà	ドンハー	17:41 (+1日)	16:46 (+1日)	6:17 (+1日)	2:56 (+1日)	13:32 (+1日)	1104
Đồng Hới	ドンホイ	19:40 (+1日)	18:40 (+1日)	8:42 (+1日)	4:55 (+1日)	14:22 (+1日)	1204
Vinh	ヴィン	23:42 (+1日)	22:47 (+1日)	12:51 (+1日)	9:28 (+1日)	20:58 (+1日)	1407
Thanh Hoá	タインホア	2:17 (+2日)	1:28 (+2日)	15:35 (+1日)	11:56 (+1日)	23:36 (+1日)	1551
Ninh Bình	ニンビン	3:20 (+2日)	↓	16:51 (+1日)	13:12 (+1日)	0:11 (+2日)	1611
Nam Định	ナムディン	3:52 (+2日)	3:07 (+2日)	17:27 (+1日)	13:47 (+1日)	2:16 (+2日)	1639
Hà Nội	ハノイ	5:30 (+2日)	4:50 (+2日)	19:12 (+1日)	15:30 (+1日)	3:55 (+2日)	1726

国内交通

長距離バスで移動する

■ハノイのバスターミナル

ザップバット・バスターミナル
Bến Xe Giáp Bát
map p.135-H外
☎ 024-38641467
ホーチミン、ダナンなど中部、南部方面行き。

ミーディン・バスターミナル
Bến Xe Mỹ Đình
map p.134-D外
☎ 024-37685549
北部、西部方面行き。

ザーラム・バスターミナル
Bến Xe Gia Lâm
map p.135-F外
☎ 024-38271529
ハロン湾、ハイフォンと北部方面行き。

ルオンイエン・バスターミナル
Bến Xe Lương Yên
map p.135-I外
☎ 024-39270477
ハロン湾、ハイフォンと北部方面行き。

■ホーチミンのバスターミナル

ミエンドン・バスターミナル
Bến Xe Miền Đông
map p.35-D
☎ 028-38984441
ダナン、フエなど中部、北部方面行きとラオス行きの国際バス。

ミエンタイ・バスターミナル
Bến Xe Miền Tây
map p.34-I外
☎ 028-37510524
カントー、チャウドックなどメコンデルタ方面行き。

Wi-Fi付きの寝台バス

ベトナムでの中・長距離の移動に最適なのがバスだ。全国を縦横無尽にカバーしている。中でも「オープンツアーバス」という旅行者向けのバスが多数運行されており、お金をかけず、気ままに旅したい人には力強い味方だ。

豪華バス、寝台バスが増えている

　旅行会社が運行しているバスの車両は、定員15人程度のミニバスから、定員40人程度の大型バスまでさまざまだ。大型バスの方が快適。最近、長距離バスだと、エアコン完備、車内ではおしぼり・ドリンクが出てきて、映画も上映されるような高級バスもある。

　長距離の移動には「Sleeping bus」と呼ばれる寝台バスが人気だ。独立式のベッドが3列になっており、さらに2段ベッドになっている。フルフラットになるわけではないが、それでも体を横にできると楽だ。長距離寝台バスの中には、車内でWi-Fiが使える車両もある。

■バスを使うと便利なルート

ハノイ・ハイフォン	1時間30分
ハノイ・ハロン湾	3時間30分
ハノイ・サパ	5時間
ハノイ・ルアンパバーン（ラオス）	24時間
ホーチミン・ニャチャン	10時間
ホーチミン・ヴンタウ	1時間30分
ホーチミン・カントー	3時間30分
ホーチミン・プノンペン（カンボジア）	6時間30分
ホーチミン・ダラット	7時間
フエ・ヴィエンチャン（ラオス）	19時間

■バスはどこから乗る？

　ハノイ、ホーチミンでは、町の中心部から少し外れたところに、複数の長距離バスのターミナルがある。行き先によって使うターミナルが違うので、注意しよう。

オープンツアーバスを活用しよう

　路線バスもたくさん運行されているが、旅行に向くのはオープンツアーバスだ。いろんな旅行会社が運行しており、主要都市を網羅している。中でも周遊型旅行者に人気なのが、ハノイ・ホーチミン間を結ぶものだ。ハノイ・ホーチミン間のチケットを購入すれば、途中の町での乗り降りは自由。気に入ったところで何泊かして、また次の町へという移動ができる。乗降はバスターミナルではなく、運行している旅行会社の前が多い。

　右にあげたのは、国内最大手のオープンツアーバスネットワークを持つシンツーリストの時刻表だ。1日1便を抜粋して紹介するが、多くの区間で1日に複数のバスが運行されている。

低料金でのんびり移動

オープンツアーバスの時刻表

■ハノイ→ホーチミン

2018年8月現在

発着地	発着時刻	距離	所要時間	車体	料金(VND)
ハノイ発	18:00	685km	13時間	寝台バス	219,000
フエ着	07:00				
フエ発	08:00	100km	3時間	寝台バス	99,000
ダナン着	11:00				
ダナン発	15:30	30km	45分	寝台バス	79,000
ホイアン着	17:00				
ホイアン発	18:15	530km	12時間45分	寝台バス	249,000
ニャチャン着	07:00				
ニャチャン発	07:30	140km	4時間00分	座席バス	119,000
ダラット着	11:30				
ダラット発	13:00	160km	4時間00分	座席バス	99,000
ムイネー着	17:00				
ムイネー発	13:00	250km	5時間30分	寝台バス	99,000
ホーチミン着	18:30				

■ホーチミン→ハノイ

発着地	発着時刻	距離	所要時間	車体	料金(VND)
ホーチミン発	07:00	250km	5時間30分	寝台バス	99,000
ムイネー着	12:30				
ムイネー発	12:30	160km	4時間00分	座席バス	99,000
ダラット着	16:30				
ダラット発	07:30	140km	4時間00分	座席バス	99,000
ニャチャン着	11:30				
ニャチャン発	19:00	530km	11時間00分	寝台バス	249,000
ホイアン着	06:00				
ホイアン発	08:30	30km	45分	寝台バス	79,000
ダナン着	09:15				
ダナン発	09:15	100km	3時間	寝台バス	99,000
フエ着	12:30				
フエ発	17:30	685km	13時間	寝台バス	219,000
ハノイ着	06:30				

ハノイのザーラム・バスターミナル

■寝台バス利用時の注意

寝台バスは写真のように、独立式のベッドが3列あるタイプのものが主流だが、安いバスを選ぶと両側に2列ずつのベッドが並んでいる場合がある。荷物スペースが小さいので、スーツケースなどを持っている場合は苦労する。共にバスを予約するときに確認しておこう。水とおしぼりは、無料でもらえる場合が多い。毛布も用意されている。

寝台バスの車内

ローカルバスに比べるとツアーバスでの移動はとても快適

ホーチミンの旅行者街であるデタム通りは、朝夕は発着するツアーバスでにぎわう

街中の移動

国内交通

都市鉄道がないベトナムでは、街中の移動はタクシーが安くて便利だ。最近は配車サービスの「グラブ」がタクシーを超える勢いで伸びているので活用したい。ベトナム独特の乗り物「シクロ」はツアーでの利用がおすすめだ。

タクシーは初乗り50円程度と安い

どの都市でも、いちばん使いやすいのはタクシーだ。初乗りは1万ドン程度、日本円にして約50円と安く、流しのタクシーも多い。ドアは客が手動で開け閉めする。

ただし、利用する際には以下の点に注意しよう。
（1）大手のタクシー会社を選ぶ
大手のタクシーはトラブルが少ないので安心だ。それぞれの都市の大手タクシーについては、当該ページを参照のこと。有名な会社そっくりの外観をした偽タクシーもあるので要注意。
（2）住所は紙に書いて伝える
英語がわかる運転手は少なく、またカタカナ発音では、住所を言っても正確に伝わらないことが多い。紙に書いて渡すのが確実だ。

配車サービスを活用しよう

2015年末に営業が始まり、わずか数年でタクシーのお株を完全に奪ってしまったのが、シンガポールの配車アプリ大手「グラブ」だ。タクシーよりも料金が安く、車を手配する前に目的地までの運賃がわかるので、料金で揉めることがない。使い方は簡単で、旅行者でも使いこなしている人が多い。

ただし配車サービスの料金は、状況によって変動する。同じ距離を乗っても、ラッシュ時になると料金は上がり、タクシーより高額になる場合もある。

シクロに乗る場合はツアー利用で

庶民の足として活躍してきたシクロだが、その数は少なくなり、町中で見かけるのは観光客相手に商売をしているものばかりだ。料金トラブルなどの被害が非常に多いので、体験乗車ができる市内観光ツアーに参加するのがいちばん安全。

路線バスは時間の余裕をみて利用

主要都市では路線バスが走っている。初乗りが5000VNDと安いのが魅力だが、路線は複雑で、車内には停留所のアナウンスもなく、英語も通じないので、短期旅行者が使いこなすには苦労するだろう。移動手段として考えるより、路線バスの乗車体験を楽しむつもりで、時間に余裕を持って乗ってみよう。バスを利用する際は、バスマップというスマホ用のアプリを入れておくといい。

■配車サービス・グラブのアプリを使いこなそう

①スマホにインストールしたアプリを起動させると、現在地の近くにいる手配可能な車が表示される。現在地（ホーチミンのマジェスティックホテル）の近くには10台の車がいることがわかる。

②目的地を入れる。今回入力したのはタンソンニャット国際空港。すると料金が表示される。これは「バイクだと3万4000VNDですよ」という意味だ。（→p.219へ）

◆タクシーと配車サービスを活用

チャーターカー

ベトナムでは車だけを借りるのではなく、運転手付きの車を借りる「チャーターカー」が一般的だ。車種は4人乗りのセダンから、10人以上が乗れるバンまで手配可能だ。料金は1日$40〜100で、車種やルートによってかなり差がある。運転手は英語が話せないので、旅行会社経由で手配し、日本語ガイドをつけてもらうのがいいだろう。

庶民の足・バイクタクシー

バイクタクシーに乗るときも配車サービスを利用するのがおすすめだ。事前に運賃がわかるし、目的地に着いたら事前に合意した代金を払えばいいので、料金に関するトラブルがない。

一方、従来のバイクタクシーは、事前に料金交渉が必要なので、土地勘がない旅行者には難しい。さらに下車時に、最初に合意した以上の金額を要求されることもある。しかもバイクタクシーと交渉するより、配車サービスでバイクを呼んだほうが値段も安い。

レンタサイクルとレンタバイク

フエやニャチャンなど、交通量が少ない都市では、レンタサイクル（1日2万VND〜）を使ってみるのもいいだろう。

旅行者相手のレンタバイクもある。相場はギア付きが1日10万VND〜、ギアなしスクーターが15万VND〜。ガソリン代は別。ヘルメットはレンタル料金に込み。ただし、バイクの運転にはベトナムで有効な運転免許が必要で、日本で取得した国外（際）免許は通用しない。また危険性も高い。以前は旅行者だと無免許でも大目に見てくれることもあったが、外国人旅行者による交通事故が増えており、警察の取り締まりは厳しくなっている。

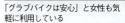

「グラブバイクは安心」と女性も気軽に利用している

③「GrabBike」をタップすると、他にどんな車両がいくらで手配可能なのかが表示される。「4 cho」とは4人乗りのセダンの意味で、料金は12万VND、予約をすると6分以内に来ることがわかる。

④自分の希望する車種を選び「Book」（予約）をタップしたら、あとは車が来るのを待つだけ。

体験！ グラブタクシーで楽々移動

宿泊していたダナンの日系ホテルで、タクシーを呼んでもらおうとフロントにお願いしたら、「タクシーよりグラブのほうが安いですよ」

そこでホテルのスタッフに助けてもらい、私のスマホにアプリをインストール。使い方も教えてもらいました。

使ってみて驚いたのは、値段の安さです。タクシーを使って移動していたときの約半額。さらに、乗る前に運賃がわかるのは、土地勘のない旅行者としては、とても安心です。

エアコンのきいたカフェの中で、車が来るのを待つことができるのも楽。手配した車が到着すると、アプリが知らせてくれます。それまで、炎天下の路上で、空いているタクシーが来るのを待っていたのが、バカみたいです。

ホイアンに日帰りツアーをしたときも、グラブを利用しました。ダナンからホイアンまではタクシーで40万VND近くかかると聞いていたのですが、グラブでは24万VNDでした。

その後、ホーチミンに移動してからも移動はすべてグラブ。最終日、泊まっていたマジェスティックから空港まで行くときもグラブ利用で8万2000VNDと、タクシーの約半額でした。

（AOさん）

現地で役立つお金の話

ベトナムでもクレジットカードが普及してきている。カード払いを活用し、現金で持ち出す金額は少な目に。両替も少しずつこまめにしよう。定価を表示する店が増えてきて、買い物がしやすくなった。

両替は街の両替商でこまめに

現金は日本円で持ち込み、ベトナムドンVNDに両替して使うのがいちばんいい。両替をする場所としては、空港、ホテル、銀行、街の両替商がある。交換レートは大差ないが、いちばん便利なのは両替商だろう。町中には多くの業者が朝早くから夜まで営業しており、交換レートもいい。

ベトナムドンから外貨への再両替は、可能ではあるが手続きが面倒なので、ベトナムドンを手元に残さないよう、こまめに両替するのがおすすめだ。1万円札を出して「4000円分だけベトナムドンに両替して、残りは日本円でお釣りが欲しい」と言っても、大手の両替商であれば対応してくれる。

両替した際の注意としては、受け取った現地通貨の額が正しいかどうか、必ずその場で確認すること。またその際、過度に汚れている紙幣、破れた箇所をテープで補修している紙幣があった場合は、取り替えてもらおう。

ベトナム中央銀行・ホーチミン支店の威厳ある建物

■ベトナムの通貨
→p.7 を参照

■現地の主な銀行
営業時間は銀行や支店により異なるが、たいてい8:00～16:00（12:00～13:30は昼休み）。土・日曜、祝日は休み。

ベトコムバンク
☎1900-545413（年中無休・24時間対応）

ハノイ本店
🏠 198 Trần Quang Khải, Q. Hoàn Kiếm
☎024-39343137

ホーチミン支店
map切りとり-20、p.37-L
🏠 Tòa nhà VBB, số 5 công trường Mê Linh, phường Bến Nghé, Q.1
☎028-38297245

ノイバイ空港内の両替所

クレジットカードを活用しよう

都市部のホテル、レストラン、ショップを中心に、クレジットカードの普及は進んでおり、ほとんど現金を使わずに滞在することも可能なほどだ。ただし地方に行くと、普及率はかなり落ちる。またベトナムでは、カードの読み取り機械の不調などのトラブルが日本に比べて多い。ある程度の現金は持っておきたい。

ベトナムドンが必要な場合、クレジットカードを使ってATMから引き出すことも可能だ。1回あたりの引き出し限度額が200万VND（1万円程度）に設定されているのが面倒だが、手数料は100円程度と安価な銀行が多く、「必要な時に必要な額だけをこまめに引き出す」ことができる。

現金が必要なのは、観光名所への入場料、バスやタクシーの運賃、市場や路上での買い物、庶民的なレストランや屋台での食事、それからチップだ。

使えるカードの種類は少なくない

値段交渉は半額を目安に

定価制のところが増えてきたが、市場や路上で買い物をするときは値段交渉が必要だ。駆け引きを楽しむつもりで、交渉をしてみよう。

売り手の言い値に対して何分の1が妥当な金額かという目安はない。あえて大雑把な目安をあげるなら、半額くらいを目指

◆両替やチップなど

して値段交渉をするといいだろう。自分の希望の金額で折り合わない場合は、立ち去るふりをしてみよう。そこで「ちょっと待って」と声がかかれば、値段は更に下がるし、声がかからなければ、相手の提示額が本当に「底値」だったという可能性が高い。

路上での買い物は値段交渉が必要

マッサージにはチップが必須

ベトナムでは原則としてチップは必要ない。ただし例外的にチップが必須なのが、旅行者にも人気のマッサージ。「チップ不要」と書かれていない限り、1時間の施術を受けたら10万VND程度のチップが必要だ。

中級クラス以上のホテルでは、チェックインの際に荷物を運んでくれたスタッフや、ベッドメイクに、2万VND程度のチップを渡すとスマートだ。

オプショナルツアーで案内してくれたガイドさんや運転手さんに感謝の気持ちを示したいなら、チップを渡そう。3人程度のグループで、終日のツアーに参加した場合なら、ガイドさんに15～20万VND程度、運転手さんに10～15万VND程度を目安に。運転手さんの分は、ガイドさんにまとめて渡してもいい。

日本との習慣の違いに要注意

「レストランでの支払いはテーブルで」が原則。支払いを済ませてから席を立つようにしよう。レストランで出てくるおしぼりは、日本と違いたいていは有料だ。

高級レストランやホテルでは10％の付加価値税（VAT）が加算されるのに加え、5％のサービス料が上乗せされる店もある。料金表で金額の後ろに「＋＋」と書いてあれば、「税金10％とサービス料5％が加算されますよ」という意味だ。

■ATMの使い方

❶Insertと書かれたところがカード挿入口。カードを入れると言語選択画面が出てくる。ほとんどが英語かベトナム語だが、まれに日本語が選べる機械もある。

❷暗証番号を入れる。英語の場合は「Please enter PIN」と表示される。

❸取引選択画面が表示される。英語の場合「withdrawal」は引き出し、「balance inquiry」は残高照会。

❹希望の金額を入力。どの機械でもたいてい5万VND単位で引き出せる。手数料は銀行ごとに異なるが2万VND程度。「手数料を払いますか」という表示が出るので、YESを選択。

❺現金と明細書を受け取る。

ベトコムバンクのATM

体験！クレジットカードトラブル集

ベトナムでも都市部ではクレジットカードが普及してきたが、日本に比べるとトラブルの数は多い。旅行者の体験談を紹介しよう。

「私が持っているクレジットカードが使えることを確認した上で、高級レストランで食事をしました。ところが支払いの時点になって、『カードリーダーが故障したので、現金で払って欲しい』と言われてしまいました」　　　　（KYさん）

「そのお店では、クレジットカードの利用金額を、店員さんが手動で入力する機械を使っていました。サインを求められた利用明細を見たところ、私が使ったのは50万VNDなのに、カードからは60万VNDが引き落とされているではありませんか！　店員さんが間違えて入力してしまったの

です。お店の人に言うと、恐縮しながら10万VNDを現金で返してくれました」　（DIさん）

「クレジットカードを使ってATMから現地通貨を引き出そうとしたのですが、お金もカードも出てきません。私の後ろに並んでいたベトナムの人が銀行に電話をしてくれて、事なきを得ましたが、一人だったらどうなっていたか」
　　　　（MSさん）

クレジットカード読み取り機

知っておきたい通信事情

ベトナムは無料のWi-Fiが発達している。日本で使っているスマホを持ち込めば、LINEも使えるし、SNSに旅先の写真をアップすることも可能だ。地図アプリ、翻訳アプリなどが使えると、旅はグンと便利になる。

タンソンニャット空港・到着ロビーにあるSIMの販売スタンド

■ベトナムの主な通信業者
ヴィッテル（Viettel）
HP http://viettel.com.vn/en
モビフォン（MobiPhone）
HP http://www.mobifone.vn/
ヴィナフォン（VinaPhone）
HP http://vinaphone.com.vn/

モビフォンのホーチミン営業所。英語が通じる外国人専用カウンターもある

無料のWi-Fiが簡単に使える

ベトナムのホテルやレストラン、カフェでは、たいてい無料のWi-Fiがあり、パスワードさえ入れるとすぐに使える。パスワードは、お店の人に尋ねると教えてくれる。

空港でSIMカードを入手しよう

街歩きをしている間など、Wi-Fiがない場所でもスマホを使いたい場合は、3Gまたは4G対応のSIMカードを購入しよう。各空港では現地で使えるSIMカードを販売しているブースがあるので、ここで入手しておくのがいちばん簡単だ。

料金はデータ通信のみのカードで10万VND～、通話＋データ通信のカードで15万VND～。

ハガキ・封書を送る

日本への航空郵便AirMailの料金は、ハガキが1万500VND～、封書は1万5000VND～。日本までは1週間程度で届く。切手は郵便局で買える。

急ぎの場合はEMSを

急ぎで手紙や荷物を送りたい場合は、EMS（Express Mail Service）がおすすめ。荷物が届いたかどうかの追跡サービスにも対応しているので安心だ。郵便局に窓口がある。いちばん早いのは国際宅配便で、通常2～3日で届く。

体験！スマホの活用で旅が楽しく

スマホを使って旅を楽しんだ経験者のコメントを紹介しよう。

「無料のWi-Fiスポットがたくさんあるから、それで十分かなと思っていたのですが、4GのSIMカードを入れて大正解でした。街歩きにはグーグルマップが大活躍。迷うことがありませんでした。移動は配車アプリのグラブを使ったおかげで、タクシーよりかなり安上がりでした。これだけでSIM代金の元をとれたと思います。日本の友だちともLINEで通話できて、非常に快適でした」
（MSさん）

「ベトナムのカフェのパスワードは、ほとんど『1～9までの数字』など単純でしたが、中には凝ったものもあっておもしろかったです。例えば、あるカフェでパスワードを尋ねたら、店員さんがニッコリ笑って『You are so cute』。これがパスワードだったんです」
（KKさん）

「家族で作っているラインクループに、旅先での写真をこまめにアップしていました。老夫婦2人での旅だったので、日本の子供や孫は、それを見て安心していたようです」
（YOさん）

電話・郵便・インターネット

ベトナムから日本への国際電話のかけ方

ダイヤル直通電話のほか、日本語オペレーター経由や日本語の音声ガイダンスを聞いてかける方法がある。通話料金は1分ごとに約5000VND。

■ダイヤル直通電話
例）「03-1234-5678」に電話する場合

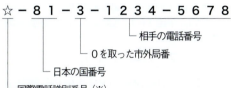

☆ - 81 - 3 - 1234 - 5678
- 相手の電話番号
- 0を取った市外局番
- 日本の国番号
- 国際電話識別番号（※）

※一般的な日本の携帯電話は＋を表示させればOK。固定電話からは「00」を押す。

■日本語音声ガイダンスによるダイヤル直通電話
日本語音声に従って通話する方法で、クレジットカードまたは各電話会社専用プリペイドカードで支払う。コレクトコールも可能。

■日本語のオペレーターを通す場合
日本人オペレーターが出るので、クレジットカードか受信側が支払うコレクトコール（相手の了承が必要）か、料金支払方法を選ぶ。

■171サービスで少し安くかける
モビフォンまたはビナフォンのSIMカードを使っている場合は、日本に国際電話をする際、冒頭に171をつけて、171＋00＋81（日本の国番号）＋（0を除いた市外局番）＋電話番号で通話すると、1分あたり約0.7円安くなる。

日本からベトナムへの国際電話のかけ方

例）ベトナムの「024-12345678」へかける場合。

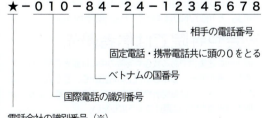

★ - 010 - 84 - 24 - 12345678
- 相手の電話番号
- 固定電話・携帯電話共に頭の0をとる
- ベトナムの国番号
- 国際電話の識別番号
- 電話会社の識別番号（※）

※電話会社の識別番号
001　KDDI
0061　ソフトバンクテレコム
0033　NTTコミュニケーションズ

■郵便局
郵便物の取り扱い以外にも、電話をかける、FAXを送信する、荷物を送る、EMSを送るなどの業務を行っている。

■国際宅配便取り扱い会社
佐川急便
☎ 1900-545596
FedEx
☎ 1800-585835（ベトナム国内専用無料通話窓口）
DHL
☎ 091-9054848

■2018年9月15日から一部携帯電話の番号が変わる

現在、携帯電話番号の桁数は11桁と10桁の2種類が混在しているが、2018年9月15日から10桁に統一される。対象となるのは最初が01で始まっている11桁の電話番号。11月14日までは新旧両方の番号が使える。以下は変更される主な番号（頭4桁が3桁になる）

0120→070	0121→079
0122→077	0123→083
0124→084	0125→085
0126→076	0127→081
0128→078	0129→082
0162→032	0163→033
0164→034	0165→035
0166→036	0167→037
0168→038	0169→039

■市外局番が変更になったので要注意

2017年2月からベトナムの市外局番が全国的に変更されているので注意しよう。以下は主要都市の変更市外局番。

ハノイ　04→024
ホーチミン　08→028
ダナン　0511→0236
フエ　054→0234
ニャチャン　058→0258
ハイフォン　031→0225
カントー　0710→0292

ベトナム豆知識

ベトナムは宗教上のタブーのようなものはほとんどなく、かつ、マナーに反することをしても、外国人に対しては寛容なのがありがたい。さらにベトナム生活習慣を知っておくと、旅行はより楽しいものになるだろう。

■トイレでは紙を流さない

ベトナム式トイレの3点セットともいえるのが、水が張られた水槽またはバケツ、手おけ、そしてプラスチックのごみ箱。流せる所も多いが状況を見て判断しよう。備え付けのゴミ箱にトイレットペーパーが捨ててあれば、流さないのが無難。ごみ箱は蓋のないものがほとんどなので、日本人は使用済みの紙を放置することに抵抗を感じるかもしれない。しかし、郷に入っては郷に従えだ。

飲用水を買って飲もう

水道の水は飲用には適さないので、売られている飲用水を飲もう。一流ホテルでも同様で、水道の水が飲めるホテルはほとんどない。ただし、歯磨きをする程度なら、よほどお腹が繊細でなければ問題ないだろう。

スープはスプーンを使って

食事に関するタブーは基本的にないベトナムだが、麺類を食べる場合、どんぶりに口をつけてスープを飲むのは下品と見られてしまう。ベトナムの人たちはスプーンを使って飲む。

トイレはホテルやレストランで

ハノイ、ホーチミン、ダナンなどの大都市には、有料の公衆トイレはあるものの清潔とは言い難い。ホテルやレストランで済ませておくのが安心だ。

トイレットペーパーはゴミ箱に

トイレットペーパーは便器に流さず、ゴミ箱に捨てるのが一般的だ。便器の横には、使用後の洗浄用にハンドシャワーを備えているところが多い。これを使った後、トイレットペーパーは水を拭き取るために使うのがベトナム流だ。

ベトナムの一般的なトイレ。洗浄用のハンドシャワーと、トイレットペーパーを捨てるためのゴミ箱がある。

小額のお金は切り上げ・切り捨てで

ベトナムではお金の計算は大雑把だ。例えばタクシーの運賃が4万9000VNDで5万VND札を出した場合、お釣りの1000VNDは受け取らないベトナム人が多い。逆に、運賃が5万1000VNDだった場合に5万VND札を出すと、「これでいいですよ」と1000VNDはまけてくれる運転手もいる。

教会や寺院では信者優先

歴史的な建築物である教会や寺院の中には観光名所になっているところもある。しかし宗教上の理由から、立ち入りや写真撮影が制限されている場所や時間帯もあるので注意しよう。また肌の露出の多い服は避けるようにしたい。

相手を呼ぶときは「名前」を使う

ベトナム人の名前は、日本人と同様「姓→名」の順番だ。しかし、人を呼ぶときは「姓」ではなく「名」を使う。これには、

日本式の2つ穴プラグはそのまま使える

◆生活情報・習慣・マナー

ベトナムでは姓の種類が少なく、かつ国民の約4割が「グエン」姓であることが影響している。

個人的な質問は好意の表れ

屋台のオバサンから「歳はいくつだ？」「結婚はしているのか？」「子供は何人いるのか？」などと質問責めにされて驚いた、という話を聞くことがある。ベトナムでは個人的な質問をするのは、相手に対する好意の表れに他ならない。

お年寄りを敬う気持ちが強い

ベトナムでは日本よりも敬老の精神が強い。例えば、路線バスにお年寄りが乗ってきたら、座っていた若者はすぐに立って席を譲る。建物の入口では年配の人を先に通す。こういったことが当たり前に行われている。

都市部はレディファースト

都市部では意外とレディファーストが浸透している。タクシーやエレベータの乗り降りでは女性が先だ。「重たい荷物を持っていたら、見知らぬベトナム人男性が手を貸してくれた」、という経験をした女性旅行者も珍しくない。

南と北にはまだ溝がある

1976年に念願だった南北統一を果たしたベトナムだが、北と南の人の仲が必ずしも良いわけではない。特に南部の人の中には北への嫌悪感が強い人もいるので注意しよう。

階の数え方が2種類混在

ベトナムでは階の数え方が同じ国内でも2種類ある。日本と同様、いちばん下を「1階」という場合と、「0階」または「G階」という場合があるのだ。後者の場合、日本の「2階」が「1階」になる。

金額の桁数が多いので最初は戸惑う

■サッカーは国民的スポーツ

ベトナムで人気のスポーツはサッカーが圧倒的トップだ。国際試合があるときは、会社が休みになることがあるほど。2018年1月のAFC U-23選手権2018で、ベトナム代表が史上初の準優勝に輝いたときは国中が大騒ぎ。空港からハノイ市内までの沿道には、数百万人といわれる市民が出迎えた。写真は、ホーチミンのグエンフエ通りで行われた決勝戦のパブリックビューイングに集まった市民たち。

体験！ベトナム人のお宅を訪問

旅行中にベトナム人の大学生と仲良くなりました。そこで、私が「君の家に連れて行って欲しい」と頼んだところ、彼は快諾。私をバイクの後ろに乗せて、自宅に案内してくれました。

到着すると、彼のお父さんから、「外は暑かったでしょう。まずシャワーを浴びなさい」と言われてびっくり。「初めて訪れた家で風呂を使うなんて」と躊躇したのですが、「帰宅するとシャワーを浴びてスッキリするのがベトナム流ですよ」とのこと。「郷に入っては郷に従え」で、私もシャワーを浴びることにしました。浴室は半屋外で、もちろん水シャワーです。

シャワーから出ると、彼のお母さんから、「これから夕食だから準備を手伝ってくれるかしら」と頼まれました。食卓はなく、床に茶碗やお箸を並べていきます。

準備が終わると、中央に置かれた大皿料理を囲むように、車座になって7～8人の家族が座りました。彼のお父さんやお母さんが、私の茶碗に「美味しいから食べて」とおかずをよそってくれます。そこでいただいた家庭料理は、滞在中に食べたどんな料理よりも美味しかったです。

(SHさん)

現地でのトラブル

■トラブル発生時の連絡先
日本国大使館（ハノイ）
map p.134-D
☎ 27 Liễu Giai
☎ 024-38463000
日本国総領事館（ホーチミン）
map ●切りとり-8、p.36-F
☎ 261 Điện Biên Phủ, Q.3
☎ 028-39333510

■緊急時の連絡先
ハノイ市公安
☎ 024-39396777（英語可）
ホーチミン市公安
☎ 028-38387100（英語可）
警察 ☎ 113
消防 ☎ 114
救急 ☎ 115

殺人や傷害といった生命や身体に関わる犯罪は少なく、安全だといわれているベトナムだが、油断は大敵だ。以前に比べて犯罪の件数は減っている反面、凶悪化が進んでいる。旅行者が巻き込まれる可能性が高い事例を紹介しよう。

被害がいちばん多いのは「ひったくり」

ベトナムで群を抜いて被害が多いのが「ひったくり」だ。ハノイでは旧市街、ホーチミンではドンコイ通りやベンタイン市場周辺など、旅行者が多く集まるところでの発生率が高い。

混雑するところでは「スリ」に注意

「ひったくり」に次いで被害が多いのが「スリ」。市場や路上、路線バスや長距離列車の中で、財布やスマートフォンを盗まれる被害が発生している。物売りを装って近づき、商品を見せて注意をそらしている間に、貴重品を抜き取るという例もある。

「ひったくり」や「スリ」の被害にあった場合は、すぐに事件発生現場を管轄する警察（公安）に行って、盗難届を作成してもらおう。

いかさま賭博詐欺

路上で英語または日本語で話しかけてきた人から、カードゲームに誘われる。彼または彼女の自宅または店に案内され、ゲームをすると、最初はおもしろいように勝つ。しかしそこで抜けることは許されず、最終的には大負け。手持ちの現金をすべて巻き上げられるだけでなく、「カードで現金を引き出せ」などと脅迫されるパターン。

近年は減少しているが、ホーチミンで多数の被害が報告され

ベトナムでいちばん注意が必要なのは交通事故。年間の交通事故死者数は9000人前後で、日本の2倍以上

ワンポイントアドバイス
ONE POINT ADVICE

防犯のプロからの助言

安全な国といわれているベトナムでも、犯罪は発生しています。

被害でいちばん多いのは「ひったくり」です。路上を歩いているところを、後ろから来たバイクの二人組にひったくられるという事例が多発しています。被害者は女性や年配者ばかりではなく、実は「被害者の約9割が男性」というデータもあるので油断は禁物です。

ひったくり対策として、バッグをたすき掛けにする方がいますが、これはひったくられた際、引きずられてしまい大怪我をする可能性が高いので、かえって危険です。体の前に抱えるようにしましょう。

最近多いのが「自撮り」や「歩きスマホ」をしていて、スマホを盗まれる事例が増えていますので、ご注意ください。

ひったくりに次いで多いのが「すり」。後ろポケットに財布を入れるのはやめましょう。またカフェなどで荷物を置いたまま、トイレに行くのも危険です。

これらの犯罪者の多くが薬物中毒者だといわれています。盗まれたものを取り返そうとすると、逆襲されて大ケガをする恐れもあります。深追いは控えたほうが安全でしょう。

◆気の緩みはトラブルを招く

た事例だ。英語または日本語で親しげに話しかけて来る人には注意しよう。

ぼったくりレストラン

街案内をしてくれたバイクタクシーから食事に誘われて、一緒にレストランへ。食事後に、数百ドルという法外な料金を請求されるというパターン。支払いを断ると、店員たちに殴られて所持金をすべて奪われた、という事例も報告されている。

会ったばかりの人から自宅での食事に招待されて、お金を巻き上げられる例もある。いずれにしても、よく知らない人からの誘いには応じないこと。

風俗マッサージ

フットマッサージのみのお店は基本的に安全だが、ボディーマッサージをする店の中には、風俗店の隠れ蓑になっているところがある。マッサージを始めるとすぐに、性的なサービスの誘いが始まり、断っても法外な額のチップを要求されるというパターン。中級以下のホテルのマッサージも要注意だ。

パスポートを紛失した場合

ベトナム旅行中にパスポートを紛失した、または盗難にあった場合の対応は以下の通り。

（1）管轄の警察署に行く

まず、事件が発生した場所を管轄する警察（公安）に届け出て、パスポートの再交付に必要な盗難・紛失証明書を発行してもらう。代理人による届け出は認められないので、必ず被害者本人が行く必要がある。

英語が通じない場合がほとんどなので、通訳ができる人に同行してもらおう。ツアーを利用している場合は、催行した旅行会社の係員が現地にいるはずなので、そこに連絡をする。個人旅行の場合は、宿泊しているホテルのスタッフなどに助けを求めよう。

（2）日本大使館または領事館に行く

最初に「紛失一般旅券等届出書」を出す。その次に、パスポートの新規発給を申請する。受け取りは、申請した日から4日後（申請した当日除く翌3日後）だ。

新規発給を待たずに帰国しなければならない場合は「帰国のための渡航書」を申請しよう。これは日本へ帰国するためだけの証明書で、帰国途中に他国への入国はできない。

なおビザなし入国した場合でも、パスポート紛失時に出国するためには、ベトナムの出入国管理局から出国ビザを取得しなければならない点に注意しよう。

詳細は大使館または領事館のウェブサイトを参照のこと。

クリーム色の制服は交通警察

■「紛失一般旅券等届出書」申請に必要な書類

1. 紛失一般旅券等届出書：1部
2. 写真：1枚（6カ月以内に撮影。縦4.5cm×横3.5cm）
3. 警察署又は消防署の発行した盗難もしくは紛（焼）失を立証する書類
4. 身元確認できる公文書（日本の運転免許証等）

■「帰国のための渡航書」の申請に必要な書類

1. 渡航書発給申請書：1部
2. 写真：1枚（6カ月以内に撮影。縦4.5cm×横3.5cm）
3. 戸籍謄本（抄本）：1通（6カ月以内に発給されたもの）。又は日本国籍があることを確認できる公文書
4. eチケット控えなど
5. 身分を立証する公文書（運転免許証、住民票等）
6. 一般旅券の紛失・盗難・焼失の証明に必要な書類

【申請料】51万VND

■移動に関するトラブル

→「街中の移動」（p.218）を参照。

■医療に関するトラブル

→「健康管理は万全に」（p.228）を参照。

健康管理は万全に

■準備しておきたいお役立ちグッズ

上着
効き過ぎている冷房の対策として、持っていたい。

帽子、折り畳み傘
日射病、熱射病対策に。

スカーフ、バンダナ
口元に巻いてホコリ対策に、首に巻いて防寒対策にと、ベトナムの旅ではとにかく役立つ。

医薬品
風邪薬や胃腸薬くらいは、日ごろ使い慣れたものが安心だ。蚊が多いのに、現地には虫刺されの良い薬がない。虫よけスプレー、かゆみ止めなども持参すると便利。

ベトナムの救急車のほとんどは、公的機関ではなく、各医療機関が運行

旅行者がかかる病気で多いのは、生水を口にしたことによる下痢や、疲れからくる風邪、強い直射日光を浴びたことによって起こる日射病や熱射病などだ。体調が悪くなったら、素人判断はせず、早めに医師の診断をあおごう。

下痢

衛生面に問題がある水や食べ物を口にしたことで発症することが多いが、熱中症や疲れが原因である場合も少なくない。また血便が認められるときは、赤痢など深刻な病気にかかっている可能性もあるので、不安を覚えたら病院に行こう。

熱中症

6～7月のハノイ、3～4月のホーチミン、6～7月のダナンなど、一年でいちばん暑い時期には、ベトナム人ですら熱中症で亡くなる人があるほどなので気をつけよう。

日差しがきついときは、肌を露出しない長袖のほうが安全だ。また汗を大量にかいたときは、水を積極的に飲むようにしよう。ただ水分補給だけを行うと、血液中の塩分・ミネラル濃度が低くなり、症状が悪化する場合がある。塩分・糖分を一緒に補給できるスポーツドリンクなどによる水分補給も組み合わせよう。コーヒーなど、カフェインの入った飲み物は利尿作用があるので控えめにしたい。

病院

右ページの表で紹介したのは国際レベルの医療機関だ。基本的に主な海外旅行保険に対応しており、キャッシュレス治療が受けられる。しかし、治療前に現金での「デポジット」の支払いが求められ、帰国後に保険会社から還付を受ける場合もある。

ワンポイントアドバイス
ONE POINT ADVICE

日本人医師からの助言

体調が悪くなったら、旅先ではあっても病院に行って医師の診断を受けることが肝心です。一例をあげましょう。熱が出た際に医師にかからず、持参していたアスピリン系の解熱剤を服用し続けた結果、症状が悪化して亡くなってしまった日本の方がいらっしゃいます。

その方の熱の原因はデング熱でした。日本で一般的なアスピリン系の解熱剤を服用すると、デング熱の特徴である「出血しやすい」という症状が促進されてしまうのです。

「日本から持ってきた薬であれば安心」、という過信があったのかもしれませんね。デング熱による発熱には、ベトナムで一般的なアセトアミノフェン系の解熱剤を服用していれば、よかったのですが。

下痢になると、みなさん、下痢止めを服用されますよね。しかしO157や赤痢のときに下痢を止めることは、バイ菌を体の中に留めることになるので逆効果です。「下痢は悪いものを出して治す」と考えたほうがいいでしょう。

ベトナムの病院では治療費は前払いが原則で、急病であってもお金を払わないと診てくれません。キャッシュレスで治療が受けられる海外旅行傷害保険に加入されることをおすすめします。

◆環境に適した予防対策を

伝染病にかかる主な要因は水と食べ物。屋台料理などにも注意を

ベトナムの主要医療機関

ハノイ	
ヴィンメック・インターナショナルホスピタル Vinmec International Hospital ベトナム系の大型私立病院。日本語対応が可能なスタッフもいる。入院設備あり。	458 Minh Khai, Q.Hai Bà Trưng, Hà Nội Hotline：024-39744333、Emergency:024-39743558 診療時間：月〜金曜8〜17時／土曜8〜12時 https://vinmec.com/timescity/（英語ページあり）
さくらメディカル&デンタルクリニック Sakura Medical & Dental Clinic 日本人医師が勤務する日系クリニック。内科、歯科などがある。	65 Trịnh Công Sơn, Nhật Tân, Q.Tây Hồ, Hà Nội 診療時間：月〜金曜9〜13時、14〜18時／土曜9時〜12時30分 Hotline・091-5136000 http://sakurahanoi.com/jp/（日本語サイト）
東京インターナショナルクリニック Tokyo International Clinic 日本人医師が勤務する日系クリニック。総合内科、整形外科などがある。	10F, toàn nhà Hanoi Tourist, 18 Lý Thường Kiệt, Q.Hoàn Kiếm, Hà Nội 024-36611919　http://tokyo-clinic.tokyo/ja/（日本語サイト）
ファミリー・メディカル・プラクティス Family Medical Practice ベトナムで20年以上の歴史を持つ外資系医療機関。日本人医師もいる。	298 I Kim Mã, Khu ngoại giao đoàn Vạn Phúc, Q. Ba Đình, Hà Nội 診療時間：月〜金曜8時30分〜17時30分／土曜8時30分〜12時30分 Hotline：024-38430748　https://www.vietnammedicalpractice.com/ja/（日本語サイト）
フレンチホスピタル French Hospital 50人以上の医師が勤務する総合病院。入院設備あり。1997年開設。	1 Phương Mai, Q.Đống Đa, Hà Nội 診療時間：月〜金曜8〜17時／土曜8時30分〜12時 024-35760508（日本語対応）、Hotline: 024-35771100　https://www.hfh.com.vn/（英語ページあり）
ラッフルズホスピタル Raffles Hospital シンガポールで40年余の歴史を持つ医療機関の系列病院。日本人医師もいる。	51 Xuân Diệu, Q. Tây Hồ, Hà Nội 診療時間：月〜金曜8〜20時／土曜8〜16時 024-66867017／024-66867019　http://www.raffleshospital.vn/
ロータスクリニック Lotus clinic ベトナム初の日系クリニック。日本人医師が勤務し、すべて日本語で対応可能。	4F, D2 bldg.,Giảng Võ, Q.Ba Đình, Hà Nội 診療時間：月〜金曜9〜12時30分、14〜18時／土曜9〜13時 024-38170000　http://lotus-clinic.com/（日本語サイト）
ホーチミン	
ヴィンメック・インターナショナルホスピタル Vinmec International Hospital ベトナム系の大型私立病院。日本語対応が可能なスタッフもいる。入院設備あり。	208 Nguyễn Hữu Cảnh, Q.Bình Thạnh, TP.HCM 診療時間：月〜金曜8〜17時／土曜8〜12時 Hotline:093-8984398、Emergency:028-36221166 https://www.vinmec.com/centralpark/（英語ページあり）
FV病院 FV Hospital 70人以上の医師が勤務するフランス系総合病院。日本語対応可能。入院設備あり。	住所： 6 Nguyễn Lương Bằng, Q.7, TP.HCM 診療時間：月〜金曜8〜17時／土曜8〜12時 Emergency: 028-54113500 http://www.fvhospital.com/（英語サイト）
コロンビアアジア・インターナショナルクリニック Columbia Asia International Clinic 2000年に設立されたアメリカ系クリニック。日本語対応可能。	8 Alexandre De Rhodes, Q. 1 , TP.HCM 診療時間：月〜金曜7時30分〜21時、土・日曜8〜17時 Hotline:028-38290485（日本語対応） https://www.columbiaasia.com/vietnam/（英語サイト）
サイゴン虎ノ門クリニック Saigon Tranomon Clinic ベトナムの医療免許を持つ日本人医師が勤務するクリニック。2017年12月開院。	65 Võ Văn Tần, Q. 3, TP.HCM 診療時間：月〜金曜9〜12時、14〜19時／土曜8〜12時 028-39300315（日本語対応） http://saigontoranomon.com/（日本語サイト）
ファミリー・メディカル・プラクティス Family Medical Practice 日本人医師が常駐。ベトナムで20年以上の歴史を持つ外資系医療機関。	Diamond Plaza, 34 Lê Duẩn,Q.1, TP.HCM 診療時間：月〜金曜8時30分〜17時30分／土曜8時30分〜12時30分 Hotline:028-38221919（日本語デスク） https://www.vietnammedicalpractice.com/ja/（日本語サイト）
ラッフルズ・メディカルクリニック Raffles Medicall Clinic シンガポールで40年余の歴史を持つ医療機関の系列病院。日本人医師もいる。	167A Nam Kỳ Khởi Nghĩa, Q.3, TP.HCM 診療時間：月〜金曜8〜20時／土曜8〜20時 028-38240777（日本語対応可） http://www.raffleshospital.vn/
ロータスクリニック Lotus clinic ベトナム初の日系クリニック。日本人医師が勤務し、すべて日本語で対応可能。	3F, The Lancaster bldg., 22 Lê Thánh Tôn, Q.1, TP.HCM 診療時間：月〜金曜9時〜12時30分、14〜18時／土曜9〜13時 028-38270000 http://lotus-clinic.com/（日本語サイト）
その他の都市	
【ダナン】ヴィンメック・インターナショナルホスピタル Vinmec International Hospital ベトナム系の大型私立病院。	Đường 30 tháng 4, Khu dân cư số 4 Nguyễn Tri Phương, Q. Hải Châu, TP. Đà Nẵng 診療時間：月〜金曜8〜17時／土曜8〜12時 Hotline:0236-3711111、Emergency:0236-3611611 https://vinmec.com/danang/（英語ページあり）
【ダナン】ファミリー・メディカル・プラクティス Family Medical Practice ベトナムで20年以上の歴史を持つ外資系医療機関。英語対応可能。	96-98 Nguyễn Văn Linh, Q.Hải Châu, TP. Đà Nẵng 診療時間：月〜金曜8時〜17時30分／土曜8〜12時 Hotline:0913917303 https://www.vietnammedicalpractice.com/ja/（日本語サイト）
【ニャチャン】ヴィンメック・インターナショナルホスピタル Vinmec International Hospital ベトナム系の大型私立病院。ニャチャンで最大級設備を持つ。	42A Trần Phú, P. Vĩnh Nguyên, TP Nha Trang 診療時間：月〜金曜8〜17時／土曜8〜12時 Hotline:0258-3900188、Emergency:0258-3900199 https://vinmec.com/nhatrang/（英語ページあり）
【ヴンタウ】ラッフルズ・メディカルクリニック Raffles Medicall Clinic シンガポールで40年余の歴史を持つ医療機関の系列病院。日本語対応可。	1 Lê Ngọc Hân, TP.Vũng Tàu 診療時間：月〜金曜8〜19時／土・日曜12〜24時 0254-3858776　http://www.internationalsos.co.jp/clinic/vietnam.html（日本語ページ）

注：診療は原則として予約制。緊急の場合は24時間対応だが、事前に電話をしてから来院することが望ましい。Hotlineとあるのは24時間対応の緊急番号。日本人医師が勤務している医療機関でも、休暇や退職などで不在になる場合もある。

ベトナムの歴史

ベトナムの歴史は周辺諸国からの侵略や支配との戦いであった。1000年にもわたる中国支配の後、ベトナム王朝が出現するが、その間にも近隣のクメール王朝などと攻防を繰り返してきた。フランス支配の後はアメリカとのベトナム戦争が続き、20世紀後半ついに独立を勝ち得た。

中国支配からベトナム王朝の出現	前8000ごろ	東南アジアにホアビン文化が広がる
	前111	漢、南越を併合し3郡を設置
	40	ハイ・バー・チュン（徴姉妹）の反乱
	192	中部沿岸地方にチャンパ（林邑）王国建国
	938	ゴ・クエン（呉権）漢軍を破る（中国からの独立）
	966	ディン・ボ・リン（丁部領）が丁朝建国（中国からの完全独立）
	1009	リー・タイ・ト（李太祖）による李朝の成立（～1225）
	1175	宗軍の侵攻
	1258	元軍の侵攻が始まる（～1287）
	1407	明朝による占領
	1789	西山党のグエン・フエ（阮恵）によるベトナム統一
	1802	阮朝の成立（～1945）。フエを首都とする
	1858	フランスによるベトナム侵攻開始（仏越戦争）
	1873	ガルニエ事件。フランス軍のハノイ占領
	1883	フエ条約。フランスによるベトナムの保護国化
	1884	清仏戦争。翌年、天津条約によりフランスの宗主権が認められる
	1887	仏領インドシナ連邦の成立
ベトナム戦争	1919	グエン・アイ・クォック（後のホー・チ・ミン）、ヴェルサイユ会議でインドシナの民主的自治を要求
	1930	香港でベトナム共産党結成
	1940	日本軍による仏印進駐（～1945）
	1945	9月、ハノイにてホー・チ・ミンによるベトナム民主共和国独立宣言
	1946	インドシナ戦争勃発（～1954）
	1954	フランス軍のディエンビエンフー要塞陥落。ジュネーブ協定により北緯17度線を軍事境界線に南北に分裂
	1955	南部にベトナム共和国成立。ゴ・ディン・ジェム大統領就任
	1960	南ベトナム解放民族戦線結成
	1963	ゴ・ディン・ジェム大統領暗殺
	1964	トンキン湾事件。アメリカによる北爆開始。米軍の本格的参戦
	1968	テト攻勢。ソンミ村事件
	1969	ホー・チ・ミン大統領死去
	1973	パリ和平協定調印
	1975	4月、サイゴン陥落。ベトナム戦争終結
ドイモイと現在のベトナム	1976	ベトナム社会主義共和国樹立
	1978	カンボジアへ侵攻
	1979	ベトナム軍プノンペン制圧。中越戦争
	1986	第6回党大会。ドイモイ政策の公式採用
	1989	カンボジアからの完全撤退
	1994	アメリカの経済制裁全面解除
	1995	アメリカとの国交正常化。東南アジア諸国連合（ASEAN）への正式加入
	1996	第8回党大会。ドイモイ路線による経済社会発展計画発表
	1998	アジア太平洋経済協力会議（APEC）への正式加入
	2007	世界貿易機関（WTO）への正式加盟
	2015	ASEAN経済共同体（AEC）が発足
	2017	天皇皇后両陛下が初のベトナム訪問
		ダナンでAPEC首脳会議が開催される

ベトナムを知る6つのキーワード

●10世紀にわたる中国の支配

紀元前111年、漢の武帝が現在の広州を首都とする南越国を滅ぼしたことにより、ベトナムは漢の支配下となる。ここから約1000年にわたる中国支配が始まった。

一方、南部のメコンデルタにはクメール人により2世紀に扶南、7世紀中ごろには真臘（しんろう）が建国され、中部ではフエ近郊から興ったチャム族により192年にチャンパ王国が建国された。

●ベトナム最後のグエン（阮）王朝

中国からの独立、1789年西山党のグエン・フエの南北統一を経て、1802年に成立したグエン・フック・アイン（阮福映、後のザー・ロン帝）によって興された最後の王朝。現在フエに残る王宮は、ザー・ロン帝の時代から30年もの歳月をかけて建てられたものだ。成立当初からフランスや中国などの協力を受け、清を宗主国として安定した政治を行っていたが、2代ミン・マン帝が中央集権化と排外政策を強行。これを口実にフランスによる侵攻（仏越戦争）が始まり、1883年フランスの保護国となった。フランス統治時代も王朝は続くが、この頃はすでに形だけのものとなっており、1945年の八月革命で完全に崩壊した。

フエにあるグエン朝の王宮

●ホー・チ・ミン

1890年生まれ。1930年に結成されたベトナム共産党のリーダーで革命家。1945年に声明したベトナム民主共和国の独立宣言以降、初代首席としてインドシナ戦争やベトナム戦争を戦い抜き、1969年、ベトナム戦争中に死去する。使い古したタイヤから作られたサンダルを履き、あごひげを長く伸ばし、質素な生活をしたその独特のスタイルから「ホーおじさん」と呼ばれ、北ベトナムだけでなく南ベトナムの民衆からも親しまれた。すべての紙幣には、彼の肖像画が載っている。

●ベトナム戦争

1954年から1975年まで、南北統一のために行われた戦争。インドシナ戦争終結時に結ばれたジュネーブ協定により、ベトナムは北緯17度線を軍事境界線として、南北に分断。その後、南ベトナムで行われていた弾圧政治に抵抗する南ベトナム解放民族戦線が誕生。各地でゲリラ戦を起こすが、北ベトナムの援助もあり、優勢を得る。ここに、東西冷戦中のアメリカが、ベトナムを東南アジアにおける「自由主義の砦」とみなし、1964年のトンキン湾事件を機に軍事介入。長期にわたり地上戦が繰り広げられた。

●ベトナム社会主義共和国の誕生

アメリカ軍の撤退の後、南北統一選挙と新憲法の制定を経て、1976年、ベトナム社会主義共和国が誕生した。しかし、ベトナム共産党の急激な社会主義化政策や華僑への民族的差別によるボートピープルの問題、中越戦争の勃発などが国際社会から非難を浴び、孤立。国民の生活は危機的状況へと悪化した。

●ドイモイ（刷新）政策

1986年に公式採用されたドイモイ（刷新）政策は、1980年前半の危機的状況を打開すべくとられた国家目標。政治・経済・社会・思想のすべてを新しく変える「刷新」を目標に掲げ、市場経済の導入など新しい経済対策がとられた。これにより、日本などの外国資本がベトナムに進出、1980年後半～1990年前半にかけて急激な発展を見せた。2015年にはASEAN経済共同体が発足し、新たな成長が期待されている。

今も発展はめざましく、国中で新しいビルが次々と建てられている

ベトナム語講座

ベトナム語は、アルファベット表記なので、文字を見れば大体の発音は見当がつく。一方、正しく発音するのは難しく、カタカナ発音では通じないことが多い。でも最初のひと言だけでも、ベトナム語で挨拶をしてみよう。

あいさつ

おはよう／こんにちは／こんばんは		シン チャオ Xin chào.	すみません	シン ローイ Xin lỗi
			おめでとう	チュック ムン Chúc mừng
さようなら		タム ビット Tạm biệt.	わたしの名前は○○です	トイ テン ラー Tôi tên là ○○.
元気ですか？	対男性	アイン(アン：南)コー コエ ホン Anh có khỏe không?	あなた(対男性)の名前は？	アイン(アン：南)テン ラー ジー Anh tên là gì?
	対女性	チ コー ホエー ホン Chị có khỏe không?	わたしは日本から来ました	トイ トゥ ニャット デン Tôi từ Nhật đến.
ありがとう		カーム オン Cảm ơn	トイレはどこですか？	ニャー ヴェ シン オー ダウ Nhà vệ sinh ở đâu?

基本単語

日本語	ベトナム語			数字	ベトナム語	数字	ベトナム語
わたし	トイ tôi			0	ホン không	1	モッ một
わたしたち	チュン トイ chúng tôi（聞き手を含まず）			2	ハーイ hai	3	バー ba
	チュン タ chúng ta（聞き手を含む）			4	ボン bốn	5	ナム năm
あなた	アイン(アン：南) anh 若い男性	チ chị 若い女性		6	サウ sáu	7	バイー bảy
あなたたち	カック アイン(アン：南) các anh,	カック チ các chị		8	ターム tám	9	チン chín
彼	アイン(アン：南) アイ anh ấy 彼女	チ アイ chị ấy		10	ムオイ mười	11	ムオイ モッ mười một
彼ら	ホ họ			12	ムオイ ハーイ mười hai	13	ムオイ バー mười ba
この人	グオイ ナイ người này	あの人	グオイ キーア người kia	14	ムオイ ボン mười bốn	15	ムオイ ラム mười lăm
男性	ダン オン đàn ông	女性	ダン バー đàn bà	16	ムオイ サウ mười sáu	17	ムオイ バイー mười bảy
月曜日	ガイ トゥー ハイ ngày thứ hai	火曜日	ガイ トゥー バー ngày thứ ba	18	ムオイ タム mười tám	19	ムオイ チン mười chín
水曜日	ガイ トゥー トゥ ngày thứ tư	木曜日	ガイ トゥー ナム ngày thứ năm	20	ハーイ ムオイ hai mươi	100	モッ チャム một trăm
金曜日	ガイ トゥー サウ ngày thứ sáu	土曜日	ガイ トゥー バイー ngày thứ bảy	1000	モッ ガン một ngàn（南） モッ ギン một nghìn（北）		
日曜日	ガイ チュー ニャット ngày chủ nhật			10000	ムオイ ガン mười ngàn（南） ムオイ ギン mười nghìn（北）		
東	ドン đông	西	タイ tây				
南	ナム nam	北	バック bắc	高い	マック(南)／ダッ(北) mắc／đắt		
上	チェン trên	下	ズオーイ dưới	安い	ゼー(レー：南) rẻ		
左	ベン チャーイ bên trái	右	ベン ファーイ bên phải	素敵	デップ đẹp		
				古い	クー cũ	新しい	モーイ mới
				きれい	サック sạch	汚い	ゾー(ヨー：南) dơ

※（北）とあるのは北部の発音、（南）とあるのは南部の発音です。

食べる

日本語	ベトナム語（カナ読み）
〜が食べたい	トイ ムォン アン (Tôi) muốn ăn 〜.
〜を飲みたい	トイ ムォン ウーン（ウォーン：北） (Tôi) muốn uống 〜.
〜を入れないでください	ドゥン コー ボー ボ（ヨ：南） Đừng có bỏ 〜 vô.
〜は何という料理ですか？	モン ナイ テン ジー Món này tên gì ?
おいしい	ゴン ngon

買う

日本語	ベトナム語（カナ読み）
いくら？	バオ ニュウ Bao nhiêu ?
いつですか？	ヒー ナオ Khi nào ?
これは何ですか？	カーイ ナイ ラー カーイ ジー（イー：南） Cái này là cái gì ?
〜を下さい	バーン チョー トイ Bán cho tôi 〜.
どれくらいかかりますか？	マット コアン バオ ラウ Mất khoảng bao lâu ?
〜を探しています	トイ ダン ティム Tôi đang tìm 〜.
〜はどこで買えますか？	コー テー ムーア ドゥオック オーダウ Có thể mua 〜 được ở đâu ?
〜が欲しい	トイ ムォン Tôi muốn 〜.
安くしてください	ボット ディ ザーム ザー（ヤーム ヤー：南） Bớt đi ／ Giảm giá đi.

移動する

日本語	ベトナム語（カナ読み）
〜へ行きたい	トイ ムォン ディ Tôi muốn đi 〜.
〜はどこですか？	オー ダウ 〜 ở đâu ?
何時に出発しますか？	マイ ゾー コーイ ハン Mấy giờ khởi hành ?
何時に到着しますか？	マイ ゾー（ヨー：南）デン ノイ Mấy giờ đến nơi ?
〜から…までの切符が欲しい	トイ ムォン ムーア ヴェー トゥ デン Tôi muốn mua vé từ 〜 đến ….
〜から…までどれくらい時間がかかりますか？	トゥ デン マット バオ ラウ Từ 〜 đến … mất bao lâu ?
〜に乗りたい	トイ ムォン レン セー Tôi muốn lên xe.
〜で降りたい	トイ ムォン スオン オー Tôi muốn xuống xe ở 〜.
空港	サン バイ sân bay
駅	ニャー ガー nhà ga
ホテル	カック サン khách sạn
博物館	バオ タン bảo tàng
市場	チョ chợ
劇場	ニャー ハット nhà hát
公園	コン ヴィエン（ヴィーン：南） công viên
レストラン	ニャー ハーン nhà hàng
カフェ	クアン カー フェ quán cà-phê
バス停	チャム セー ビット trạm xe buýt
トイレ	ニャー ヴェ シン nhà vệ sinh
飛行機	マイ バイ máy bay
バスターミナル	ベーン セー ビット bến xe buýt
バス	セー ビット xe buýt
列車	セ ルーア（南）タウ ホア（北） xe lửa ／ tàu hỏa

トラブル

日本語	ベトナム語（カナ読み）
気分が悪い	ホー チウ khó chịu
風邪をひいた	ビ カーム bị cảm
熱がある	ビ ソット bị sốt
目まいがする	チョン マット（南）チョアン ヴァン（北） chóng mặt ／ choáng váng
〜が痛い	ダウ đau
かゆい	グーア ngứa
暑い	ノン nóng
寒い	ライン（ラン：南） lạnh
病院はどこですか？	ベン ヴィン（ヴイエン：北）オー ダウ Bệnh viện ở đâu ?
薬が欲しい	トイ ムォン ウォン トゥオック (Tôi) muốn uống thuốc.
ケガをした	ビ トゥオン（トゥーン：南） bị thương
〜がない	ホン コー Không có 〜
盗まれた	ビ アン クップ bị ăn cướp
警察を呼んでください	ハーイ ケウ カイン（カン：南）サット Hãy kêu cảnh sát.
急いで！	ニャイン ニャイン（ニャンニャン：南） Nhanh nhanh !
やめて！	ホン Không !

インデックス

使い方 掲載物件を南部・中部・北部の3ブロックごとに、「見る・歩く」「食べる・飲む」「買う・リラックスする」「泊まる」「旅行会社」に分け、アイウエオ順に紹介しています。

ベトナム南部

見る・歩く
- アオザイ博物館（ホーチミン） …………… 46
- アオショー（ホーチミン） ………………… 65
- ヴィンギエム寺（ホーチミン） …………… 46
- ヴィンパールランド（ニャチャン） ……… 86
- ヴンタウ ……………………………………… 81
- オーシャンドゥーンズゴルフクラブ（ゴルフ） 26
- カントー ……………………………………… 78
- ギアアンホイクアン廟（ホーチミン） …… 45
- グエンフエ通り42番地のアパート（ホーチミン）… 41
- クチ …………………………………………… 78
- コンダオ諸島 ………………………………… 79
- サイゴンスカイデッキ（ホーチミン） …… 44
- ザックラム寺（ホーチミン） ……………… 46
- シーホアンショー（ホーチミン） ………… 65
- 市民劇場（ホーチミン） …………………… 42
- 人民委員会庁舎（ホーチミン） …………… 42
- 水上人形劇（ホーチミン） ………………… 65
- スイティエン公園（ホーチミン） ………… 64
- 聖母マリア教会（ホーチミン） …………… 42
- 戦争証跡博物館（ホーチミン） …………… 43
- ソンベーゴルフリゾート（ゴルフ） ……… 26
- ダムセン公園（ホーチミン） ……………… 64
- タンディン教会（ホーチミン） …………… 44
- チャタム教会（ホーチミン） ……………… 45
- 中央郵便局（ホーチミン） ………………… 42
- ティエンハウ廟（ホーチミン） …………… 45
- 統一会堂（ホーチミン） …………………… 43
- 動・植物園（ホーチミン） ………………… 64
- トンタットダム通り14番地のアパート（ホーチミン）… 41
- ニャチャン …………………………………… 82
- ニャチャン大聖堂（ニャチャン） ………… 85
- 美術博物館（ホーチミン） ………………… 44
- ビンコイ庭園（ホーチミン） ……………… 64
- ブイヴィエン歩行者天国（ホーチミン） … 65
- フーコック島 ………………………………… 79
- ブラフスホーチャムストリップ（ゴルフ）… 26
- ホーチミン …………………………………… 28
- ホーチミン市博物館（ホーチミン） ……… 43
- ホーチミン博物館（ホーチミン） ………… 43
- ポーナガル塔（ニャチャン） ……………… 85
- ホンチョン岬（ニャチャン） ……………… 86
- ミトー ………………………………………… 76
- ムイネー ……………………………………… 80
- リートゥーチョン通りのアパート（ホーチミン）… 41
- 歴史博物館（ホーチミン） ………………… 44

食べる・飲む
- インドシナジャンク号（クルーズ／ホーチミン） … 66
- エアー360スカイラウンジ（夜景／ホーチミン）… 67
- エスエイチガーデン（ベトナム料理／ホーチミン）… 48
- オックダオ（貝／ホーチミン） …………… 52
- ギースアン（フエ料理／ホーチミン） …… 48
- クアン94（カニ／ホーチミン） …………… 52
- クアンブイオリジナル（ベトナム料理／ホーチミン）… 50
- クアンブイガーデン（ベトナム料理／ホーチミン）… 47
- クックガッククアン（ベトナム料理／ホーチミン）… 50
- ケムバクダン（アイスクリーム／ホーチミン）… 55
- コムガートゥオンハイ（鶏飯／ホーチミン）… 51
- コムニュウサイゴン（ベトナム料理／ホーチミン）… 49
- サイゴンプリンセス号（クルーズ／ホーチミン）… 66
- シークレットハウス（ベトナム料理／ホーチミン）… 50
- スカイブリーズバー（夜景／ホーチミン）… 67
- セイリングクラブ（多国籍料理／ニャチャン）… 87
- ソイチェーブイチースアン（スイーツ／ホーチミン）… 55
- タンニエン（ビュッフェ／ホーチミン）…… 51
- チャンパガーデンレストラン（ベトナム料理／ニャチャン）… 87
- チルスカイバー（夜景／ホーチミン） …… 67
- ティコズ・サイゴン（フランス料理／ホーチミン）… 54
- ドンニャン（大衆料理／ホーチミン） …… 51
- ナムヤオ（フエ料理／ホーチミン） ……… 51
- ニャハンゴン（ベトナム料理／ホーチミン）… 49
- ニンホア（郷土料理／ニャチャン） ……… 87
- バインセオ46A（南部名物／ホーチミン）… 52
- ビュッフェホアンイエン（鍋／ホーチミン）… 49
- ファニー（アイスクリーム／ホーチミン）… 55
- フーンライ（ベトナム料理／ホーチミン）… 50
- フォー24（フォー／ホーチミン） ………… 53
- フォーハイティン（フォー／ホーチミン）… 53

フォーホア（フォー／ホーチミン）・・・・・・・・・・・・ 53
ベップニャースークアン（ベトナム料理／ホーチミン）・・・ 48
ベトナムハウス（ベトナム料理／ホーチミン）・・・・・ 48
ベンゲー号（クルーズ／ホーチミン）・・・・・・・・・・・・ 66
ボートハウス（カフェ／ホーチミン）・・・・・・・・・・・・ 47
ボンサイレガシー号（クルーズ／ホーチミン）・・・・・ 66
マルウチョコレート（チョコレート／ホーチミン）・・・ 55
ラ・ヴィラ（フランス料理／ホーチミン）・・・・・・・・ 54
ラックカイン（焼き肉／ニャチャン）・・・・・・・・・・・・ 87
ラップアンドロール（春巻き／ホーチミン）・・・・・・ 49
ル・ボルドー（フランス料理／ホーチミン）・・・・・・ 54
ルオンソン（珍味焼き肉／ホーチミン）・・・・・・・・・ 52

買う・リラックスする

アイリゾート（ニャチャン）・・・・・・・・・・・・・・・・・・・・・ 88
インドシンスパ（ホーチミン）・・・・・・・・・・・・・・・・・・ 62
XQサイゴン（刺しゅう絵／ホーチミン）・・・・・・・・・ 58
エムエム（雑貨全般／ホーチミン）・・・・・・・・・・・・・・ 57
オーセンティック（バチャン焼き／ホーチミン）・・・ 58
キト（雑貨全般／ホーチミン）・・・・・・・・・・・・・・・・・ 56
ギンコ（Tシャツ／ホーチミン）・・・・・・・・・・・・・・・・・ 57
健之家（ホーチミン）・・・・・・・・・・・・・・・・・・・・・・・・・ 63
ゴールデンロータスフットマッサージ（ホーチミン）・・・ 63
サイゴンスクエア（土産物／ホーチミン）・・・・・・・・ 59
ザッカ（オーダーメイド／ホーチミン）・・・・・・・・・・ 57
サパヴィレッジ（少数民族雑貨／ホーチミン）・・・・・ 58
シックスセンシズスパ（ニャチャン）・・・・・・・・・・・・ 88
スースパ（ニャチャン）・・・・・・・・・・・・・・・・・・・・・・・ 88
センスパ（ホーチミン）・・・・・・・・・・・・・・・・・・・・・・・ 62
タックススーパー（スーパー／ホーチミン）・・・・・・ 59
タップバ泥温泉（ニャチャン）・・・・・・・・・・・・・・・・・・ 88
チチ（オーダーメイド／ホーチミン）・・・・・・・・・・・・ 57
トンボ（雑貨全般／ホーチミン）・・・・・・・・・・・・・・・・ 56
ナグ（雑貨全般／ホーチミン）・・・・・・・・・・・・・・・・・・ 56
ナンバーワン・マッサージ（ホーチミン）・・・・・・・・ 63
ハッパーズ（プラカゴ／ホーチミン）・・・・・・・・・・・・ 58
ビンタイ市場（ホーチミン）・・・・・・・・・・・・・・・・・・・ 61
ベンタイン市場（ホーチミン）・・・・・・・・・・・・・・・・・ 60
ミウミウ（ホーチミン）・・・・・・・・・・・・・・・・・・・・・・・ 63
モックフーンスパ・1区（ホーチミン）・・・・・・・・・・・・ 62
モックフーンスパ・2区（ホーチミン）・・・・・・・・・・・・ 47
ユニーク（雑貨全般／ホーチミン）・・・・・・・・・・・・・・ 56
ラ・メゾン・ド・ラボティケア（ホーチミン）・・・ 62
ラッキープラザ（土産物／ホーチミン）・・・・・・・・・・ 59

泊まる

東屋（ホーチミン）・・・・・・・・・・・・・・・・・・・・・・・・・・・ 71
イージーステイサイゴン（ホーチミン）・・・・・・・・・・ 71
インターコンチネンタルサイゴン（ホーチミン）・ 68
ヴィランソンサイゴン（ホーチミン）・・・・・・・・・・・・ 47
兎屋（ホーチミン）・・・・・・・・・・・・・・・・・・・・・・・・・・・ 71
エヴァソン・アナマンダラ（ニャチャン）・・・・・・・・ 89

カラベル（ホーチミン）・・・・・・・・・・・・・・・・・・・・・・・ 68
ギャラクシーホテル＆カプセル（ホーチミン）・・・・ 72
グランド・ホテル・サイゴン（ホーチミン）・・・・・・・ 70
コンチネンタル・サイゴン（ホーチミン）・・・・・・・・ 70
ザ・レベリー・サイゴン（ホーチミン）・・・・・・・・・・ 68
サイゴニア（ホーチミン）・・・・・・・・・・・・・・・・・・・・・ 72
サンライズニャチャンビーチ（ニャチャン）・・・・・ 89
シェラトン・サイゴン（ホーチミン）・・・・・・・・・・・・ 68
シェラトン・ニャチャン（ニャチャン）・・・・・・・・・・ 89
シックスセンシズニンヴァンベイ（ニャチャン）・ 89
タウンハウス50（ホーチミン）・・・・・・・・・・・・・・・・・ 72
タジマサゴキャッスル（ホーチミン）・・・・・・・・・・・・ 69
デ・サール・サイゴン・Mギャラリー（ホーチミン）・・ 69
ニッコーサイゴン（ホーチミン）・・・・・・・・・・・・・・・ 71
パークハイアット・サイゴン（ホーチミン）・・・・・・ 70
フュージョンスイーツサイゴン（ホーチミン）・・・ 69
マジェスティック・サイゴン（ホーチミン）・・・・・・ 70
ミストドンコイ（ホーチミン）・・・・・・・・・・・・・・・・・ 69
ロッテ・レジェンド・ホテルサイゴン（ホーチミン）・・ 71

旅行会社

ウェンディツアー（ホーチミン）・・・・・・・・・・・・・・・ 75
H.I.S.（ホーチミン）・・・・・・・・・・・・・・・・・・・・・・・・・ 74
JTBマイバスデスク（ホーチミン）・・・・・・・・・・・・・ 75
シンツーリスト（ホーチミン）・・・・・・・・・・・・・・・・・ 75
シンツーリスト（ニャチャン）・・・・・・・・・・・・・・・・・ 90
スケッチトラベル（ホーチミン）・・・・・・・・・・・・・・・ 75
TNKトラベル（ホーチミン）・・・・・・・・・・・・・・・・・・ 74
レインボーダイバーズ（ニャチャン）・・・・・・・・・・・ 90
ロンフーツーリスト（ニャチャン）・・・・・・・・・・・・・ 90

ベトナム中部

見る・歩く

海のシルクロード博物館（世界遺産／ホイアン）・・ 119
王宮（世界遺産／フエ）・・・・・・・・・・・・・・・・・・・・・・・ 97
カイ・ディン帝廟（世界遺産／フエ）・・・・・・・・・・・・ 98
宮廷劇場（世界遺産／フエ）・・・・・・・・・・・・・・・・・・・ 97
クアンタンの家（世界遺産／ホイアン）・・・・・・・・・ 118
クイニョン・・・・・・・・・・・・・・・・・・・・・・・・・・・・・・・・・ 91
瓊府会館（海南会館／世界遺産／ホイアン）・・・・・・ 120
顕臨閣（世界遺産／フエ）・・・・・・・・・・・・・・・・・・・・・ 97
廣肇会館（世界遺産／ホイアン）・・・・・・・・・・・・・・・ 120
五行山（ダナン）・・・・・・・・・・・・・・・・・・・・・・・・・・・・ 108
午門（世界遺産／フエ）・・・・・・・・・・・・・・・・・・・・・・・ 97
サンワールド（ダナン）・・・・・・・・・・・・・・・・・・・・・・ 107
手工芸ワークショップ（世界遺産／ホイアン）・・ 119
大砲（世界遺産／フエ）・・・・・・・・・・・・・・・・・・・・・・・ 97
太和殿（世界遺産／フエ）・・・・・・・・・・・・・・・・・・・・・ 97
ダナン・・・・・・・・・・・・・・・・・・・・・・・・・・・・・・・・・・・・・ 104
ダナン大聖堂（ダナン）・・・・・・・・・・・・・・・・・・・・・・ 107
ダラット・・・・・・・・・・・・・・・・・・・・・・・・・・・・・・・・・・・ 92

項目	ページ
タンキーの家（世界遺産／ホイアン）	118
チャム彫刻博物館（ダナン）	107
チャン家の祠堂（世界遺産／ホイアン）	118
潮州会館（世界遺産／ホイアン）	120
ティエンムー寺（フエ）	99
トゥ・ドゥック帝廟（世界遺産／フエ）	98
ドラゴンブリッジ（ダナン）	107
ノンヌックビーチ（ダナン）	108
バーナー高原（ダナン）	113
非武装地帯（DMZ）（フエ）	103
フーンフンの家（世界遺産／ホイアン）	118
ファンラン	91
フエ	94
フエの建造物群（世界遺産）	15
フォンニャケバン国立公園（世界遺産）	15
フォンニャン・ケバン国立公園（世界遺産／フエ）	103
福建会館（世界遺産／ホイアン）	120
フラッグタワー(世界遺産／フエ)	97
ホイアン	114
ホイアンの旧市街（世界遺産）	15
ホンチェン殿（フエ）	99
ミーケービーチ（ダナン）	108
ミーソン遺跡（世界遺産）	15
民俗文化博物館（世界遺産／ホイアン）	119
ミン・マン帝廟（世界遺産／フエ）	98
モンゴメリーリンクス（ゴルフ）	26
来遠橋（日本橋）（世界遺産／ホイアン）	117

食べる・飲む
項目	ページ
イータオ（宮廷料理／フエ）	100
エンシェントファイフォー（郷土料理／ホイアン）	122
カーゴクラブ（カフェ／ホイアン）	122
ザ・ガーデン（多国籍料理／ダナン）	109
さくらフレンズカフェ(カフェ／ダナン)	110
サクラレストラン（郷土料理／ホイアン）	122
シークレット・ガーデン（郷土料理／ホイアン）	121
じゅんれい（宮廷料理／フエ）	100
チュンバック（郷土料理／ホイアン）	121
バーガーブロス（ハンバーガー／ダナン）	109
バー・ブオイ（鶏飯／ホイアン）	122
マダムラン（ベトナム料理／ダナン）	109
ミークアン1A（名物麺／ダナン）	109
モーニング・グローリー（郷土料理／ホイアン）	121
ロイヤル（宮廷料理／フエ）	100

買う・リラックスする
項目	ページ
クールジャパンホイアン（雑貨全般／ホイアン）	123
チャム・ホイアン（香木／ホイアン）	123
ハン市場（ダナン）	110
フェヴァチョコ（チョコレート／ダナン）	110
ホアリー（雑貨全般／ダナン）	110
41シルク（オーダーメイド／ホイアン）	123

泊まる
項目	ページ
東屋（ダナン）	111
アナンタラホイアンリゾート（ホイアン）	124
インターコンチネンタルダナン（ダナン）	12
インペリアル（フエ）	101
ヴィクトリアホイアン（ホイアン）	125
ヴィンフン1（ホイアン）	124
グランドメルキュール・ダナン（ダナン）	111
グランブリオオーシャンリゾートダナン（ダナン）	13
サイゴン・モリン（フエ）	101
ゼンダイヤモンドスイーツ（ダナン）	111
ナマンリトリート（ダナン）	13
パーム・ガーデン・リゾート（ホイアン）	125
ピルグリミッジ・ヴィレッジ（フエ）	101
フォーシーズンズリゾート・ナムハイ（ホイアン）	125
フュージョンマイアダナン（ダナン）	11
フラマリゾート・ダナン（ダナン）	111
プルクラリゾート・ダナン（ダナン）	11
プルマンダナンビーチリゾート（ダナン）	13
ホイアン（ホイアン）	124
ラ・レジデンス（フエ）	101
ル・ベラミー（ホイアン）	125
ロングライフ・リバーサイド（ホイアン）	124

旅行社
項目	ページ
アイラブフエツアー（フエ）	102
H.I.S（ダナン）	112
シンツーリスト（フエ）	102
シンツーリスト（ダナン）	112
TNKトラベル（ダナン）	112

ベトナム北部

見る・歩く
項目	ページ
一柱寺（ハノイ）	142
キムガン亭（ハノイ）	144
旧家保存館（ハノイ）	144
玉山祠（ハノイ）	140
キングスアイランドゴルフリゾート（ゴルフ）	26
国防省ゲストハウス（ハノイ）	151
国立歴史博物館（ハノイ）	141
サパ	172
36通り（ハノイ）	145
女性博物館（ハノイ）	141
水上人形劇場（ハノイ）	161
大教会（ハノイ）	140
大劇場（オペラハウス）（ハノイ）	140
タイ湖（ハノイ）	143
タンロン遺跡（世界遺産）	14
タンロン遺跡（世界遺産／ハノイ）	142
チャンアン景観の複合体（世界遺産）	14
ニンビン	170

ハイフォン	173
白馬祠（ハノイ）	144
バチャン	171
ハノイ	128
ハノイ国家大学（ハノイ）	151
ハロン湾（世界遺産）	15
ハロン湾	174
文廟（ハノイ）	143
ベトナム軍事歴史博物館（ハノイ）	143
ベトナム国家銀行（ハノイ）	151
ホアロー収容所（ハノイ）	141
ホアンキエム湖（ハノイ）	140
ホーチミンの家（ハノイ）	142
ホーチミン廟（ハノイ）	142
ホー朝城址（世界遺産）	14
民族学博物館（ハノイ）	141

食べる・飲む

アシマ（キノコ鍋／ハノイ）	149
インドシン（ベトナム料理／ハノイ）	146
カフェジャン（卵コーヒー／ハノイ）	152
クアンコムフォー（家庭料理／ハノイ）	147
クラブバー（チョコレート／ハノイ）	153
グリーン・タンジェリン（フランス料理／ハノイ）	151
ケムチャンティエン（アイスクリーム／ハノイ）	153
ゴンヴィラ（ビュッフェ／ハノイ）	147
コンカフェ（コーヒー／ハノイ）	152
ザ・サミット（夜景／ハノイ）	162
シーズンズ・オブ・ハノイ（ベトナム料理／ハノイ）	146
ジャーディン・ビストロ（フランス料理／ハノイ）	151
ジョマ・ベーカリー・カフェ（カフェ／ハノイ）	152
センタイホー（ビュッフェ／ハノイ）	147
ソイイェン（おこわ／ハノイ）	149
ダックキム（郷土料理／ハノイ）	148
チャーカーラヴォン（郷土料理／ハノイ）	148
トップオブハノイ（夜景／ハノイ）	162
ハイウェイフォー（地酒／ハノイ）	149
ハイランズコーヒー（コーヒー／ハノイ）	152
バイントムホータイ（郷土料理／ハノイ）	148
ビンミン（焼き鳥／ハノイ）	149
ビンミンジャズクラブ（ライブハウス／ハノイ）	162
フォーザーチュイン（フォー／ハノイ）	150
フォーティン（フォー／ハノイ）	150
フォーボーオウチウ（フォー／ハノイ）	150
プレスクラブ（フランス料理／ハノイ）	151
ブンチャーオバマ（郷土料理／ハノイ）	148
ホアベオ（スイーツ／ハノイ）	153
マイアイン（フォー／ハノイ）	150
マダムヒエン（ベトナム料理／ハノイ）	146
ワイルドロータス（ベトナム料理／ハノイ）	146

買う・リラックスする

アールアンドエム・プラス（ハノイ）	159
アジサイ（雑貨全般／ハノイ）	154
アナムキューティースパ（ハノイ）	158
安南パーラー（ハノイ）	154
インティメックス（スーパー／ハノイ）	157
ヴァンスアン（ハノイ）	159
SFスパ（ハノイ）	158
カナ（ファッション／ハノイ）	155
クオックスー（刺しゅう絵／ハノイ）	156
クラフトリンク（少数民族雑貨／ハノイ）	154
ココシルク（オーダーメイド／ハノイ）	155
スターロータス（宝石／ハノイ）	157
ゼンスパ（ハノイ）	158
タンミーデザイン（ファッション／ハノイ）	155
ドンスアン市場（ハノイ）	157
ドンホー版画直営店（伝統版画／ハノイ）	156
ナグ（雑貨全般／ハノイ）	154
ハノイラベラスパ（ハノイ）	158
フオンセン（ハス茶／ハノイ）	156
フオンセンヘルスケアセンター（ハノイ）	159
フックロイ（ハンコ／ハノイ）	156
ホム市場（ハノイ）	157

泊まる

東屋（ハノイ）	167
アプリコット（ハノイ）	165
インターコンチネンタル・ウェストレイク（ハノイ）	164
ギャラリープレミア（ハノイ）	166
サクラホテル（ハノイ）	167
シエスタ（ハノイ）	166
シェラトン・ハノイ（ハノイ）	164
シナモン・ホテル（ハノイ）	165
シルクパス（ハノイ）	166
ソフィテルレジェンドメトロポールハノイ（ハノイ）	163
チャーチブティックホテル（ハノイ）	165
ドゥ・ロペラ・ハノイ（ハノイ）	163
ニッコー・ハノイ（ハノイ）	164
バビロンガーデンイン（ハノイ）	166
ヒルトン・ハノイ・オペラ（ハノイ）	163
ホテル・ル・カルノ（ハノイ）	167
メゾン・ド・オリエント（ハノイ）	165
メリア・ハノイ（ハノイ）	163
ロッテ・ホテル・ハノイ（ハノイ）	164

旅行会社

ウェンディツアー（ハノイ）	169
H.I.S.（ハノイ）	169
JTB（ハノイ）	169
シンツーリスト（ハノイ）	169
スケッチトラベル（ハノイ）	169
TNKトラベル（ハノイ）	169

とっておき情報

WeB TRAVELで
≪新しい旅のスタイル≫の
オーダーメイド旅行

メールで気軽に！
思い描く通りの旅をオーダー!!

　㈱ウェブトラベルでは、旅作りの専門家「トラベルコンシェルジュ」がひとりひとりにピッタリのモデルプランを提案、思い描く通りの旅をオーダーできるサービスを展開している。利用方法はまず専用アドレスblueguide@webtravel.jpにメールする。メールで旅の目的、イメージ、大まかな予算、気になることなどを伝えると、「旅のプロ」である400人以上のトラベルコンシェルジュの中から最適のスタッフが、思い通りの旅行プランを無料で提案・見積もりしてくれる。

　やりとりのほとんどはEメールと電話で行うので、都合の良い時間を選んで相談でき、また、面倒な手配や予約などはいっさいコンシェルジュにおまかせできるのも便利。出発から帰国まで、コンシェルジュがサポートしてくれる。

トラベルコンシェルジュって？

　自分で全部手配する旅も良いけれど、時には旅の専門家にワンランク上の旅を演出してもらいたいもの。そんな期待に応えてくれる旅行コンサルタントが、ウェブトラベルの「トラベルコンシェルジュ」。それぞれが得意分野を持ち、多様化する旅行者のニーズに柔軟に対応できるのが特徴だ。

　インターネット予約では「顔」が見えなくなりがちだが、「顔」の見える「トラベルコンシェルジュ」は、いわばネットとリアルの良いとこ取りのサービス。現在約400名のコンシェルジュが在籍し、ホームページでプロフィールや得意分野などがいつでも見られるようになっている。

ベトナムが得意なコンシェルジュのワンポイントアドバイス

ベトナムで今一番注目度アップなのは中部エリアでしょう。日本からダナンまでの直行便が就航したことにより、とても行きやすくなりました。歴史、グルメ、リゾートなどが同時に楽しめるのが魅力です。

鮮やかな色彩、B級グルメの食べ歩きなど、昼も夜も楽しめるホイアンの街。対照的に、しっとりと落ち着いた「ベトナムの京都」フエ。何度も訪れたくなる魅力にあふれたベトナム中部に出かけてみませんか？

中馬和博コンシェルジュ

詳しくはウェブトラベルで検索　https://www.webtravel.jp

日本&ベトナム お役立ち電話帳

日本

■政府機関
ベトナム社会主義共和国大使館	03-3466-3311
在大阪ベトナム社会主義共和国総領事館	072-221-6666
在福岡ベトナム社会主義共和国総領事館	092-263-7668

■空港・航空会社
成田フライトインフォメーション	0476-34-8000
東京国際空港ターミナルインフォメーション	03-6428-0888
関西国際空港情報案内センター	072-455-2500
セントレアテレホンセンター	0569-38-1195
福岡空港インフォメーション	092-621-0303
ベトナム航空	03-3508-1481（東京）
	06-4708-0900（大阪）
日本航空	0570-025031
全日空	0570-029333
キャセイパシフィック	0120-463838
アシアナ航空	0570-082-555
大韓航空	0088-21-2001
タイ国際航空	0570-064015

■宅配サービス
●成田
JALエービーシー	0120-919120
ANA手ぶら・空港宅配サービス	043-331-1111
GPA（成田空港宅急便）	0120-728029

●関空
JALエービーシー	0120-919120
ANA手ぶら・空港宅配サービス	06-6733-4196
関空エアポートバゲージサービス	072-456-8701
セブンイレブン	072-456-8751

■保険会社
AIG損保	0120-016693
Chubb損害保険	0120-071313
ジェイアイ損害火災保険	0120-877030
三井住友海上火災保険	0120-632277
損保ジャパン日本興亜	0120-666756

■クレジットカード
三井住友VISA	0120-816437
アメリカン・エキスプレス	0120-020222
ダイナースクラブカード	0120-041962
JCB	0120-015870

■国際電話
KDDI	0057
ソフトバンクテレコム	0120-008882
NTTコミュニケーションズ	0120-506506

■海外用携帯電話レンタル
JALエービーシー	0120-086072
テレコムスクエア	0120-388212
G-Call	0120-979256

ベトナム

■政府機関
在ベトナム日本国大使館	024-38463000（ハノイ）
在ベトナム日本国総領事館	028-39333510（ホーチミン）

■緊急
警察　113　／　消防　114　／　救急　115

■航空会社
ベトナム航空	1900 1100（24時間対応）
全日空（ベトナム支店）	120-81-881（日本語窓口）
日本航空（ベトナム支店）	120-81-015（日本語窓口）
ベトジェットエア	1900-1886
ジェットスター	1900-1550

■日本語が通じる病院
●ハノイ
ヴィンメック・インターナショナルホスピタル	024-39744333、024-39743558
さくらメディカル&デンタルクリニック	091-5136088（日本語対応）
東京インターナショナルクリニック	024-36611919（日本語対応）
ファミリー・メディカル・プラクティス	024-38430748（日本語対応）
フレンチホスピタル	024-35760508（日本語対応）、024-35771100
ラッフルズホスピタル	024-66867017、024-66867019
ロータスクリニック	024-38170000（日本語対応）

●ホーチミン
ヴィンメック・インターナショナルホスピタル	093-8984398、028-36221166
FV病院	028-54113500
コロンビア・アジア・インターナショナルクリニック	028-38290485（日本語対応）
サイゴン虎ノ門クリニック	028-39303115（日本語対応）
ファミリー・メディカル・プラクティス	028-38221919（日本語デスク）
ラッフルズ・メディカルクリニック	028-38240777（日本語対応可）
ロータスクリニック	028-38270000（日本語対応）

■クレジットカード（盗難・紛失）
三井住友VISA	81-3-6627-4067（コレクトコール）
マスターカード	1-636-722-7111（コレクトコールを依頼）
アメリカン・エキスプレス	65-6535-2209（コレクトコールを依頼）
ダイナースクラブカード	81-45-523-1196（コレクトコール）
JCB	81-422-40-8122（コレクトコール）

Staff

Producer	㈱Adventure JAPAN	Cover Pattern	アジアンファッション ARO Asian Fashion ARO
	田畑則子 Noriko TABATA	Map Production	㈱千秋社
Writer	中安昭人 Akihito NAKAYASU		小島三奈 Mina KOJIMA
Editorial Staff	田畑則子 Noriko TABATA	Map Design	㈱チューブグラフィックス TUBE
Researchers	オリザベトナム株式会社 ORYZA Vietnam Co. Ltd.		木村博之 Hiroyuki KIMURA
	中安昭人 Akihito NAKAYASU	Desktop Publishing	㈱千秋社 Sensyu-sya
Photographer	大池直人 Naoto OHIKE		松本文子 Ayako MATSUMOTO
Illustrators	為田 洵 Jun TAMEDA	Editorial Cooperation	㈱千秋社
	根津修一 Shuichi NEZU		田川文子 Ayako TAGAWA
Photograph Provides	中島将博 Masahiro NAKAJIMA		㈲ハイフォン Hyfong
	Doan Duc Minh		横山 透 Toru YOKOYAMA
	内山路子 Michiko UCHIYAMA		横山和希 Kazuki YOKOYAMA
	井口和歌子 Wakako IGUCHI		多摩連光 Renko TAMA
	勝 恵美 Megumi KATSU		高砂雄吾 Yugo TAKASAGO
	オリザベトナム株式会社 ORYZA Vietnam Co. Ltd.		Michael NENDICK
Art Director	為田 洵 Jun TAMEDA	Special Thanks to	ベトナム航空 Vietnam Air Lines
Designers	為田 洵 Jun TAMEDA		ベトナム大使館 Embassy of Vietnam
	オムデザイン OMU		バンブーグリーンホテル・ダナン Bamboo Green Hotel, Da Nang
	道信勝彦 Katsuhiko MICHINOBU		ミキホテル・フエ MIKI Hotel, Hue
	岡本倫幸 Tomoyuki OKAMOTO		旅工房ベトナム TABIKOBO Vietnam
Cover Designer	鳥居満智栄 Machie TORII		TNKトラベルジャパン TNK Travel Japan

わがまま歩き…㉚「ベトナム」　ブルーガイド
2018年11月12日　第9版第1刷発行

編　集………ブルーガイド編集部
発行者………岩野裕一
ＤＴＰ………㈱千秋社
印刷・製本…大日本印刷㈱

発行所……株式会社実業之日本社　www.j-n.co.jp
〒107-0062　東京都港区南青山5-4-30　CoSTUME NATIONAL Aoyama Complex 2F
電話【編集・広告】☎03-6809-0452　【販売】☎03-6809-0495

●本書の一部あるいは全部を無断で複写・複製（コピー、スキャン、デジタル化等）・転載することは、法律で定められた場合を除き、禁じられています。また、購入者以外の第三者による本書のいかなる電子複製も一切認められておりません。
●落丁・乱丁（ページ順序の間違いや抜け落ち）の場合は、ご面倒でも購入された書店名を明記して、小社販売部あてにお送りください。送料小社負担でお取り替えいたします。ただし、古書店等で購入したものについてはお取り替えできません。
●定価はカバーに表示してあります。　●実業之日本社のプライバシー・ポリシー（個人情報の取扱い）は、上記サイトをご覧ください。
©Jitsugyo no Nihon Sha, Ltd. 2018　ISBN978-4-408-06043-9（第一BG）　Printed in Japan